Guide des vignobles du Québec

Sur la route des vins

Jean-Marie Dubois
Laurent Deshaies

Guide des vignobles du Québec

Sur la route des vins

PUL * IG

Les Presses de l'Université Laval reçoivent chaque année de la Société de développement des entreprises culturelles une aide financière pour l'ensemble de leur programme de publication.

Nous remercions le Conseil des Arts du Canada de l'aide accordée à notre programme de publication.

Page couverture : Gianni Ciaccia

Révision : Solange Deschênes

Mise en pages : Zéro Faute, Outremont

Correction d'épreuves : Andrée Laprise

Cartes : Marc Lacroix

Photographies : Jean-Marie Dubois

Photos de la page couverture : Jean-Marie Dubois et © Réflexion Photothèque

© Les Presses de l'Université Laval

ISBN 2-7637-7512-8

Diffusion Dimédia inc.

539, boulevard Lebeau

Saint-Laurent (Québec)

H4N 1S2

Téléphone : (514) 336-3941

Télécopieur (514) 331-3916

Dépôt légal 2e trimestre 1997

Bibliothèque nationale du Québec

Bibliothèque nationale du Canada

Imprimé au Canada

Table des matières

Avant-propos

Le guide des vignobles du Québec est le premier guide complet publié au Québec. Il ne contient que les vignobles ouverts au public ou sur le point de l'être, mais il faut prendre conscience qu'il en existe aussi beaucoup d'autres qui ne sont pas ouverts au public soit parce qu'ils ont été plantés récemment soit parce que ce sont tout simplement des vignobles familiaux ; nous en avons dénombré ainsi au moins une quarantaine de plus de 200 ceps.

Ce guide vise à faire la promotion non seulement d'une agriculture encore peu commune au Québec, mais aussi du savoir-faire québécois, d'une « culture » en devenir et d'un produit qui laisse peu de gens indifférents. Il est le fruit de plus de quatre années d'études pendant lesquelles nous avons eu une aide particulièrement enrichissante de la part des vignerons actuels ainsi que d'anciens vignerons, et nous les en remercions chaleureusement. Certains renseignements, surtout historiques, peuvent être erronés et certains autres qui pourraient être intéressants ont pu être omis involontairement, mais nous sommes toujours intéressés à recevoir commentaires et suggestions pour poursuivre notre travail.

Centré sur les exploitations elles-mêmes, le guide ne livre pas toutes les informations accumulées sur le phénomène de la viti-viniculture au Québec, mais un prochain volume, toujours aux Presses de l'Université Laval, le fera en grande partie à partir d'une première ébauche que nous avions publiée en 1993 (Deshaies et Dubois, dir., 1993).

Dans cette entreprise de longue haleine qu'est notre recherche sur la viti-viniculture au Québec, nous tenons à souligner le soutien constant et l'aide sur le terrain, lors de nos nombreuses visites aux vignerons souvent pendant des semaines entières, de nos deux épouses, Lise Tessier et Huguette Bergeron.

Nous remercions aussi Marc Lacroix, du Laboratoire de cartographie, du Département de géographie et télédétection de l'Université de Sherbrooke, pour la réalisation des cartes et des figures au trait, sauf la figure 15 qui a été réalisée par Jean-Marie Lancery de l'Université du Québec à Trois-Rivières.

Fructueuse visite et bonne dégustation dans nos vignobles ! Comme les propriétaires des plus petits vignobles ne peuvent toujours être sur place, il est préférable de téléphoner pour annoncer sa venue, surtout hors saison.

Jean-Marie Dubois
et Laurent Deshaies

La viti-viniculture

au Québec

Le Québec, une région viticole ? Pour plusieurs Québécois et *a fortiori* pour les étrangers, la réponse à cette question est donnée d'avance et ne semble faire aucun doute. Et pourtant la culture de la vigne se pratique depuis les débuts de la Nouvelle-France sur une petite échelle, certes, avec une expansion soudaine dans le dernier quart du XIXe siècle et depuis le début des années 1980. Cette question renvoie donc à la dimension historique, c'est-à-dire à l'origine de la viticulture au Québec, et surtout à la question du terroir fortement marqué par la « froidure ». Alors que cinq futurs vignerons avaient planté de la vigne entre 1979 et 1982, Aspler écrivait toujours, en 1983 dans son guide des vignobles du Canada, que le Québec est une *non-grape-growing province* (1983, p. 93). Dans son dernier guide paru en 1996, il fait cependant état de la présence de 17 vignobles au Québec.

Pourtant, il y a actuellement 25 vignobles commerciaux et une douzaine d'autres en prédémarrage (figure 1, p. 12). Compte tenu du nombre actuel de vignobles, la viti-viniculture devient donc une activité intéressante à présenter au public. Si la culture de la vigne ne fait plus de doute dans l'esprit des Québécois, plusieurs questions pertinentes méritent au moins sommairement une réflexion de notre

Figure 1
Répartition des vignobles au Québec

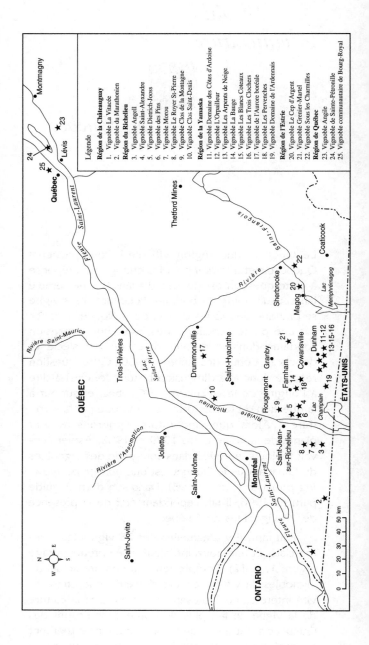

Légende

Région de la Châteauguay
1. Vignoble La Vitacée
2. Vignoble du Marathonien

Région du Richelieu
3. Vignoble Angell
4. Vignoble Saint-Alexandre
5. Vignoble Dietrich-Jooss
6. Vignoble des Pins
7. Vignoble Morou
8. Vignoble Le Royer St-Pierre
9. Vignoble Clos de la Montagne
10. Vignoble Clos Saint-Denis

Région de la Yamaska
11. Vignoble Domaine des Côtes d'Ardoise
12. Vignoble L'Orpailleur
13. Vignoble Les Arpents de Neige
14. Vignoble La Bauge
15. Vignoble Les Blancs Coteaux
16. Vignoble Les Trois Clochers
17. Vignoble de l'Aurore boréale
18. Vignoble Les Pervenches
19. Vignoble Domaine de l'Ardennais

Région de l'Estrie
20. Vignoble Le Cep d'Argent
21. Vignoble Grenier-Martel
22. Vignoble Sous les Charmilles

Région de Québec
23. Vignoble Angile
24. Vignoble de Sainte-Pétronille
25. Vignoble communautaire de Bourg-Royal

part. Dans quelle mesure la culture de la vigne est-elle possible dans un Québec reconnu pour son climat froid et nordique ? Existe-t-il une zone particulièrement favorable par son ou ses micro-climats ? Qui sont ces vignerons audacieux qui osent planter de la vigne au Québec ? Et le vin est-il bon ? Toutes ces questions convergent vers la spécificité de la viti-viniculture québécoise, si on la compare à celle des régions viticoles du monde.

Pour apporter quelques éléments de réponse à ces questions, il peut être d'intérêt de décrire au moins brièvement l'histoire du vin et de la vigne au Québec, d'analyser le potentiel et les limites du terroir québécois, de présenter l'apport des vignerons eux-mêmes à cette culture en territoire difficile et, enfin, d'évaluer ses produits vinicoles justifiant une telle activité.

L'histoire du vin et de la vigne au Québec

L'arrivée des Français sur les rives du Saint-Laurent est l'occasion de découvrir la vigne sauvage *Vitis riparia*. Ainsi, Jacques Cartier l'identifie le 7 septembre 1535 sur l'île d'Orléans qu'il nomme d'abord « l'Isle de Bacchus » (Prévost *et al.*, 1986, p. 17) avant de lui donner le nom d'île d'Orléans en l'honneur du troisième fils de François Ier.

Le vin et la vigne en Nouvelle-France (1534-1760)

La *Vitis riparia* pousse en abondance dans la plaine du Saint-Laurent (figure 2). Le Viking Leif Eriksson donne pompeusesement le nom de Vinland à la côte atlantique et nordique de l'Amérique du Nord. Dès 1608, Samuel de Champlain plante du *vinifera* près de l'Abitation de Québec (Prévost *et al.*, 1986, p. 23), mais perd ses vignes faute de

Figure 2. La vigne sauvage *Vitis riparia* rapportée dans les récits de voyages des Vikings et de Jacques Cartier. Photo J.-M. Dubois, à partir de l'Herbier de l'Université de Sherbrooke

> Il y a quantité de petits fruits dont ie ne sçay pas les noms, & qui ne sont pas beaucoup exquis, mais se mangent faute d'autres.
>
> Il y a aussi abondance de vignes sauuages qui portent des raisins, le grain n'en est pas si gros que celuy de nos vignes de France, ny les grapes si fournies : mais ie croy que si elles estoient cultiuées, elles ne differeroient en rien : le raisin en est vn peu acre, & fait de gros vin, qui tache beaucoup, & qui d'ordinaire est meilleur vn an apres, que l'année qu'il est fait.
>
> Quélques particuliers ont planté quelques pieds de Vigne venuë de France dans leurs jardins, qui ont rapporté de fort beaux & bons raisins.

Figure 3. Extrait de Boucher, 1664, p. 52

soin (selon Champlain) ou du gel (explication plus probable). Par la suite, plusieurs colons importent encore des ceps de *vinifera* qui connaissent le même sort (figures 3 et 4). C'est la raison pour laquelle ces derniers essaient de vinifier les raisins sauvages parfois fort beaux, surtout à l'île d'Orléans ; mais ces raisins donnent un goût des plus âcres, de sorte qu'il ne semble pas qu'on en ait tiré un vin de consommation courante (Prévost *et al.*, 1986, p. 24) (figure 3). Le père Paul Le Jeune écrit dans sa *Relation* en 1636 que les premiers défricheurs peuvent boire du cidre, de la bière et parfois du vin « comme aux bonnes festes » (figure 5).

> 135
>
> *Réponses aux questions qui ont esté faites à l'Autheur lors qu'il estoit en France.*
>
> CHAPITRE XIII.
>
> PEndant mon sejour en France, il m'a esté fait diuerses questions par plusieurs honnestes gens, concernant le pays de la Nouuelle France. I'ay creu que i'obligerois le Lecteur curieux de les mettre icy, & d'en faire vn Chapitre exprés, auec les réponses, qui donneront beaucoup d'intelligence & de connoissance à ceux qui ont de l'affection pour ce pays icy, ou qui souhaiteroient d'y venir.
>
> Ie commenceray donc par

> 136   *Histoire Naturelle*
>
> vne assez commune, qui est, si la vigne y vient bien. I'ay déja dit que les vignes sauuages y sont en abondance, & que mesme on en a éprouué de celle de France, qui y vient assez bien. Mais pourquoy ne faites-vous donc pas des vignes ? Ie répons à cela, qu'il faut manger auant que de boire, & par ainsi qu'il faut songer à faire du bled auant que de planter de la vigne : ou se passe mieux de vin que de pain ; c'est tout ce qu'on a pû faire que de défricher des terres pour faire des grains; & non autre chose.
>
> Le vin y est-il cher ? Ie répons, qu'il y vaut dix sols la pinte; l'eau de vie y vaut trente sols la pinte, & le vin d'Espagne y vaut autant : la mesure est semblable à celle de Paris.

Figure 4. Extrait de Boucher, 1664, p. 135-136

Durant l'hiver, ils prennent un verre d'eau-de-vie, s'il y en a. Quant au cidre, il faut y voir une origine normande comme la majorité des premiers habitants de la colonie. La bière est aussi produite sur place, car Louis Hébert possède déjà une chaudière. Des brasseries existent en 1646 à Québec et en 1650 à Montréal. Les clercs, eux, dont les Sulpiciens à partir de 1681 (Germain, 1992) et peut-être les Jésuites (Vandal,

140 *Histoire Naturelle*

Quelle boisson boit-on à l'ordinaire? Dû vin dans les meilleures maisons, de la bière dans d'autres : vn autre breuuage qu'on appelle du boüillon, qui se boit communément dans toutes les maisons ; les plus pauures boiuent de l'eau, qui est fort bonne & commune en ce pays icy.

Figure 5. Extrait de Boucher, 1664, p. 140

1986) à Montréal, auraient eu des vignobles de *vinifera*, du moins pendant un certain temps, pour s'assurer un approvisionnement en vin de messe ; en 1749, on parle aussi de *vinifera* dans les jardins de particuliers, aussi à Montréal (Kalm, 1977 ; Vandal, 1986) (figure 6). Comme on l'importe sur-

---

[fo 846] MONTRÉAL
JEUDI 7 SEPTEMBRE = 18 SEPTEMBRE [1749]

Temps : ensoleillé. Température : à 6 h. du matin, 15° ; à 3 h. de l'après-midi, 25°. Vent : S.O.l.

Vignes[301]. Ce sont les mêmes que celles de France et avec lesquelles on fabrique le vin. Il en existe quelques-unes en ville, dans les jardins, grands et petits. Toutes sont venues de France à l'origine ; il y en a deux espèces, l'une dont les raisons sont de couleur vert pâle, ou en majeure partie blancs, l'autre dont les grains sont de couleur brun-rouge. On dit que les raisins blancs donnent le vin blanc et les rouges, le rouge. Le froid est si rude en hiver qu'on est obligé de couvrir les vignes durant toute cette saison-là avec du fumier ou quelque autre chose, sous peine de les retrouver gelées. Les raisins commencent à mûrir actuellement, mais les blancs sont plus avancés que les rouges. On ne fait jamais de vin avec les raisins d'ici, car cela n'en vaudrait pas la peine, mais on les offre au cours du repas sur un plat, comme on fait pour les groseilles. On dit que les raisins sont plus gros en France qu'ici.[301]

Figure 6. Extrait de Kalm, 1977, p. 439

---

tout de France et d'Espagne, le vin n'est pas à la portée de toutes les bourses, de sorte et c'est l'élite de la société qui en bénéficie davantage (Prévost *et al.*, 1986), surtout dans les villes (Lafrance, 1992) (figure 7). Le commun des mortels boit du cidre, de la bière et d'autres boissons. À partir de 1671, l'intendant Jean Talon force la consommation de la bière avec l'installation de sa fameuse brasserie à Québec (Moussette, 1992). Par contre, il est probable que beaucoup continuent à faire du vin de raisins sauvages puisque, en 1707, un réglement prévoit une amende pour ceux qui vont cueillir du raisin sur le terrain d'autrui (Prévost *et al.*, 1986, p. 38).

Journal du voyage au Canada (17 octobre 1749)

Boissons à base de malt [et autres boissons]. On n'en brasse jamais au Canada ; l'eau constitue presque exclusivement la boisson des gens du commun. Les gens de qualité qui en ont les moyens boivent tous du vin français, surtout du rouge, parfois du blanc ; quelques-uns brassent une boisson à partir de branches de sapin [= bière d'épinette][251] comme j'ai dit plus haut. Quelques rares personnes de qualité fabriquent du cidre à titre de *curieusité* [sic]. Les Français dédaignent totalement le *Punche* [sic][251] et sourient des Anglais à ce sujet. Ils disent qu'ils n'ont même jamais voulu en goûter, bien qu'ils se soient rendus plusieurs fois dans les provinces anglaises. Au moment des repas et chaque fois que l'on mange, on boit beaucoup ; chacun dispose d'un verre, que l'on remplit. On ne boit jamais entre les repas, ou rarement. Les dames boivent beaucoup d'eau, bien qu'elles prennent aussi du vin, ou un mélange d'eau et de vin. Les Français boivent volontiers ce mélange au cours des repas. Si quelqu'un se trouve en visite chez un autre dans l'intervalle des repas, on ne lui offre rien à boire, à moins que ce ne soit un proche parent ; on donne tout le temps à la conversation. Entre le déjeuner et le dîner, les Français prennent parfois quelques fruits ou des confiseries et ils appellent cela *collation* [sic].

Figure 7. Extrait de Kalm, 1977, p. 566-567

D'après Marc Lafrance (1992, p. 15), le vin ne constitue pas l'apanage exclusif de l'élite et des urbains au XVIIIe siècle, lesquels ont aussi la possibilité d'en prendre dans les auberges et les cabarets. Selon lui, les Canadiens sont de bons buveurs de vin :

Les Canadiens du XVIIIe siècle boivent beaucoup de vin. Cette denrée représente 12 % de la valeur totale des importations dans la colonie. En 1739 par exemple, la Nouvelle-France importe l'équivalent de 775 166 bouteilles de vin pour une population de 24 260 adultes (plus de 15 ans). Cette proportion porte la consommation annuelle à 32 litres. Aujourd'hui, Statistique Canada établit la consommation moyenne des Québécois à 14 litres par année. Nos ancêtres en absorbent donc plus que le double. (Lafrance, 1992, p. 14)

L'élite religieuse, politique et économique peut cependant se payer davantage de vin importé de France ou d'Espagne. Comme Pehr Kalm l'a noté dans son *Journal de voyage au Canada en 1749* : « le vin est à peu près la seule boisson au Canada chez les personnes de qualité » (figure 8, p. 18).

La période britannique méconnue (1760-1867)

Avec la Conquête anglaise, et jusqu'en 1867, la Nouvelle-France perd non seulement son nom, mais aussi ses liens privilégiés avec la mère patrie, fournisseuse de vin de qualité. Grâce à son propre réseau d'approvisionnement en boissons alcooliques, la nouvelle administration anglaise rétablit en peu d'années les établissements de consommation de boissons alcooliques. Nous savons peu de chose de la viticulture et de la consommation du vin au cours de cette époque. On sait que la presque totalité des vins passent par la métropole anglaise jusqu'en 1840 à cause des « Actes de navigation » (Bervin, 1992, p. 27). Après cette date, le vin provient directement des régions productrices.

La Conquête semble avoir provoqué des changements dans les habitudes de consommation des habitants du Bas-Canada. D'abord, les navires anglais apportent des vins rouges et blancs d'Espagne et du Portugal, en plus des vins français. Les Anglais apprécient les bons vins aussi, mais en consomment probablement moins que les Français et les habitants de la Nouvelle-France. Durant la période 1760-1867, la consommation du vin ne semble pas décroître et la gamme des boissons alcooliques s'est même diversifiée avec le whisky et le gin, les eaux-de-vie de Cognac, le rhum des Antilles et les vins de Porto, Xérès et Madère (Prévost *et al.*, 1986, p. 198). C'est [f° 880] MONTRÉAL

DIMANCHE 17 SEPTEMBRE = 28 SEPTEMBRE [1749]

Temps : nuageux, forte pluie durant toute la journée. Température : à 6 h. du matin, 6° ; à 3 h. de l'après-midi, 12°. Vent S.O.1.

Le vin est à peu près la seule boisson du Canada chez les personnes de qualité. On prépare bien, l'été, la boisson tirée de l'*Épinette blanche* [sic= *Picea glauca* (Mœnch) Voss],[251] mais elle n'est pas aussi répandue que le vin et les personnes de qualité ainsi que les gens riches n'en consomment pas autant que les personnes qui n'ont pas les moyens d'acheter du vin. La majeure partie du vin consommé ici est le vin rouge de France. On dispose également de vin blanc, mais on n'en boit pas aussi fréquemment. Qu'il s'agisse d'un prêtre, d'un employé aux écritures, d'un commerçant ou de n'importe quelle personne au-dessus du commun, que celle-ci soit à la maison ou en voyage, elle ne boira ordinairement rien d'autre que du vin, surtout si elle est native de France. On boit le vin pur ou, parfois, coupé d'eau. On peut juger par là des sommes d'argent qui partent d'ici chaque année pour la France, car aucune vigne d'ici n'est en mesure de donner du vin et tout doit être importé de France. Sur presque toute l'étendue du Canada, les gens du commun, qui n'ont pas les moyens d'acheter du vin, n'ont en place de cela que de l'eau pure ; on sait bien en principe qu'il est possible de fabriquer de la boisson de malt, mais on n'a jamais pratiqué cette production ici.[684] Il existe, à la vérité, quelques personnes de qualité qui font du cidre, mais ce n'est qu'en petite quantité, et c'est considéré comme une rareté. Les gens qui étaient habitués à boire du vin, se sont trouvés fort mal à l'aise durant la guerre, lorsque les navires qui ont charge de convoyer le vin ne parvenaient plus ici. Je me souviens de la boutade du gouverneur de Longueuil adressée aux Anglais qui, quelques semaines plus tôt, avaient ramené des prisonniers français au Canada et regrettaient que ce ne soit pas leurs propres gens qui aient commencé à harceler les Français : « Ah ! Messieurs, répondit le gouverneur, vous n'avez pas à vous étonner à ce sujet ! Vos gens ont capturé, au cours de la dernière guerre, les navires qui devaient apporter le vin et cela nous a mis de si méchante humeur que nous sommes venus vous importuner, sans compter que l'enlèvement du *Cap Breton* [sic] nous avait enflammés. » À la fin de cette guerre, on payait la barrique de vin 250 *francs* [sic], et son prix a monté jusqu'à 100 *écus* [sic].

Figure 8. Extrait de Kalm, 1977, p. 480-481

aussi durant cette période que
l'expansion de la brasserie qu'il a acq
En 1818, William Dow établit aussi sa br
Montréal. À ces deux noms connus, s'ajoutent
tres brasseurs dans les autres villes, dont Québec.

Dans l'ensemble de la période, les spiritueux dominent le marché de la consommation, à l'exception de l'élite qui semble préférer le vin. Et cette période n'est pas sobre, comme en font foi certains chiffres pour l'année 1828. En effet, les marins déchargent durant cette année 260 795 gallons de vin, 835 527 de rhum, 129 628 de brandy, 90 541 de gin, 3222 de whisky, 129 de liqueurs fines, sans compter les boissons de fabrication domestique. D'après ces chiffres, la consommation des boissons alcoolisées est d'au minimum 13 litres *per capita*. Mais la consommation du vin *per capita* semble avoir décliné, si l'on compare les données de 1828 avec celles de 1739. La fin de cette période correspond aussi au début d'une tentative d'implanter la viticulture au Canada, surtout dans la péninsule du Niagara. La viticulture s'est développée quelques années avant la Confédération canadienne, car des échantillons de vins canadiens sont expédiés à l'Exposition universelle de Paris en 1867. Ces efforts, surtout ontariens, ont-ils fait sentir leurs effets jusqu'au Bas-Canada ?

Le développement et le déclin de la viticulture de la Confédération à l'après-guerre (1867-1945)

La viticulture semble connaître un certain développement au Québec à partir de 1860. Il se crée en effet une trentaine de vignobles dans tout le sud du Québec, principalement dans la région de Montréal. Cette phase coïncide avec l'importation d'hybrides étatsuniens résistant au climat et l'expansion géographique des vignobles ontariens. La superficie des vignobles aurait été d'environ 100 acres (40 ha) avec 72 cépages de plein air et 2 de serre (Masson, 1983, p. 91). La plupart des communautés religieuses ont leur vignoble : Cisterciens, Hospitalières, Oblats, Sulpiciens, Jésuites et Collège de Montréal. Quelques particuliers possèdent des

John Molson assure la Brasserie à ...-
...-ise vers 1780.

,rande majorité
,ble familial.

...ement de l'effort
...te Justin M. de Cour-
, pour convaincre le
...e promouvoir la viticul-
...ne subvention pour des
...es. Aussi, le 9 juin 1864,
l'As... ...crée un comité spécial « pour
s'enquér... ...ilité de cultiver la vigne en ce
pays » (1864, p. ... Le 14 juin 1864, de Courtenay
revient à la charge au sujet de la viabilité de la
viticulture au Québec en répondant aux questions
du comité, tout en mentionnant les résultats obtenus à Claire House par Henri Parker dans le Haut-
Canada avec le cépage Clinton. Les autres personnes consultées sont venues appuyer de Courtenay
en parlant de la qualité de ses vins produits à Saint-
Augustin « avec des raisins du pays » (1864, p. 4),
probablement de la vigne sauvage *Vitis riparia*
cultivée et taillée. Selon Lewis T. Drummond, les
vins de de Courtenay se comparent, rien de moins
pour un probable ami, « aux vins ordinaires importés
de France » (1864, p. 4). Par ailleurs, la réponse de
de Courtenay à la question du comité parlementaire
au sujet des « conditions météorologiques de la
région la meilleure pour la culture de la vigne »
repose sur les notes de cours d'agriculture du comte
de Gasperin en France. Dans cet ouvrage, selon la
citation de de Courtenay, de Gasperin conclut « que
les climats les plus favorables sont ceux où la durée
de la saison de végétation est la plus courte, et où,
pendant cette saison, la chaleur totale est la plus
élevée » (Assemblée législative, 1864, p. 3). De
Courtenay est probablement à l'origine de l'intérêt
pour la vigne au Québec, tout comme il serait à
l'origine des essais significatifs dans le sud de l'Ontario. La période de 1870 à 1890 voit donc l'ouverture de plusieurs vignobles plantés de nouvelles
variétés de plein air provenant des États-Unis et du
sud de l'Ontario, et non de *vinifera* somme le suggère de Courtenay. Celui-ci ne semble pas satisfait
des résultats de ses démarches auprès du gouvernement du Québec et migre en Ontario pour
rejoindre son ami Henry Parker, à Cooksville.

Parmi les vignobles du XIXe siècle, il y en a trois dignes de mention. Le premier, celui de Beaconsfield à Pointe-Claire, est planté en 1877 par Menzies, qui s'associe à Gallagher en 1879 (figures 9, 10, 11, 12, p. 22-23). En 1879, il compte 2500 plants en production et 85 000 jeunes vignes (*L'Opinion publique* du 14 août 1879). Menzies écrit cependant, en 1880, dans sa plaquette sur la culture de la vigne que :

> Deux ans après avoir établi ce vignoble il s'associa à une autre personne [Gallagher selon les auteurs du présent guide] dans le but de cultiver la vigne et d'en faire le commerce, mais cette société a été dissoute au commencement de cette année.
>
> Au mois de mai dernier, son ex-associé avec une autre personne ont acquis une ferme à un mille environ de Beaconsfield, où ils vendent des vignes des États-Unis, des arbres, arbustes, etc., et ont donné à cette pro-priété le nom de « Vignoble Beaconsfield », et comme il est facile de deviner le motif qui les a engagés à s'approprier du nom de la résidence et du vignoble de M. Menzies [...] (Menzies & Cie, 1880, p. 3).

LETTRE TIRÉE DE LA PUBLICITÉ DE GALLAGHER ET GAUTHIER

J.M.J.

Nous avons acheté l'automne dernier de M. George F. Gallagher plusieurs centaines de pieds de la vigne « Beaconsfield ».

Leur croissance est prodigieuse, même au-delà de toute espérance. Plusieurs de ces tiges ont déjà produit plus de cinq à six grappes de raisin.

Elles croissent plus rapidement que tous les autres arbustes ou légumes de nos jardins, et avec peu de soin elles promettent de grands résultats.

Les Religieuses Hospitalières de l'Hôtel-Dieu de St.-Joseph.

Montréal, 24 Juillet 1880.

Figure 9. Tiré de la publicité de Gallagher et Gauthier, 1880.

En fait, l'associé de Menzies en 1879 est un dénommé Gallagher. Après avoir quitté Menzies en

Figure 10. Le vignoble Beaconsfield à Pointe-Claire. En 1879, le vignoble est planté de 2500 vignes productives et de 85 000 boutures dans sa pépinière. *L'Opinion publique*, 14 août 1879

1880, il plante avec Gauthier des vignes, des fraises, des framboises, des gadelles, des groseilles, des mûres, des asperges, de la rhubarbe et des roses qu'ils vendent grâce à un catalogue (Gallagher et Gauthier, 1880, p. 2). Gallagher et Gauthier nomment leurs propriétés « Vignobles Beaconsfield »,

alors que celle de Menzies & Cie s'appelait « Vignoble Beaconsfield ». À part le pluriel dans le nom, les Vignobles Beaconsfield sont situés « près la Pointe-Claire » tandis que celui de Menzies est à « Pointe Claire » (*sic*). Enfin, leurs bureaux à Montréal sont au 57, rue Saint-Gabriel (pour les premiers) et au 15, rue Sainte-Thérèse pour le second. Les Vignobles Beaconsfield possédés par Gallagher et Gauthier comptent 12 100 ceps d'hybrides de *Labrusca* sur 17 acres (7 ha) (Gallagher et Gauthier, 1880). Le troisième vignoble en importance est celui de Longueuil, appartenant à L. Carvi, G. Cerini et H. Renaud ; il compte 6600 ceps de *vinifera* italiens sur 12 acres (5 ha), mais il ne survit pas très longtemps (Masson, 1983, p. 91).

La viticulture connaît une certaine notoriété à cette épo-

Figure 11. Les vendanges au vignoble de Beaconsfield. *L'Opinion publique*, 30 octobre 1879

que, car un dénommé Joseph-Louis Barré possède des usines de production de vin (186 et 188, rue des Fortifications, à Montréal) (*Le Monde*, 31 décembre 1884). Dans ses voûtes, plus de 18 000 gallons de vin produit avec des raisins provenant « de Pointe-Claire, de Lachine, de Longueuil, de Saint-Hubert, de Saint-Hilaire, bref des environs de Montréal » (Prévost *et al.*, 1986, p. 192). Qu'est-il arrivé pour que tous ces vignobles commencent à disparaître dès 1894 ? D'abord, les cépages européens ne tardent pas à être tués par le gel (Vandal, 1986). Ensuite, la qualité des cépages nord-américains laisse à désirer, comme le rapporte Charles Gibbs, qui cultive 47 variétés à Saint-Paul-d'Abbotsford et à Hochelaga ; il note en plus qu'il

Figure 12. L'emmagasinage du raisin. *L'Opinion publique*, 30 octobre 1879

y a beaucoup de mauvaises années de récolte pour la plupart des cépages cultivés (Masson, 1983, p. 92). Dans ce contexte, le raisin est coûteux à produire, de sorte que la Société de pomologie, entre autres, délaisse la culture de la vigne au profit de celle de la pomme.

D'autres causes pourraient être avancées. D'abord, le 6 février 1893, le Canada réduit considérablement les droits d'entrée du vin français à la suite d'un traité commercial avec la France. Par ailleurs, il ne faut pas oublier les prônes et les sermons sur la tempérance et les mauvais effets de la boisson (ceux de Charles Chiniquy 1809-1899, en particulier), les actions concertées sur la tempérance de la Ligue du Sacré-Cœur (figure 13, p. 24), du Cercle Lacordaire et du Cercle Sainte-Jeanne-D'Arc au début du xxᵉ siècle, l'esprit des lois sur la prohibition officielle aux États-Unis et dans les autres provinces canadiennes entre 1919 et 1933, ainsi que l'étatisation de la vente d'alcool au Québec avec la création, en 1921, de la Commission des liqueurs (Prévost *et al.*, 1986, p. 68). Il est donc probable que, pendant ces années, la nature se soit liée à la tempérance et au monopole d'État pour étouffer les initiatives.

Figure 13. Croix de la tempérance de la famille de Laurent Deshaies

Entre les deux guerres, la superficie des vignobles ne représente plus qu'environ 5 acres (2 ha) ; il ne serait resté que 5 vignobles, soit ceux des Trappistes et des Cisterciens, près de Rougemont, et ceux de MM. Guay, Fish et Gilles Billault respectivement à Oka, à Saint-Paul-d'Abbotsford et à l'île Bizard (Masson, 1983, p. 92). On est certain, à la fin de cette période, que la vigne ne pousse pas au Québec ! Et c'est ce qui sera encore véhiculé jusqu'à nos jours.

La période d'expérimentation (1945-1980)

Durant la période d'après-guerre, à peine quelques vignobles personnels ou expérimentaux sont créés, même si de grands changements s'amorcent dans le goût du vin ; ce goût se développe aussi dans toute l'Amérique du Nord (Masson, 1983, p. 93). En effet, les soldats stationnés en Europe ont développé le goût du bon vin au repas, et non plus seulement du vin « social » ou « cordial », et ils le transmettent à leurs proches (Prévost *et al.*, 1986, p. 209). Par la suite, les immigrants des années 1950 contribuent à ce changement de mentalité et commencent à faire eux-mêmes leur vin à partir de raisins californiens ou ontariens. Enfin, les années 1960, avec la Révolution tranquille, mettent en éveil les sens, évacuent les notions d'austérité et de péché et permettent de raffiner la consommation (Prévost *et al.*, 1986, p. 213). Aussi commence-t-on à créer des clubs gastronomiques. Il est donc évident que le vin, fait à partir de mauvais hybrides, a de moins en moins sa place au Québec.

Enfin, d'après Prévost *et al.* (1986, p. 218), c'est surtout l'Expo 67 qui aurait aidé à changer les mentalités face au vin. En effet, la Régie des alcools du Québec a permis aux exposants d'importer leurs vins nationaux, de sorte que l'on pouvait enfin goûter à des vins nouveaux, ce qui a amené les gens à prendre goût aux voyages. De 1961 à 1967, la consommation de vin par habitant passe de 2 à

2,9 litres et à 10 litres en 1985. En 1985, les Québécois consomment 75 % de vin par rapport à 25 % de spiritueux, ce qui est unique en Amérique du Nord. Cette augmentation de la consommation, avec l'ouverture des Maisons des vins (1973) et la vente dans les épiceries (1978), a probablement eu un effet bénéfique sur le développement de la viticulture au

Figure 14. Joseph Vandal dans son vignoble expérimental de Saint-Apollinaire. Coll. J. O. Vandal

Québec. En effet, dans cette foulée, quelques précurseurs montent des vignobles expérimentaux ou font des essais avec plusieurs *vinifera* greffés : un petit vignoble se crée à l'Institut agricole d'Oka (Georges Masson), un autre chez les Clercs Saint-Viateur à Joliette (frère J. A. Savignac) dont l'expérience est résumée dans Savignac (1977) et un autre chez Roger van den Hende, professeur d'horticulture à Oka. Cependant, les travaux les plus soutenus sont les essais de variétés de Joseph O. Vandal sur des centaines de cultivars (figure 14). Ce dernier situe son vignoble expérimental tour à tour à Neuville de 1939 à 1945, à Sainte-Foy (emplacement actuel de l'Université Laval) de 1945 à 1962, à la ferme expérimentale de Deschambault de 1962 à 1965 et à Lotbinière de 1961 à 1980 et à Saint-Apollinaire de 1981 à son décès en 1994. Ce sont entre autres ces expériences qui sauveront la culture de la vigne au Québec, comme on le verra plus loin. Mais, à cette époque, il n'y a plus de vignobles commerciaux et la Commission des liqueurs, devenue la Régie des alcools de Québec en 1961, y veille.

Il faut ajouter les recherches de Gérard Millette, agronome au Collège MacDonald à Sainte-Anne-de-Bellevue, qui fait des essais aussi à Cazaville et à Saint-Bernard-de-Lacolle (Masson, 1983, p. 96). En 1973, Michel Croix, vigneron francais, expérimente plusieurs variétés de *vinifera* puis d'hybrides francais à Saint-Bernard-de-Lacolle (Vandal, 1984). Entre 1977 et 1984, les Vignobles Chanteclerc de Rougemont obtiennent une subvention du ministère de l'Agriculture du Canada pour trouver des variétés intéressantes, mais les résultats sont mitigés (Vandal, 1986). Plusieurs autres vignerons contribuent aussi à ces efforts plus ou moins anonymement, tels les frères Lussier à Cazaville, Gabriel Billaut à l'île Bizard, Paul Caron à Louiseville, Aimé Gagné et Yvon Faille à Franklin, James Tweddell à Saint-Joachim et Max Jacquel à Lotbinière.

En guise de conclusion pour cette période, il est possible de faire nôtre celle de Masson en 1983 (p. 97) ; il mentionne que la viticulture québécoise est encore beaucoup une « culture d'agrément », qu'il y a eu des échecs et qu'il y en aura encore d'autres, et que c'est le prix à payer pour toute « acclimatation ».

Les nouveaux vignerons (1980-1996)

Mis à part quelques vignobles qui subsistent de la période précédente, la dernière période de la viticulture québécoise voit s'ouvrir près de 90 nouveaux vignobles (tableau 1), mais dont une quinzaine disparaîtront. En 1986, les premiers vignobles artisanaux, soit La Vitacée à Sainte-Barbe, Angell à Saint-Bernard-de-Lacolle, le Domaine des Côtes d'Ardoise et L'Orpailleur à Dunham et Saint-Alexandre dans la localité du même nom, obtiennent leurs permis de vente de la Régie des permis des alcools du Québec et sont exploités par les premiers véritables vignerons professionnels du Québec qui veulent commercialiser leurs vins. À ces derniers se sont ajoutés 21 autres vignobles commerciaux entre 1988 et 1996 (figure 15). Ce sont ces vignobles qui font l'objet de la deuxième partie du présent guide. Malgré la jeunesse de la viticulture du Québec, deux vignobles ont dû fermer leurs portes, soit ceux des Hautes-Terres, à Franklin, et Desmarais, à Acton Vale. À part les vignobles commerciaux, on a recensé pas moins d'une soixantaine de vignobles durant cette période, mais une douzaine ont déjà disparu. En 1996, la superficie en viticulture est presque le triple des surfaces cultivées en 1890 (40 hectares).

Tableau 1
Classification des vignobles du Québec en 1996

	N^bre	%
Vignobles artisanaux	24	33,8
Vignobles artisanaux d'accompagnement	2	2,8
Vignobles artisanaux en prédémarrage	11	15,5
Vignobles d'agrément	29	40,9
Vignoble coopératif	1	1,4
Vignobles-pépinières	2	2,8
Vignobles fermés récemment	2	2,8
Total	**71**	**100,0**

J.-M. Dubois et L. Deshaies, 1996, *Répertoire des vignobles du Québec*, 43 p. (inédit).

Le vin au Québec, un héritage français

Dans l'ensemble, la consommation du vin au Québec est un héritage francais. Depuis les débuts de la Nouvelle-France jusqu'à la moitié du XIXe siècle, l'importation de vin et de *vinifera* de France a assuré la pérennité de l'héritage francais, que le vin ait navigué sur des bateaux francais ou sur des bateaux britanniques, même si la période française semble avoir favorisé la consommation du vin davantage que la période britannique. Le développement soudain de la viticulture à partir des années 1870 au

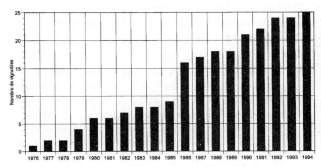

Figure 15. Évolution des vignobles commerciaux au Québec selon la première date de plantation

Québec est probablement lié au démarchage du comte Justin de Courtenay auprès du gouvernement du Québec et à sa promotion de cette culture entre 1858 et 1867. Par vigneron interposé, la filière française se maintient non avec des *vinifera*, mais avec des cépages hybrides provenant des États-Unis. Avec le déclin de la viticulture dans la première moitié du XXe siècle, les Québécois semblent avoir pris leur distance avec le vin. Mais le retour des militaires canadiens, en 1945, initiés au vin en Europe et surtout en France, la Révolution tranquille, l'Exposition universelle de Montréal en 1967, l'ouverture des Maisons des vins, la vente dans les épiceries en 1978, les voyages de plus en plus fréquents des Québécois en France ou ailleurs contribuent à renouer des liens plus serrés avec les vins francais et à accroître leur consommation. Ces événements créent un intérêt renouvelé pour la viticulture au Québec même. De plus, des vignerons francais et des Québécois formés en France développent la culture de la vigne et en initient leurs futurs collègues. Bref, toute l'histoire de la viticulture et du vin au Québec témoigne de l'héritage francais au Québec et distingue le Québec des Nord-Américains.

Le climat, le temps et la vigne au Québec

Les essais et les réussites de la viticulture dans les temps passés semblent avoir tombé dans l'oubli, car le dicton que « la vigne ne pousse pas au Québec » s'est établi et est demeuré jusque dans les années 1980. H. J. Evans, qui possédait un petit vignoble à Philipsburg dans les années 1880, écrivait cette question pertinente, celle que se posent plusieurs Québécois et étrangers au sujet de la vigne au Québec.

> En ce qui concerne la culture de la vigne, que ce soit par plaisir ou pour le commerce, une question revient constamment : est-ce que la vigne est une plante naturellement adaptée à notre sol et à notre climat ? Sinon, est-ce que, grâce à nos connaissances scientifiques, la vigne ne pourrait pas devenir une source de richesse ? (Masson, 1979, p. 90)

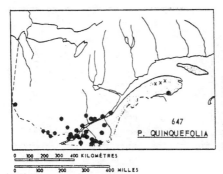

Figure 16.
Répartition de
Parthenocissus
quinquefolia
au Québec.
Rousseau, 1974,
p. 677

Avec l'expérience récente et heureuse des vignerons québécois, on peut ajouter quelques questions : quelles régions du Québec sont les plus propices à la culture de la vigne ? Est-ce que les vignerons actuels profitent d'un microclimat favorable ? Ces questions renvoient à la notion de terroir viticole. Parmi les facteurs naturels les plus importants à retenir, il y a d'abord les besoins de la vigne, le climat, le sol, les conditions météorologiques et, enfin, les types de cépages.

La vigne indigène au Québec

La vigne est géographiquement très dispersée dans le monde. La famille des vitacées comprend un grand nombre de variétés. Il y a au moins douze genres de vignes, dont la *Parthenocissus* et la *Vitis*. Au Québec, on retrouve une variété sauvage ou indigène pour chacun de ces deux derniers genres. La *Parthenocissus quinquefolia* couvre la vallée du Saint-Laurent du 45° degré latitude jusqu'en Gaspésie (figure 16). Elle ne donne aucun fruit comestible, contrairement à la *Vitis riparia* qui partage le même territoire qui peut, à notre avis, convenir à certains cépages à vin déjà connus comme l'Eona (figure 17, p. 30). C'est à la *Vitis riparia* que fait référence Jacques Cartier à son arrêt à l'île d'Orléans lors de son voyage au Canada. Les premiers habitants de la Nouvelle-France ont vinifié les raisins de cette vigne qui donnaient un « gros vin qui tache beaucoup » (Boucher, 1664, p. 52). Le comte Justin de Courtenay l'a domestiquée et taillée dans les années 1860 pour prouver au gouvernement du

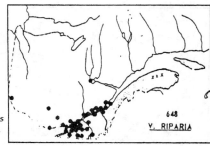

Figure 17.
Répartition de *Vitis riparia* au Québec.
Rousseau, 1974

Québec le potentiel viticole du Bas-Canada. D'après le rapport du Comité de l'Assemblée législative, plusieurs amis du comte l'ont apprécié. Par complaisance ? L'écart entre le vin domestique et le vin importé était-il moins grand à l'époque en raison d'une moindre qualité et d'un transport maritime peu apprécié par le vin ?

Ainsi, si la *Vitis riparia* ne pouvait donner un aussi bon vin que les *vinifera* français ou espagnol, il s'agissait d'en importer de ces pays. Étant donné les essais infructueux de ces cépages, les habitants du Bas-Canada ont dû adopter des hybrides avec une vigne indigène des États-Unis, *Vitis labrusca* (Champion, Concord, Delaware, etc.).

Malgré sa grande dispersion dans le monde, la vigne a toutefois certaines exigences sur le plan du milieu naturel et de son entretien agricole. Une brève présentation de la vigne est l'occasion de mieux connaître ses divers besoins physiologiques. Il lui faut un minimum de chaleur pour croître tant en été qu'en hiver et aussi pour survivre d'une année à l'autre, donc pour assurer son cycle de vie. À ces considérations de climat s'ajoute un cycle annuel de croissance très perturbé par les conditions météorologiques. La vigne peut s'accommoder de plusieurs types de sols, même les plus pauvres, de préférence bien drainés. Comme un même cépage donne un vin de goût différent selon le sol, il est donc nécessaire de porter attention à celui-ci. Ainsi, nous examinerons successivement la question du climat pour sa survie à long terme (car une vigne peut vivre jusqu'à cent ans), les sols et les aléas météorologiques à l'origine de la qualité des vins.

pour la vigne, comme la température minimale en hiver, les plus basses températures déjà enregistrées, les degrés-jours de croissance, les heures d'insolation et les précipitations, on observe que le Québec possède des caractéristiques moins favorables que la France, l'Italie, la péninsule du Niagara en Ontario et la vallée de l'Okanagan en Colombie-Britannique (tableau 2, p. 32). Ainsi, la période d'ensoleillement est plus courte au Québec et les précipitations et les périodes nuageuses plus longues.

Ces données climatiques sont importantes pour la vigne, particulièrement pour le mûrissement des raisins. Par contre, le gel en hiver peut, à l'occasion, descendre à -37 °C dans le Québec méridional, alors que les racines et les bourgeons de la vigne tolèrent mal les gels en dessous de 25 °C. Le gel d'hiver constitue donc le facteur climatique de risque le plus élevé pour la survie de la vigne (figure 18, p. 33). Et celle-ci peut conditionner celle du vignoble, comme le passé le démontre amplement pour le Québec dans d'anciens vignobles, à moins d'utiliser des mesures de protection exceptionnelles (serres, chauffage des vignes, aspersion, etc.). D'après Crespy (1992), la vigne ne pousse pas, à moins de travaux de protection, dans les régions où la température est au-dessous de 9 °C et ce serait même au-dessous de 10 °C, d'après Jackson et Schuster (1987).

La vigne a besoin d'un climat relativement ensoleillé et chaud (Perpillou, 1956 ; Galet, 1988). S'il y a trop de soleil, le raisin perd son acidité, s'enrichit en sucre : c'est ainsi que l'on produit des vins liquoreux. Par contre, s'il n'y a pas assez de soleil, le

La vigne et le climat

Le climat est le facteur déterminant dans l'extension de la vigne dans le monde. La latitude n'est pas le meilleur critère pour déterminer cette extension. En effet la frontière canado-américaine, située au 45° de latitude, correspond à celle de Bordeaux, et la ville de Québec est à peu près à la même latitude que la Côte d'Or en Bourgogne. Pour la vigne, la température moyenne annuelle ne doit pas être inférieure à 9 °C alors que, dans la plaine de Mont-réal, elle est autour de 6 °C. De plus, en prenant en compte certaines données climatiques intéressantes en

raisin garde son acidité et les vins produits sont imbuvables. Pour obtenir de grands crus, il faut donc les conditions de luminosité et de chaleur moyennes des zones tempérées ; ainsi, le raisin garde une certaine acidité, laquelle conditionne les meilleurs bouquets.

Enfin, il ne faut pas exagérer sur l'idée de micro-climat ; en fait, chaque vignoble a son microclimat selon la pente et son exposition, l'altitude et tout son environnement physique. Cette insistance des vignerons québécois sur l'existence d'un micro-climat pour leur vignoble semble cependant confir-mer l'importance à accorder au climat pour la cul-ture de la vigne au Québec. Faut-il y voir un discours

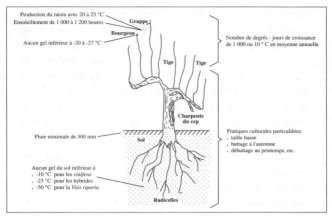

Figure 18. Morphologie d'une vigne et seuil des limites climatiques pour le Québec

visant à contrecarrer le dicton que la vigne ne pousse pas au Québec ? Pourtant la viticulture existe au Québec malgré les conditions climatiques rigoureuses et il semble nécessaire d'analyser l'influence du sol qui nourrit le cep en oligo-éléments présents dans la terre.

Les conditions physiques du sol et du site

La vigne est moins dépendante des conditions physiques qu'on ne l'imagine (Pomerol, 1990 ; Blij, 1981) et s'accommode de sols très divers, même très pauvres, ce qui fait dire à Perpillou (1956, p. 10) qu'elle est presque indifférente à la composition chimique du sol, mais beaucoup plus sensible à sa structure physique. On peut donc planter de la vigne dans tous les sols, sauf les sols marécageux, trop acides ou trop basiques ; les sols peuvent aussi bien être profonds que squelettiques. Cependant, ceux qui sont riches donnent une plante vigoureuse mais un raisin de qualité moindre, alors que les sols pauvres donnent une plante rabougrie mais un raisin riche. Blij (1981) mentionne qu'un sol idéal, permettant autant la rétention d'eau que la circulation des nutriments aux racines et que la rétention d'air emmagasinant la chaleur, devrait être composé, en parties égales, de sable, de silt et d'argile. Les sols caillouteux ont une bonne aération, sont moins fertiles, favorisent l'emmagasinement de la chaleur

(Pomerol, 1990) et permettent la production d'un meilleur raisin ; par contre, ils sont plus sensibles au gel (Galet, 1988) et, s'ils sont très profonds, ils obligent les racines à descendre et à s'alimenter à la nappe phréatique (Johnson, 1979). Enfin, les sols riches en calcaire augmentent le bouquet du vin, alors que ceux de couleur foncée permettent un meilleur emmagasinement de la chaleur pour la nuit et favorisent l'augmentation du taux de sucre.

La pente du terrain et l'exposition sont donc très importantes, surtout si la latitude est haute. En effet, selon les endroits, il faut trouver les conditions maximales d'égouttement et d'ensoleillement. De plus, une excellente pente bien égouttée peut être mal exposée, alors qu'un terrain plat toujours ensoleillé peut être mal égoutté et sujet aux inversions thermiques, favorisant ainsi les gelées et l'humidité, laquelle peut engendrer les pourritures. L'idéal, comme le suggère Perpillou (1956, p. 11), n'est-il pas un replat rompant une pente abritée des vents ? Mais encore faut-il qu'il ne soit pas trop élevé en altitude. Selon Galet (1988), Blij (1981) et Vandal (1986b), les meilleures expositions sont celles vers le sud-est et le sud, car l'ensoleillement s'y effectue très tôt le matin.

La proximité de plans d'eau est également favorable, car elle permet de diminuer les écarts de température (Vandal, 1986b) et peut même, en zones abruptes, jouer le rôle de miroir pour les rayons solaires (Galet, 1988).

Les considérations générales tirées de la documentation scientifique doivent être comparées à la situation viticole du Québec. Les sols dominants cultivés en vigne au Québec sont les sables silteux et les argiles silteuses pour 52 % des vignobles (tableau 3). Trois poussent dans des sols composés surtout d'altérites d'ardoise ou de schistes. Les autres vignobles profitent de sol qui possèdent de façon dominante des sables, des limons ou du gravier. Dans l'ensemble de la composition idéale définie par Blij, les vignobles québécois ont seulement deux des trois composantes idéales. Cependant, une certaine dominance du sable dans le vignoble québécois favorise la maturation du raisin, car le sable est un sol dit « chaud ».

Tableau 3
Répartition des vignobles
selon les types de sols en 1996

Type de sol dominant	Nombre	%
Sable silteux	8	32
Argile silteuse	5	20
Silt argileux	3	12
Limon sableux	1	4
Sable	2	8
Gravier	1	4
Sable graveleux	2	8
Altérites d'ardoise ou de schiste	3	12
Total	**25**	**100**

Quant à la pente (tableau 4), on peut dire que le vignoble québécois est planté sur des sites à pente nulle ou très faible (18 vignobles sur 25). Les pentes maximales peuvent atteindre 11° tout au plus, alors qu'en Suisse certains vignobles peuvent avoir une pente de 85 % (Simon *et al.*, 1977, p. 21). Comme, dans le sud du Québec, une baisse de température

Tableau 4
Répartition des vignobles
selon la pente en 1996

Type de pente en degrés	Nombre	%
Pente de 0° à 2°	15	60
Pente jusqu'à 3°	3	12
Pente jusqu'à 6°	4	16
Pente jusqu'à 11°	3	12
Total	**25**	**100**

peut être observée tous les cent mètres d'altitude, il ne serait peut-être pas utile de rechercher des versants sud avec une forte pente pour planter un vignoble au Québec. La vigne serait probablement plus sensible à la proximité des plans d'eau, comme la rivière Richelieu pour les vignobles de la région du Richelieu, le fleuve Saint-Laurent pour les vignobles situés en bordure, ou un lac pour le vignoble Le Cep d'Argent.

Bref, la vigne peut s'adapter à plusieurs types de sols, à condition que ceux-ci ne soient pas trop humides. La pente peut alors aider au drainage des eaux de surface et à l'écoulement souterrain des nappes phréatiques peu profondes, mais cela ne doit pas se faire aux dépens de la quantité de chaleur et d'ensoleillement. Ainsi, les sols marécageux et argileux sont moins favorables à la culture de la vigne, non parce que la vigne n'y pousse pas, mais qu'elle donne des vins plus corsés. Pour cette raison, les sols ont une incidence importante sur la qualité des vins. Les œnologues réfèrent d'ailleurs souvent aux sols lors des dégustations des vins en mentionnant les différents terroirs où les cépages sont cultivés.

Les aléas météorologiques et les prédateurs

Le climat est à distinguer des conditions météorologiques (le temps), car il est défini à partir de moyennes établies sur des données météorologiques quotidiennes prises sur un grand nombre d'années, habituellement plus de 30 ans (« normale de 30 ans »). Le temps, quant à lui, se rapporte à « l'état de l'atmosphère à un moment donné considéré surtout dans son influence sur la vie et l'activité humaines » (*Robert*). C'est le temps qui cause les principaux problèmes aux vignerons québécois. Alors que le climat québécois affecte la survie d'un cépage à long terme et son extension septentrionale, le temps affecte le cycle annuel de la croissance de la vigne, le mûrissement des raisins, les travaux viticoles et, en bout de ligne, la qualité des vins produits. Le temps fait le succès ou la ruine de la vendange et, par conséquent, du millésime.

Les conditions météorologiques affectent quotidiennement la croissance de la vigne, évoluent avec des écarts plus ou moins brusques et donnent les saisons (figure 19). Le cycle annuel de croissance de

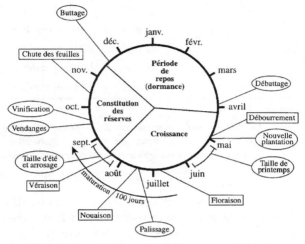

Figure 19. Cycle annuel de la vigne et des travaux viti-vinicoles au Québec. Source : Entrevues auprès des vignerons du Québec. Idée du modèle tirée de *Selection du Reader's Digest*, 1984.

la vigne se trouve écourté au Québec en plus de subir les risques élevés de gels tardifs au printemps et de gels hâtifs à l'automne (tableau 5, p. 38). Ainsi la vigne peut avoir débourré à la fin d'avril ou au début de mai alors que la probabilité de gel est encore de 75 %. Par ailleurs, au moment des vendanges, soit du 19 septembre au 15 octobre, les probabilités de températures de gel varient environ de 10 % à 35 %. Au cours de l'été, la vigne croît rapidement et ces contraintes racourcissent le temps disponible pour les travaux viticoles au Québec, comparativement à la France ou en Californie. Enfin, la période de dormance, plus longue au Québec qu'ailleurs dans le monde, permet au vigneron de procéder plus facilement à l'entretien de son équipement agricole. Sa longueur accentue cependant les risques de gel pour des sols plus en profondeur, selon les moments et l'épaisseur de l'enneigement (84 à 95 pouces dans la région de Montréal, 102 à 109 pouces en Estrie et 110 à 122 pouces dans la région de Québec).

Tableau 5
Probabilités de gel à Saint-Hyacinthe

Pourcentage de probabilité	Printemps	Automne
75	4 mai	5 octobre
50	12 mai	28 septembre
25	20 mai	21 septembre
10	28 mai	14 septembre
5	1er juin	11 septembre

Perrier, 1967, p. 89.

Note : La station météorologique de Saint-Hyacinthe est la plus centrale de la région du Richelieu. Probabilités basées sur les températures enregistrées pendant 30 ans.

Les conditions météorologiques ont aussi des effets sur l'ampleur de certaines maladies et parasites de la vigne (tableau 6). Parmi ceux-ci, il y a surtout l'altise pour la presque totalité des vignobles. Les deux maladies fongiques importantes sont le mildiou, favorisé par des pluies fréquentes et une température élevée, et le oïdium, également avantagé par le temps chaud et une humidité de l'air élevée. La majorité des vignobles en sont affectés. Alors que le mildiou touche surtout les feuilles, l'oïdium attaque les grappes. À ces parasites et maladies, il faut ajouter les oiseaux qui mangent le raisin mûr et le cerf de Virginie qui bouffe les jeunes plants et parfois le raisin à maturité.

Le choix des cépages résistants au froid

Le cépage donne l'identité au vin, mais le vigneron choisit celui qui convient le mieux à son terrain et au climat. Ce n'est pourtant pas le choix qui manque, car il y a plus de 5000 variétés dans le monde, portant plus de 40 000 noms. Au Québec cependant, seuls quelques-uns peuvent produire du raisin qui arrive à maturité. D'après les vignerons québécois Charles-Henri de Coussergues, Victor Dietrich et Alain Breault (1993, p. 50), les principaux cépages hybrides à choisir pour le Québec doivent avoir au moins les caractéristiques suivantes : une produc-

Tableau 6
Fréquence des prédateurs et parasites et maladies dans les vignobles québécois en 1996

	Proportion de vignobles déclarants sur 24
A. Les prédateurs :	
• merle d'Amérique	17
• étourneau sansonnet	14
• cerf de Virginie	12
• raton laveur	5
• autres animaux	6
B. Les parasites :	
• altise	19
• phylloxéra	4
• acariose	3
• cicadelle	2
• autres parasites	2
C. Les maladies fongiques :	
• mildiou	21
• oïdium	19
• excoriose	2
• pourriture noire	2
• botrytis	2
D. Les maladies virales	2

tivité élevée en taille courte, une résistance suffisante aux maladies, une résistance au phylloxéra radicicole, une période végétative courte et une maturité précoce.

Le vignoble québécois comprend 410 899 ceps au total, soit 16 436 en moyenne par vignoble, sur une superficie totale de 94,4 hectares. Les principales régions viticoles sont la Yamaska et le Richelieu (tableau 7, p. 40). Plus de la moitié des vignobles (60 %) possèdent une pépinière et une parcelle expérimentale (tableau 8, p. 40). La variété des

Tableau 7
Importance de l'encépagement dans le vignoble québécois

Région viticole	Nombre de vignobles	Ceps		Superficie	
		N^bre	%	N^bre ha	%
1. Châteauguay	2	12 240	3,0	2,7	2,9
2. Richelieu	8	118 336	28,8	25,9	27,4
3. Yamaska	9	195 588	47,6	44,7	47,4
4. Estrie	3	59 350	14,5	12,3	13,0
5. Québec	3	25 185	6,1	8,8	9,3
Total	**25**	**410 899**	**100,0**	**94,4**	**100,0**

Tableau 8
Variété de l'encépagement du vignoble québécois en 1996

Région viticole	Cépages blancs	Cépages rouges	Pépinière	Parcelles expérimentales	Vignobles
	Nombre	Nombre	Fréquence	Fréquence	Nombre
1. Châteauguay	1	0	1	2	2
2. Richelieu	5	4	7	4	8
3. Yamaska	6	5	5	6	9
4. Estrie	2	0	0	1	3
5. Québec	2	2	2	1	3
Total	—	—	15	14	25

Note : Les cépages recensés dans un vignoble avaient au minimum 2000 ceps.

cépages est plus grande dans les deux principales régions productrices mais, pour un vignoble moyen, il y a sept cépages différents, dont quatre pour le vin blanc. Les cépages dominants sont le Seyval pour le blanc et le Maréchal Foch pour le rouge. Le Seyval regroupait près de 40 % de tous les ceps, alors que le Maréchal Foch n'en prenait que 5 % en 1996. Les *vinifera* sont nettement minoritaires parmi

Tableau 9
Cépages dominants dans les vignobles en 1996

	Fréquence de vignobles ayant plus de 2000 ceps de ce cépage
A. Cépages pour le vin blanc	
• Seyval	15
• Vidal	3
• Cayuga White	3
• Eona	3
• Aurore	2
• Autres cépages (*Chardonnay*, Cliche, *Bacchus*, *Geisenheim*, V50201)	1 pour chacun
B. Cépages pour le vin rouge	
• Maréchal Foch	5
• De Chaunac	4
• *Gamay*	2
• Lucy Kulhmann	2
• Autres cépages (Chancellor, Minnesota, SV5247)	1 pour chacun

Note : Les cépages en italique sont des *vinifera*.

les cépages cultivés au Québec (tableau 9). En effet, ils ont plus de difficulté à surmonter les gels de l'hiver que les hybrides américains.

Les cépages cultivés au Québec (tableaux 10 et 11 ; figures 20, 21 et 22, p. 42-44) donnent des raisins à maturité en septembre et au début d'octobre. Les raisins blancs mûrissent un peu plus tôt que les raisins bleus, en plus d'avoir été choisis pour leur rusticité. Mais en comparant les tableaux 10 et 11 avec la figure 19, on peut évaluer le risque d'un gel d'automne avant les vendanges, tant pour les cépages de blancs, que pour les cépages de

Tableau 10

Caractéristiques des principaux cépages de blancs cultivés au Québec

Nom du cépage	Degré de rusticité	Sensibilité	Date de maturité	Rendement	Qualité des vins	Autres remarques
Seyval blanc	Moyenne	Oïdium, éclatement des baies	15 au 30 septembre	Moyen à bon	Vin parfumé de très bonne qualité	Cépage dominant dans presque tous les vignobles du Québec (49 % du total des ceps)
Vidal	Moyenne	Résistance	Mi-octobre	Moyen		Très apprécié en Ontario (vins de glace)
Cayuga White	Faible	Peu sensible	Début octobre	Moyen	Bon vin mais un peu « muscaté »	Production variable
Eona	Forte	Pas sensible au gel (<35 °C), peu d'oïdium	Début septembre	Petites grappes et petits raisins	Goût légèrement foxé	Excellent dans les régions à courte saison végétative
Aurore	Moyenne	Un peu de phylloxera	Début septembre	Moyen	Vin neutre sans caractère pour assemblage seulement	De moins en moins cultivé au Québec
Vandal blanc (rebaptisé Cliche 8414)	Forte	Mildiou				Cépage d'origine québécoise. Du nom de généticien Joseph O. Vandal (1907-1994)

Source : Dietrich *et al.* 1993 ; Dechâler, 1996

Tableau 11

Caractéristiques des principaux cépages rouges cultivés au Québec

Nom du cépage	Degré de rusticité	Sensibilité	Date de maturité	Rendement	Qualité des vins	Autres remarques
Maréchal Foch	Bonne	Oïdium, oiseaux	Mi-septembre	Bon à faible	Très bien	Deuxième cépage en importance. Cépage dominant dans le raisin bleu
De Chaunac	Bonne	Oïdium	Début octobre	Très productif	Vin de qualité variable	Nécessité d'éclaircir les grappes
Chancelor	Bonne	Mildiou	Début octobre	Très productif	Vin de bonne qualité qui vieillit bien	Nécessité d'éclaircir les grappes

Source : Dietrich *et al.*, 1993

Figure 20. Exemple de grappes de raisins des cépages Minnesota, Eona et Maréchal Foch. Coll. J. O. Vandal, 1986

Figure 21. Exemple d'une grappe de raisins du cépage Seyval. Coll. J. O. Vandal, 1986

rouges. Enfin, il est nécessaire de souligner la présence d'un cépage carrément québécois appelé Vandal greffé à notre vigne indigène *Vitis riparia*. Ce nom provient du généticien québécois Joseph O. Vandal (1901-1994), professeur à l'Université Laval. Ce cépage est l'un des plus rustiques du Québec avec l'Eona.

Des vins tirés du froid !

Contrairement à l'opinion de plusieurs Québécois, et surtout des étrangers au Québec, la vigne pousse au Québec et pas seulement la vigne sauvage *Vitis*

riparia. Il est possible de cultiver des cépages hybrides et même des cépages nobles avec beaucoup de protection. Cependant, la culture de la vigne est une

Figure 22. Exemple d'une grappe de raisins du cépage Vandal blanc (rebaptisé Cliche 8414), au vignoble de Sainte-Pétronille

activité agricole à grand risque en raison du milieu naturel, comparativement à plusieurs autres régions viticoles du monde. La principale contrainte à la viticulture demeure le climat rigoureux du Québec en hiver, avec ses printemps tardifs et ses automnes parfois hâtifs. Elle peut donc s'étendre en Estrie et dans la plaine du Saint-Laurent, mais non au-delà de la Pocatière (figure 23). Par ailleurs, la période végétative durant l'été et ses prolongements amène aussi ses parasites, ses prédateurs et, surtout, ses

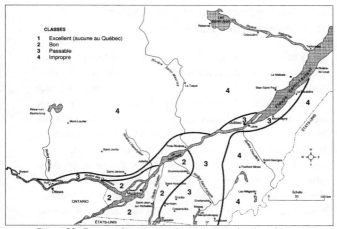

Figure 23. Zonage climatique préliminaire pour les vignobles au Québec

risques de gels tardifs au printemps et hâtifs à l'automne, ce qui affecte le bourgeonnement, le mûrissement et les vendanges. De plus, un temps plus humide, nébuleux, moins ensoleillé et moins chaud peut rendre plus aléatoire le mûrissement des raisins. Ainsi, les aléas météorologiques de l'année donnent la qualité au vin, que les vignerons du Québec ont intérêt à millésimer à cause des variations météorologiques d'une année à l'autre. Le millésime, ou l'année de vendange, a en effet son importance au Québec, quand on compare l'été sec de 1995 à l'été pluvieux et humide de 1996 ; ce n'est pas le cas des vins de la Californie, de l'Australie ou de l'Afrique du Sud, où les variations météorologiques d'une année à l'autre sont très faibles. Le caractère récent de la viticulture au Québec, avec les nouveaux cépages hybrides et les conditions particulières de son développement, fait en sorte que toute la viticulture québécoise est un laboratoire fantastique où le vigneron a un rôle important à jouer. C'est le même constat que faisait Jullien en 1816 en écrivant que :

> [...] même dans un milieu sauvage et hostile, des efforts acharnés permettent d'atteindre l'excellence. [...] en viticulture, rien n'est jamais acquis et lorsque l'effort se relâche, la qualité s'évanouit (1816).

L'apport généreux et particulier des vignerons québécois

Le bref historique que l'on vient de présenter donne déjà une idée des efforts faits par les premiers habitants du Québec et, ensuite, par les Québécois pour implanter une viticulture non seulement viable mais aussi rentable économiquement. Le terroir permet la culture de la vigne, mais le vigneron donne la qualité du raisin et du vin. Avec l'arrivée des nouveaux vignerons des années 1980, on peut se faire une meilleure idée du travail que nécessite la culture de la vigne dans un contexte climatique et météorologique variable d'une année à l'autre et d'une journée à l'autre. Il est possible de retourner à l'origine de l'idée de la viticulture québécoise récente, car la majorité des vignerons sont encore vivants. Les expériences et leurs souvenirs sont ici mis à contribution pour décrire globalement leur parcours. Cette analyse est essentielle pour mieux comprendre le vin lui-même. En effet, en plus du sol, du climat, de la variété de vigne et des incertitudes météorologiques, il y a le travail du vigneron. N'a-t-on pas déjà désigné les vins par les termes « crus bourgeois » et « crus paysans » (Dion, 1952, p. 421). Les Français du XVIIIe siècle « pensaient que, sur un même terrain, la vigne du vigneron, c'est-à-dire celle du viticulteur populaire, ne pouvait donner d'aussi bon vin que celle du bourgeois ou du noble » (*ibid.*, p. 421). C'est dire à quel point un travail soigné au champ et à la salle de vinification peut expliquer la qualité du vin (figure 24). Le rôle du vigneron est aussi présent à diverses étapes du développement de la viticulture : l'implantation d'un vignoble, la diffusion de la viticulture, le choix de pratiques culturales particulières, l'adaptation de l'entreprise viti-vinicole au contexte québécois, etc.

L'implantation d'un vignoble au Québec

La viticulture québécoise est relativement récente, car les cinq premiers permis de vente du vin ont été accordés en 1985. Ainsi, il est possible d'obtenir les raisons de planter de la vigne, car la presque totalité d'entre eux sont encore vivants et exploitent encore leurs vignobles.

Querelle des anciens et des modernes sur les facteurs de la qualité de vin

1. — Théories modernes

La qualité de vin est l'expression d'un milieu naturel

Géographes et techniciens d'aujourd'hui s'accordent généralement à reconnaître que la répartition géographique des vignobles et les différences locales qui paraissent dans la qualité de leurs produits sont déterminés par les propriétés du sol et du climat. Ils posent en principe que la qualité d'un vin provenant d'un cépage donné est un effet du milieu naturel où ce cépage est cultivé, et que, parmi les composantes de ce milieu, la constitution du sol exerce une influence décisive.

II. — Olivier de Serres : « Si n'êtes en lieu pour vendre votre vin, que feriez-vous d'un grand vignoble ? »

L'idée que les vignobles de qualité se sont établis dans les milieux naturels les plus propres à produire de bons raisins paraît aller de soi, découler du simple bon sens. Elle n'eût pas contenté cependant ceux qui, il y a trois siècles et demi, se pénétraient du *Théâtre d'Agriculture* d'Olivier de Serres. Sur ce point comme sur bien d'autres, l'intérêt des études rétrospectives est de nous obliger à remettre en question des opinions aujourd'hui généralement admises, et de nous mettre en garde contre les représentations trop simples que nous nous faisions parfois du lien qui attache les œuvres humaines aux réalités physiques.

Figure 24. Extrait de Dion, 1952, p. 417-418

Les vignerons proviennent pour la plupart des villes (66 %) et de parents non fermiers (75 %). Ils ont en moyenne 45 ans. Le tiers seulement d'entre eux sont nés à l'étranger, en France, en Italie et aux États-Unis. À peine 8 % d'entre eux ont eu une formation scolaire en viti-viniculture. Les deux tiers ont acquis leur formation sur le tas grâce à des lectures, à des consultations, etc. Par contre, le tiers des vignerons ont travaillé ou fait un stage dans un vignoble. Bref, par leur origine sociale, peu de futurs vignerons se destinent vraiment à la viticulture, surtout dans un territoire très rébarbatif à cette culture. Aussi faut-il aller chercher les motivations ou les expériences culturelles de chacun d'entre eux pour mieux comprendre leur décision de planter la vigne.

Les motivations à l'origine de la décision de planter de la vigne sont difficiles à cerner et même les vignerons ne sont pas toujours explicites à ce sujet. Le plus souvent, il faut retourner à leurs expériences passées. Ainsi, sept vignerons sont originaires de pays viticoles (France et Italie). Parmi eux, certains ont migré pour faire de la viticulture tandis que d'autres, migrants de plus longue date, ont recréé un air de leur pays en plantant de la vigne. À ceux-ci, il faut ajouter une autre migrant, ingénieur chimiste, qui a décidé de prolonger ses analyses de levures et de vins dans ses laboratoires sur le terrain de la viticulture. Ensuite, sept autres vignerons avaient acquis une certaine expérience de la viti-viniculture chez d'autres vignerons comme travailleurs saisonniers ou comme bénévoles. Enfin, le dernier groupe de vignerons a planté la vigne pour l'amour du vin, le défi d'une culture exotique ou pour toute autre raison. Souvent, ces derniers avaient aimé leurs voyages dans des pays viticoles, avaient déjà fabriqué du vin domestique ou fait partie de groupes d'œnophiles. Ces motivations diverses expliquent l'implantation de la viticulture au Québec.

L'idée de culture viticole a été reçue avec scepticisme et étonnement dans l'entourage des futurs vignerons. La majorité d'entre eux furent considérés comme des « fous » ou des petits « Jos connaissant » en agriculture. Peu d'entre eux ont pu profiter de prêts agricoles ou bancaires. Pour ceux qui ont reçu un appui financier, les garanties s'expliquent par l'importance de la mise de fonds, la valeur intrinsèque du terrain ou des bâtiments, les équipements d'une activité agricole complémentaire, etc. Malgré l'absence d'appui de leur entourage, les vignerons étaient prêts à se lancer dans l'activité viticole.

La décision de planter amène généralement le choix d'une localisation du vignoble, mais 70 % des futurs vignerons avaient acheté leur terre avant de penser à la culture de la vigne (figure 25). Il y a donc un rapport nuancé entre le vin et le terroir, car le vigneron n'a pas choisi sa propriété en fonction d'un cépage en particulier. C'est plutôt l'inverse qui

Ces sites n'eussent pas suffi cependant, par leurs seuls mérites, à faire naître le vignoble. Il fallait encore qu'ils fussent placés en une région où l'homme jugeait avantageux ou désirable d'implanter la viticulture. Mais, en cette matière — et de là vient la difficulté des problèmes de géographie viticole — l'ambition humaine s'est fixé des objectifs généralement très différents de ceux qui lui eût suggérés un simple programme d'exploitation des possibilités naturelles.

Figure 25. Extrait de Dion, 1952, p. 428

s'est produit, car les vignerons ont toujours fait et font toujours des expériences avec différents cépages. Le milieu naturel ou le site n'a donc pas eu l'importance qu'on veut bien lui accorder dans la décision de planter et de choisir un lieu particulier. S'il y a un déterminisme naturel, c'est après coup, après la plantation. Le milieu naturel est alors interpelé par le vigneron et il y répond toujours, mais à ses conditions.

À partir d'une enquête auprès d'une vingtaine de vignerons, il est possible de décrire le processus de prédémarrage d'un vignoble. Celui ou celle qui décide de cultiver la vigne soumet son idée à son entourage dans les deux mois suivants en moyenne. Malgré le scepticisme général, le futur vigneron cherche une terre et fait un choix de site environ sept mois plus tard. Trois autres mois sont nécessaires pour procéder à la plantation. Ainsi, entre l'idée de la viticulture et sa réalisation, il ne s'écoule qu'un an. La situation est tout à fait différente pour celui qui possède déjà une terre. C'est le cas ici, où les gens sont propriétaires depuis sept ans en moyenne. Entre l'idée et la plantation, il ne s'écoule pas plus de six mois. La différence entre les futurs vignerons avec et sans terre s'explique facilement, mais celui qui a dû acheter sa terre pour la viticulture produit son vin au moins un an avant l'autre, soit trois ans au lieu de quatre après la plantation. De plus, pour ceux qui n'avaient pas de terre avant de décider de faire de la viticulture, il faut moins d'un an pour obtenir un permis de la Régie, alors que, pour les autres, il faut compter plus d'un an. Cet écart s'explique probablement par l'urgence de vendre sa production pour le vigneron qui a commencé son entreprise à partir de rien, ou par des difficultés de reconversion de ses activités sur la terre pour le second vigneron.

Bref, le vigneron auparavant sans terre procède plus rapidement pour la production vinicole et la commercialisation du vin. Mais deux éléments sont à retenir. D'abord, le fait que 70 % d'entre eux possédaient déjà leur terre qui, après le choix d'un cépage, l'entretien de la vigne et la vinification, donne le goût au vin. C'est dire tout le travail et le rôle du vigneron dans la qualité du vin et les limites de certains discours œnophiles mettant trop d'accent sur le milieu naturel. L'autre élément à retenir concerne la durée de démarrage d'un vignoble, soit quatre ans, avant de retirer un premier revenu.

La diffusion de la viticulture

La section précédente permet de se faire une certaine représentation du prédémarrage d'un vignoble. La diffusion de la viticulture dans la Montérégie, l'Estrie et la région de Québec demeure toutefois inexpliquée, car il y a 68 vignobles au Québec (tableau 12), soit 25 vignobles commerciaux et 43 vignobles non commerciaux, petits et grands. Parmi ces derniers, il y a le Vignoble communautaire de Bourg-Royal, à Charlesbourg, près de la ville de Québec, administré par l'Association des viticulteurs du Québec. Dont un vignoble communautaire.

Plus d'une quarantaine de vignobles sont voués à la production familiale de raisins et de vin. Aux vignobles commerciaux, on ajoute aussi deux vignobles-pépinières, non recensés dans le présent guide, destinés à la production de plants de vignes pour la vente. La structure juridique dominante demeure la propriété privée, avec quelques locations de terrain. Il s'agit d'exploitations familiales dans presque tous les cas, même si les propriétaires recourent à une main-d'œuvre locale pour les vendanges. Cette diversité des vignobles permet de mieux comprendre leur répartition. En observant la carte de répartition des vignobles, on constate trois « régions » viticoles (figure 1, p. 12).

Tableau 12

Répartition régionale des vignobles commerciaux et non commerciaux[1] au Québec en 1996

Régions	Vignobles commerciaux		Vignobles non commerciaux	
	Nombre	%	Nombre	%
Laurentides	—	—	2	4,7
Montérégie	10	42	12	27,9
Estrie :				
• Sherbrooke	2	8	4	9,3
• Dunham	9	36	4	9,3
Mauricie-Bois-Francs	1	4	4	9,3
Québec	3	12	15	34,9
Saguenay-Lac-St-Jean	—	—	1	2,3
Outaouais	—	—	1	2,3
Total	*25*	*100*	*43*	*100*

1. On a pris en compte ici tous les vignobles connus d'une certaine importance, qu'ils visent ou non à devenir commerciaux.

La première grande région viticole se situe en Montérégie, où l'on remarque une assez grande dispersion avec un nombre assez équivalent de vignobles commerciaux (10) et non commerciaux (12). L'Estrie vient au second rang, subdivisée en deux secteurs : Dunham et Sherbrooke. Dans cette région, il y a 19 vignobles dont 11 commerciaux. Enfin, la dernière région en importance regroupe le Vignoble communautaire de Bourg-Royal, deux vignobles commerciaux et plusieurs vignobles non commerciaux (15) relevés lors de travaux et d'entrevues sur le terrain. Les autres régions, sans compter celles non mentionnées sur le tableau, possèdent tout au plus neuf vignobles, dont un seul est commercial. Les trois premières régions rassemblent près de 90 % des vignobles du Québec. Mais la distinction fondamentale entre ces deux grandes régions concerne le type de vignobles, soit commerciaux dans l'Estrie et en Montérégie et non commerciaux dans la région de Québec.

Ces répartitions ne sont pas neutres et résultent d'actions entreprises dans le passé. Ainsi, la concentration de vignobles privés dans le secteur de Québec s'explique par les activités de l'Association des viticulteurs du Québec, dont la création remonte à 1979, et la diffusion de leur revue *De la vigne au vin* de 1984 à 1989. Grâce à des rencontres avec les vignerons et à une analyse détaillée du contenu de la revue mentionnée, on a pu reconstituer tout le réseau des vignobles de la région de Québec autour de l'Association des viticulteurs du Québec et du Vignoble communautaire de Bourg-Royal. Ainsi, cette association aurait atteint les buts qu'elle s'était fixés en 1979, soit de promouvoir la viticulture. Dans l'Estrie et en Montérégie, la situation est plus complexe, mais il faut noter la présence importante de vignerons professionnels qui ont constitué un second réseau de viticulteurs autour de l'Association des vignerons du Québec, créée en 1988. Ces deux réseaux fonctionnent de façon relativement autonome ; le second a toutefois profité, quoi qu'on puisse en dire, du démarchage du premier auprès du gouvernement du Québec pour la reconnaissance officielle de vignobles commerciaux avec permis de vente (*De la vigne au vin*, vol. 1, n° 2, 1984).

Mis à part cette explication des différences régionales et les motivations personnelles des vignerons, il faut aller plus loin pour comprendre la diffusion de la viticulture. La constitution d'un « arbre généalogique » des vignerons aide à mieux comprendre. On peut distinguer des périodes d'établissement de vignobles et aussi des générations de vignerons. Quinze d'entre eux auraient planté pour des raisons strictement personnelles : le défi, l'air du pays d'origine, la création d'un emploi, l'amour du vin, etc. De ceux-ci, cinq furent les pionniers, car ils ont planté de la vigne en 1979 et 1980. Ensuite sont venus quelques vignerons professionnels de formation française (1980-1987). Puis, se sont ajoutés les vignerons amateurs de vins (1986-1996). À partir de 1980, un groupe a été formé à partir d'un premier vignoble de Dunham. Deux ans après, un autre vignoble était implanté où ont travaillé un certain nombre de futurs vignerons (1986-1990). Ayant aimé l'expérience et la nouveauté de l'activité, ils ont décidé d'en faire un emploi permanent (5 sur 6 au total). On les nomme « les essaimés », car ils ont appris partiellement leur métier dans un autre vignoble. Cet essaimage explique la petite concentration des vignobles dans la localité de Dunham. Enfin, l'ensemble de l'activité viticole nous semble à l'origine de deux autres vignobles ouverts au public en 1996 dont les propriétaires peuvent être nommés « les imitateurs ». Ainsi, il est possible de regrouper les vignerons en trois catégories : les pionniers, les « professionnels » dont les essaimés et les imitateurs, et les amoureux du vin ayant la plupart du temps un second emploi. Il va de soi que tous les vignerons sont des professionnels dans la viti-viniculture, mais la catégorie intitulée « professionnels » caractérise un rapport différent des vignerons à leur vigne, un rapport moins lyrique.

Les pratiques culturales adaptées aux conditions physiques du milieu

L'implantation d'un vignoble est une étape longue et difficile, mais l'entretien de la vigne nécessite des opérations particulières dans le contexte québécois. Comme on l'a vu précédemment, le premier défi pour le viticulteur québécois est de choisir les cépages en fonction des rigueurs du climat et des variations de la température. Le frère J. A. Savignac de Joliette, qui entretenait un vignoble domestique de 120 ceps, a expérimenté 300 cépages reçus de fermes expérimentales ou de pépinières. Déjà, la parcelle expérimentale est une spécifité des vignobles québécois, car la majorité en ont une.

Le choix d'un bon cépage et d'une bonne parcelle, une bonne préparation du sol ainsi que l'application d'un plan appoprié d'encépagement n'assurent toutefois pas automatiquement la quantité et la qualité des raisins produits. Encore faut-il entretenir le vignoble par le sarclage, la taille des vignes, la fertilisation, l'arrosage contre les maladies et les insectes, la réfection d'un palissage vieillissant, etc. Il est certain que l'entretien d'un vignoble au Québec ressemble, en grande partie, à celui d'un vignoble

Figure 26. Forme en Guyot d'un cep avant la taille. Coll. J.O. Vandal, 1986

Figure 27. Forme en Guyot d'un cep après la taille. Coll. J. O. Vandal, 1986

Figure 28. Exemple de taille en forme de lyre sur des ceps matures au vignoble communautaire du Bourg-Royal

Fiture 29. Exemple de taille en forme de lyre sur de jeunes ceps au vignoble communautaire de Bourg-Royal

Figure 30. Un vignoble butté au début de l'hiver au vignoble Le Cep d'Argent.

ailleurs dans le monde (figures 26 à 29). Mais il faut compter avec diverses contraintes au Québec, comme la rigueur de l'hiver, la courte durée de la saison végétative ou les gels tardifs ou hâtifs selon les saisons. La figure 19 (p. 37) montre l'évolution du cycle végétatif de la vigne et la liste des travaux viticoles fondamentaux. Le lecteur qui le désire pourra comparer ce cycle végétatif avec celui de la France où la vigne se repose pendant seulement deux mois (Crespy, 1992, p. 16). La concentration de la période végétative sur six mois de l'année impose des temps plus courts à certaines pratiques culturales. Par ailleurs, le calendrier des travaux au champ, déjà plus court, est alourdi par les opérations de buttage et de débuttage des vignes de 16 vignobles sur 24 (tableau 13 ; figures 30 et 31, p. 57).

Le buttage et le débuttage sont des opérations très importantes pour les vignerons québécois. Elles sont souvent essentielles pour la protection des vignes contre le froid et le gel des ceps et des racines. Il a d'abord fallu innover en créant des charrues robustes pour renchausser les vignes à l'automne et pour débutter au printemps (figures 32 et 33, p. 57). L'adaptation du tracteur à ces nouvelles machines agricoles n'est toutefois pas aussi facile qu'on le pense (Larivière, 1987).

Le renchaussage des vignes se fait habituellement au début de novembre tandis que le débuttage est effectué à la fin d'avril ou du début mai. Le buttage doit être fait avant les grands gels mais, comme la vigne entre dans une période de latence (dormance), la détermination de la date du buttage pose moins de problème que celle du débuttage. En effet, celui-ci doit se faire dans une période relativement courte entre la fin du risque de gel (qui n'est jamais précise) et le début de la formation des bourgeons, afin d'éviter le bris de ces derniers.

L'hiver québécois constitue, en fait, un problème important non seulement à cause de sa rigueur, mais aussi à cause de la faible importance de la couverture nivale pour la protection de la vigne. C'est d'ailleurs pour cette raison que certains viticulteurs non commerciaux couchent leurs vignes au sol. L'idée de produire de la neige artificielle pour la vigne, comme dans les stations de ski, se situe dans

Tableau 13

Types de protection de la vigne durant l'hiver québécois en 1996

	Proportion de vignobles
Buttage en entier	14
Buttage en partie	2
Feuilles mortes ou paille	1
Aucune protection particulière	8
Total	**25**

la même continuité de pensée, mais il y a là matière à une recherche plus approfondie. Faut-il mettre l'accent sur la production de nouveaux cépages plus rustiques ou sur le développement de nouvelles pratiques culturales ? C'est une question à laquelle n'ont pas répondu les vignerons.

Le débuttage du printemps un peu trop hâtif ou les caprices du temps peuvent surprendre les vignerons par une baisse subite de la température en dessous de 0 °C. Certains vignerons ont déjà fait venir un hélicoptère pour rabattre l'air chaud au niveau du sol. Il est toutefois possible pour certains d'entre eux de recourir à des brûleurs à l'huile en certains endroits propices. Le réchauffement de l'air coûte cher en appareils et en énergie (environ 15 000 $ à l'hectare). D'autres techniques existent pour contrer le gel, mais elles devront être expérimentées davantage pour mieux en mesurer les effets positifs et négatifs.

La taille de la vigne est aussi une opération très profitable pour une production durable de raisins. Elle doit être effectuée au printemps, en été (taille verte) et parfois à l'automne. La taille du printemps permet d'éliminer des bourgeons pour n'en conserver que deux. À cause du buttage, la faible hauteur des ceps exige d'ailleurs une taille un peu différente au Québec pour une meilleure résistance de la vigne. La taille d'été vise à retenir les seuls sarments productifs et à éliminer ainsi les gourmands inutiles ou improductifs. Enfin, celle de l'automne, pas tou-

Figure 31. Un vignoble butté au début
de l'hiver au vignoble familial Bouchard,
île d'Orléans

Figure 32. Charrue
« butteuse » derrière un
tracteur, au vignoble Le
Cep d'Argent

Figure 33. Tracteur
« enjambeur » permettant
le buttage et le débuttage,
au vignoble
Le Cep d'Argent

jours pratiquée par les vignerons, sert à préparer la
vigne pour l'hiver, et particulièrement pour son ren-
chaussement complet par la terre.

Tout n'est pas dit à propos des pratiques culturales, car il est possible d'en proposer de nouvelles
pour protéger les vignes en hiver. On peut songer
aux techniques d'aspersion d'eau (figure 34, p. 58),
de fabrication de la neige, de membrane géotextile
sur arceaux, du paillis en plastique au sol (figure 35,
p. 58), du couchage des vignes au sol, et même de
la serre, comme cela s'est fait chez certains membres de l'élite britannique au xixe siècle à Québec
(figure 36, p. 58). La recherche de nouvelles pratiques culturales pour une meilleure protection de
vigne durant l'hiver peut s'associer à celle de création d'hybrides plus rustiques. Ainsi, la recherche
peut être menée à la fois du côté des sciences de la
nature et du côté des sciences et techniques agro-
nomiques.

La transformation des fermes viti-vinicoles en entreprises agrotouristiques

Les vignerons produisent évidemment leurs vins pour les vendre. Mais comme le transport et la vente de l'alcool relèvent du gouvernement du Québec, les futurs vignerons doivent demander un

permis de fabrication artisanale et de vente, accordé par la Régie des alcools, des courses et des jeux (RACJ). Le permis est émis à la condition que le vignoble soit planté de 5000 ceps dont 2500

Figure 34. Système de gicleurs alimenté à partir d'un étang artificiel pour protéger la vigne lors des risques de gel au vignoble Sous les Charmilles.

en production et que le propriétaire ait déjà le statut de producteur agricole. Un permis artisanal donne au vigneron le privilège de vendre sur les lieux de production le vin au prix qu'il veut, sans majoration fiscale d'aucune sorte. Depuis le 5 juillet 1996, le permis lui accorde également le droit de vendre ses vins à des restaurants, bars, brasseries et

Figure 35. Nouvelle plantation de ceps de Cliche 8414 sur paillis de plastique, ce qui permet de contrer les mauvaises herbes au vignoble Angile.

tavernes, à l'exception des épiceries ainsi que pour la consommation sur place. L'acheteur des vins doit cependant assumer les frais de transport du vin. Si le producteur désire utiliser le réseau des succursales

de la Société des alcools du Québec (SAQ), le prix des vins doit être majoré des taxes fédérales et québécoises de la même façon que les autres vins

Figure 36. Serre-pépinière au vignoble L'Orpailleur.

vendus au Québec. La SAQ ne peut pas accorder de privilèges fiscaux particuliers pour les vignerons artisans, car elle doit respecter les accords internationaux. Et comme le Québec a décidé de taxer lourdement les boissons alcooliques, il ne faut pas se surprendre si la bouteille d'un vigneron québécois vendue 10 $ au vignoble se retrouve à 25 $ sur les étagères de la SAQ. Cette situation s'explique par le fait que la production complète d'un vin au Québec est plus coûteuse que la majorité des bourgognes ou des bordeaux importés de France. Ainsi les vignerons québécois ne pourraient pas concurrencer les vins importés et ceux des industriels locaux produits avec des raisins importés.

Avec le cadre législatif et réglementaire des gouvernements québécois et canadien, l'écoulement de la production sur les lieux mêmes de la production fait problème dans la mesure où les vignobles sont situés en milieu rural peu dense ou éloigné des grands centres urbains. Et comme l'attraction de clients plus nombreux ne peut reposer sur la seule vente de ces vins, le développement d'activités culturelles (visite du vignoble et des équipements vinicoles) et récréatives reliées ou non au vin (soirées, pique-niques, repas, cueillette d'autres fruits, etc.) vient suppléer à une attraction encore trop faible (figure 37).

> Il est hors de doute que, dans le choix de ses emplacements de prédilection, la viticulture de qualité a, autant que le permettait le climat, fait prévaloir les exigences du commerce du vin sur celles de la culture de la vigne.

Figure 37. Extrait de Dion, 1952, p. 420

L'animation touristique constitue un élément important pour la vente du vin dans les vignobles. Les Québécois plus cultivés ou informés, ou ayant visité des régions viticoles d'autres pays sont naturellement plus attirés par cette nouvelle culture tout à fait exotique en contexte québécois et par ce vin dont la qualité est bien supérieure à celle des vins industriels québécois (et même importés) vendus dans les marchés d'alimentation. Pour la majorité des Québécois, la dégustation dans les vignobles est une très grande surprise car, au pays de l'hiver, il était de notoriété publique que la vigne ne pouvait donner autre chose que de la piquette. C'est aussi pour eux l'occasion de visiter le vignoble et d'apprendre beaucoup sur les techniques culturales pratiquées au Québec. En plus de la curiosité qu'ils suscitent, les vignobles québécois seraient devenus un objet de fierté pour les Québécois étant donné les nombreuses contraintes climatiques et météorologiques de l'espace québécois. Aussi ne faut-il pas se surprendre que certains d'entre eux soient les meilleurs propagandistes des vins québécois.

Comme cela s'est produit ailleurs dans le monde, l'exotisme des vignobles et la nouveauté des vins québécois risquent de s'étioler avec le temps et le problème de la mise en marché va refaire surface avec une vigueur nouvelle, d'autant plus que de nouveaux vignobles entreprendront bientôt leurs activités. En effet, il est loin d'être certain que les Montréalais, à titre d'exemple, vont parcourir plus de 70 km pour acheter quelques bouteilles de vin.

Ainsi, l'ajout d'activités complémentaires, comme la restauration et les visites guidées, à la dégustation et à la vente des vins a permis aux vignerons d'attirer une nouvelle clientèle. Par la suite, quelques vignerons ont ajouté la présentation de spectacles et de soirées mystères. À partir de 1994, certains vignerons ont développé un partenariat viticole mais, déjà en 1996, on observe plusieurs partenariats touristiques avec des hôteliers et d'autres entreprises touristiques ou agro-alimentaires.

Progressivement, les entreprises viti-vinicoles se sont complexifiées, ont créé des réseaux d'affaires et ont consacré de façon plus formelle leur dimension touristique. Le vignoble est certes une ferme, mais aussi un atelier de transformation ou de vinification. Cela tombe sous le sens mais, malgré l'importance de ces activités, le vignoble possède une finalité touristique indéniable. Les vignobles québécois sont plus que des entreprises agrotouristiques. Ce sont fondamentalement des fermes touristiques, car le tourisme n'est pas une activité complémentaire comme sur une ferme qui offre le gite, fait déguster ses produits, organise des visites, etc. Les vignobles québécois existent surtout grâce au tourisme car, sans celui-ci, ils ne survivraient pas. En ce sens, ils s'apparentent aux fermes d'équitation, aux fermes-musées et aux cabanes à sucre. Ainsi, on peut dire que les vignobles québécois sont des fermes touristiques. Avec la possibilité de vendre dans les restaurants depuis juillet 1996, la pression d'attirer de nouvelles clientèles touristiques diminuera probablement pendant un certain temps chez les vignerons qui estiment pouvoir vendre entre 15 % et 25 % de leur production dans les restaurants. Ils choisiront ceux qui offrent une fine cuisine ou une table champêtre et les hôtels touristiques avec salle à manger. Ainsi, un partenariat touristique avec le secteur de la restauration aidera les vignerons à écouler leur production vinicole.

Les clientèles locale et touristique visitent surtout les vignobles en voiture (80 %), tandis que les groupes (20 %) y viennent en autobus, particulièrement dans la région de Dunham où sont concentrés plusieurs vignobles. Le volume moyen de la clientèle par vignoble est de 14 000 visiteurs, même si le nombre varie de 4000 à plus de 50 000 selon la date d'obtention du permis de vente. Les visiteurs préfèrent les mois de septembre et octobre au moment des vendanges, car les vignerons y reçoivent de 50 % à 60 % de leur clientèle. Les mois de juillet et août obtiennent la préférence d'à peu près 30 % de la clientèle. Il reste donc environ 20 % pour le reste de l'année, avec une activité accrue au mois de décembre. La provenance des visiteurs est très variée, mais plus de 60 % d'entre eux viennent de la grande agglomération montréalaise, à l'exception du vignoble Angile situé à Saint-Michel-de-Bellechasse près de Québec. La région d'implantation du vignoble constitue 13 % de la clientèle. L'agglomération urbaine de Québec regroupe 14 % de la clientèle, comparativement à 9 % pour le reste du Québec et 4 % pour le reste du Canada et l'étranger.

Il est possible de qualifier la clientèle, même si les visiteurs sont de toutes les classes ou de tous les âges. Le choix de visiter les vignobles repose d'abord sur le désir de voir quelque chose de nouveau. Certains viennent spécifiquement pour visiter le vignoble et les champs, la salle de vinification et le chai. Pour plusieurs Québécois, même sans le vin, la visite vaut le déplacement. Mais on sait qu'ils ajoutent immanquablement la dégustation du vin et même l'achat de quelques bouteilles. D'autres vont aller dans les vignobles uniquement pour goûter et acheter des vins. Ces gens n'achètent habituellement pas de vins dans les dépanneurs, apprécient les vins, ont parfois visité des vignobles à l'étranger et veulent consommer des produits typiquement québécois. L'importance des achats varie selon les groupes d'âge. Les personnes âgées et les plus jeunes achèteraient moins de vins que les 30-55 ans. Il faut y voir là des habitudes de consommation différentes déjà bien connues.

L'apport économique des vignobles

Par leur présence au Québec, les vignobles constituent une valeur culturelle, mais il ne faut pas oublier l'apport économique de ce petit secteur d'activité dans le contexte québécois. Le chiffre d'affaires des vignobles provient principalement de la vente du vin (87 %), de la dégustation (4,7 %) et de la restauration (4,2 %). La valeur totale des immobilisations en 1995 serait, d'après un relevé sur le terrain, d'environ 12 millions de dollars et un vignoble vaut en moyenne 500 000 $. Comme le vignoble québécois est encore jeune et qu'il n'est pas encore tout à fait établi, le chiffre d'affaires serait en moyenne de 150 000 $. Quatre cent vingt mille dollars sont distribués en salaires, surtout pour des emplois saisonniers. En effet, les travaux exigeants en main-d'œuvre sont la taille de la vigne et surtout les vendanges sélectives faites à la main. Les vignobles québécois créent environ une centaine d'emplois saisonniers ou à temps partiel, en plus de la quarantaine de personnes qui y travaillent déjà à temps plein. À ce travail rémunéré, s'ajoute environ 400 bénévoles lors des vendanges considérées par les participants comme un moment de fêtes et de retrouvailles (figures 38 et 39, p. 64). Cette main-d'œuvre constitue un apport non négligeable dans certains vignobles, mais elle est très

Tableau 14
Liste des investissements en 1995

1. Plantation, palissage et entretien des champs	38 800 $
2. Équipement pour travaux dans les champs	48 400 $
3. Équipement vinicole	102 680 $
4. Aménagement paysager	9 000 $
5. Serres	—
6. Construction et rénovation de bâtiments	254 500 $
7. Autres investissements non répartis	130 000 $
Total	**583 380 $**

Note : Les vignerons ont sous-estimé leurs investissements, car ils ont répondu de mémoire.

difficile à gérer par le vigneron en raison du caractère bénévole de la contribution. Les investissements en 1995 se sont élevés à près de 600 000 $ (tableau 14). L'industrie viti-vinicole est encore à ses débuts et les investissements de développement ne sont pas encore terminés. Les recettes sont aussi en deçà de ce qu'elles devraient être quand les investissements de base seront complétés.

Figure 38. Des vendangeurs occasionnels de Seyval lors de la Fête des vendanges de Magog-Orford, en septembre 1995, au vignoble Le Cep d'Argent.

Les vignobles québécois, un produit culturel

Comme il est possible de l'observer, le développement récent de la viti-viniculture au Québec s'explique par un changement culturel dans la population québécoise, avec la Révolution tranquille et l'ouverture sur le monde. L'intérêt du vin a précédé l'intérêt pour la vigne chez les Québécois et

Figure 39. Une récolte de Seyval prête pour le pressoir au vignoble Sous les Charmilles.

l'apport enrichissant de Néo-Québécois fut un ingrédient essentiel de cette nouvelle effervescence culturelle. La clientèle participe aussi à ce phénomène par ses caractéristiques socio-culturelles particulières et sa contribution aux vendanges. Si le vignoble québécois est un produit culturel, il assure néanmoins un apport économique pour 140 personnes.

Dans l'ensemble, il faut noter une grande ténacité et une générosité sans borne pour assurer cette activité aux confins de la culture et du tourisme. Le démarrage nécessite au moins quatre ans avant de comptabiliser un peu de revenu. De plus, le vigneron reçoit peu d'appui de son entourage, à l'exception de celui des autres vignerons et des sympathisants purs et durs de la viticulture québécoise. Il lui faut également tirer beaucoup de ressources financières de ses goussets, faute d'appui gouvernemental et bancaire. Pour survivre et investir, il doit donc avoir un emploi. Enfin, après avoir trimé dur pendant trois ans, sa demande de permis de vente peut encore lui être refusée. En plus des aléas météorologiques, il doit attendre environ

Figure 40. Grappes de Seyval sur neige. Coll. Alain et Jacques Breault

huit à dix ans avant de rentabiliser son entreprise viti-vinicole. Bref, la viti-viniculture est une entreprise risquée au Québec (figures 40 et 41).

Des vins entièrement produits au Québec

Dans cette dernière section, on ne peut s'abstenir de parler des vins qui sont le premier objet d'attention des Québécois intéressés par les vignobles du Québec. Il ne sera pas ici question de vinification, mais plutôt des vins, de leur quantité, de leur goût et de leur coût.

Le spectacle de la création d'un vignoble de qualité en terrain neuf est devenu chez nous, depuis longtemps déjà, chose si rare, que nos contemporains ne se représentent plus ce qu'il faut de labeur et d'ingéniosité, en pareille entreprise, pour contraindre la nature à donner ce que jamais, d'elle-même, elle n'eût offert à l'homme. Il appartient à l'histoire de nous en rendre le sentiment.

Figure 41. Extrait de Dion, 1952, p. 431

Le volume de la production vinicole

Au total, les vignobles québécois ont produit 296 000 bouteilles de 750 mL en 1996. Compte tenu de la réglementation québécoise, chaque vignoble procède à la vinification de ses propres raisins, ce qui permet une plus grande variété de vins. Le région de Yamaska en embouteille près de 55 %, tandis que celle du Richelieu en élabore 20 %, talonné par l'Estrie avec 19 % de la production totale (tableau 15, p. 66).

La liste complète de tous les vins produits dans les vignobles du Québec montre déjà la grande variété, soit un grand total de 73 vins (tableau 16, p. 66). Le choix est plus grand pour les vins blancs, qui représentent 52 % de toute la production en variété. La production du vin blanc en plus grande quantité et diversité s'explique par le fait que les raisins verts viennent à maturité plus facilement (120 jours) que les raisins rouges, noirs ou foncés servant à la fermentation du vin rouge. En effet, ces derniers ont davantage besoin d'ensoleillement pour le mûrissement, soit 145 jours. C'est pour cette raison que les vins rouges arrivent au deuxième rang avec 22 % de la production totale.

Le goût du vin

Les vignerons offrent aux visiteurs la possibilité de déguster gratuitement leurs vins avant d'en acheter. Les amateurs de vins ont donc intérêt à vérifier la période d'ouverture des vignobles dans le présent guide afin de profiter de ces dégustations et de l'achat de bouteilles. Une bonne majorité de vignobles acceptent aussi les visites guidées pour des

Tableau 15
Volume de production
par secteur géographique en 1996

Région viticole	Nombre de vignobles	Nombre de vins différents	%	Nombre de bouteilles	%
1. Châteauguay	2	13	18	7 000	2
2. Richelieu	8	25	34	61 000	21
3. Yamaska	9	25	4	161 000	54
4. Estrie	3	7	10	56 000	19
5. Québec	3	3	4	11 000	4
Total	*25*	*73*	*100*	*296 000*	*100*

Tableau 16
Types de vins dans les vignobles
du Québec en 1996

Types de vin	Nombre de vins différents	%
Blanc	38	52
Rouge	16	22
Rosé	8	11
Apéritif et digestif	5	7
Mousseux	4	5
Vins de glace	2	3
Total	*73*	*100*

groupes. Il y a des frais minimaux pour cette visite et il faut généralement réserver à l'avance.

Avant de porter un jugement sur les vins québécois, il est nécessaire d'en goûter plusieurs. Plusieurs personnes ont évalué globalement et négativement les vins québécois après avoir visité un seul vignoble ou goûté à un seul vin. C'est un jugement lapidaire qu'il a déjà été possible d'entendre.

D'abord, le vin y est de bien meilleure qualité que la majorité des vins vendus dans les épiceries. Ensuite, lors d'une dégustation collective, nous avons été agréablement surpris de l'accueil chaleureux fait aux vins québécois.

Peut-on comparer les vins québécois avec ceux des grands pays viti-vinicoles ? Parmi les vins québécois, quels sont les meilleurs ? Il y a sûrement des vins de meilleure qualité, mais la comparaison est difficile en raison du cépage cultivé principalement au Québec, soit le Seyval blanc. Il faudrait comparer avec des vins de l'Ontario, du nord-est des États-Unis ou de la Grande-Bretagne où l'on cultive le Seyval blanc. Mais même là, il est impossible de répondre de façon objective à ces questions. L'adoption de l'expression *in vino veritas* semble le critère idéal pour parler de la qualité des vins. Le goût de la clientèle est très variable et il y a probablement des vins pour tous les goûts, même parmi ceux qui sont produits au Québec. L'opinion des connaisseurs peut être une bonne indication de la qualité des vins. À cette fin, l'ouvrage de Béreaud et Debeur (1995), *En se promenant sur la route des vignobles du Québec*, rend compte d'une expérience de dégustation de cinq spécialistes des vins. Une autre appréciation professionnelle, celle d'Yves Michaud, résume bien notre propre opinion sur les vins québécois :

> [...] des vins blancs qui tiennent bien la route et dont certains, je m'aventure à l'affirmer sans détour, valent, sinon dépassent, en typicité et en saveurs les mêmes types de vins importés des vieux pays ou de certaines régions du bout du monde [...].

> Pour les sept vins du millésime 1994 choisis au hasard de ma dégustation, je fus le premier surpris qu'aucun ne m'ait déçu et je me suis demandé si mon sens critique n'avait pas pris le chemin des écoliers [...]. Vinifiés majoritairement à partir du cépage Seyval avec, selon le cas, un pourcentage variable de Cayuga, les vins blancs secs me parurent bien équilibrés avec une bonne acidité pour assurer une garde quelques années [...]

> Une chose est certaine, les vignerons québécois ont enregistré des progrès spectaculaires depuis quelques années, malgré les conditions difficiles dans lesquelles ils doivent faire de la viticulture : climat incertain, gelées

hâtives, temps raccourci des vendanges. Ce qu'il en
faut de soins, de patience et d'acharnement pour produire des vins de cette qualité plus qu'honorable ! En
exagérant un peu, l'on pourrait parler de miracle et
nous ne serions pas très loin de la vérité. (Michaud,
1995, p. 1)

Une autre façon pour se faire une idée de la
qualité des vins est de considérer les distinctions
obtenues par les vignerons aux concours internationaux. Ce ne sont pas tous les vignerons qui participent à ces concours, mais le fait que 16 vignobles
aient remporté 76 médailles confirme bien que le
vin québécois n'est pas de la piquette. Enfin, il faut
également souligner que cinq vignobles ont obtenu
dix prix à des concours d'entreprise.

L'achat des vins

Pour acheter des vins québécois, il est nécessaire de
se présenter aux vignobles mêmes. Comme nous
l'avons mentionné, il est également possible de les
goûter dans certains restaurants depuis juillet 1996.
Ces restaurants ne sont pas tous connus et la meilleure référence est encore le vigneron, car la réglementation oblige de faire la vente à la propriété.
Comme Yves Michaud l'écrit, « le vignoble québécois " vaut le voyage", comme le dit si bien le *Guide
Michelin* ». (1995, p. 1). Le prix moyen d'une bouteille de vin blanc (750 mL) est de 11,80 $. Le prix
d'un vin rouge s'élève en moyenne à 11,20 $. Les
apérififs et les digestifs sont en général plus coûteux
(tableau 17). Le prix des vins est très abordable si
l'on tient compte des coûts de production dans le
contexte québécois et de leur qualité supérieure à
celle des vins en vente dans les épiceries et parfois
à ceux de la SAQ.

Conclusion

Les Québécois ont intérêt à visiter les vignobles
pour comprendre le fonctionnement d'une entreprise tout à fait exotique en terre québécoise et
pour goûter des vins tirés du froid. Les quatre
sources d'information sur les vignobles sont, en plus
du présent guide, les bureaux d'information touristique des régions touristiques de la Montérégie, de

Tableau 17
Le prix des vins en dollars en 1996

Type de vin	Prix moyen	Prix minimal	Prix maximal
Vin blanc	11,80	8,50	15,00
Vin rouge	11,20	7,50	14,00
Rosé	11,20	9,85	13,50
Apéritif et digestif	20,20	18,00	22,50
Mousseux	22,25	19,00	25,00
Vins de glace[1]	23,00	20,00	26,00

1. 325 mL.

l'Estrie, de la Mauricie–Bois-Francs et de Chaudière-Appalaches en plus des guides touristiques de ces mêmes régions. De plus, l'Association des vignerons du Québec publie un dépliant collectif, intitulé *Prenez le chemin des vignobles du Québec.* Enfin, chaque vigneron distribue son propre dépliant pour présenter son entreprise et ses vins. La visite des vignobles est intéressante en elle-même, mais elle peut être jumelée avec celle d'autres attractions touristiques. Et il est toujours agréable de visiter plusieurs vignobles, car chacun d'entre eux a un cachet particulier ou offre des vins différents et, parfois, des activités fort intéressantes. Il faut aussi essayer les différents vins pour s'en faire une meilleure idée, car la production vinicole est assez diversifiée pour accommoder une clientèle variée.

Le retour dans les mêmes vignobles peut être profitable parce qu'un nouveau millésime y est offert chaque année. De plus, de nouveaux vignobles ouvrent leurs portes chaque année au public. En plus d'y retourner pour le goût du vin, on doit aussi y aller pour refaire sa réserve pour les fêtes de Noël et du jour de l'An, ou pour y dénicher un cadeau un peu spécial. Servir ces vins à ses invités est une façon différente de se distinguer, surtout auprès de Français, d'Italiens, etc. Que peut-on offrir de plus original en vin à des cousins français en visite chez nous qu'un vin provenant d'un vignoble québécois ? Un vin nommé « Première neige » a en effet plus de chance de susciter la curiosité d'un convive français qu'un bon Saint-Émilion qu'il connaît déjà depuis belle lurette. Un vin typiquement québécois, voilà la grande originalité d'un terroir difficile pour la vigne et le vigneron.

Le guide

des vignobles

L'utilisation du guide

Même si le nombre de vignobles ouverts au public est encore restreint au Québec, nous prévoyons une expansion notable dans les prochaines années, de sorte que nous avons subdivisé le guide par régions. Il y a ainsi cinq régions et, pour chacune, nous produisons une carte régionale sur laquelle sont localisés les vignobles par rapport aux villes et aux grandes routes d'accès. Les régions sont présentées d'ouest en est, soit :

— la région de la Châteauguay avec deux vignobles,

— la région du Richelieu avec huit vignobles,

— la région de la Yamaska avec neuf vignobles,

— la région de l'Estrie avec trois vignobles,

— la région de Québec avec trois vignobles.

Pour chacun des vignobles, le lecteur peut consulter une carte de localisation locale et une fiche mentionnant les principales caractéristiques de l'exploitation. Chaque fiche a d'ailleurs été révisée par les vignerons eux-mêmes, sauf dans le cas de quelques-uns qui nous ont dûment mentionné qu'ils n'en avaient pas le temps. Les fiches sont faites pour un usage multiple. En effet, le simple touriste y trouvera les coordonnées des vignobles, le meilleur chemin pour s'y rendre ainsi que les produits et services qui y sont offerts. L'amateur de vin, lui, y découvrira les types de vins produits, leurs caractéristiques, leur prix et quelques étiquettes. La personne intéressée par la viticulture y puisera des données sur le milieu naturel et les cépages, le féru d'histoire y apprendra l'histoire du vignoble, etc. Nous sommes même certains que beaucoup d'autres personnes avec des intérêts divers pour ce type d'entreprise y trouveront les informations qu'elles recherchent.

Les vignobles présentés ne font pas tous partie de l'Association des vignerons du Québec puisque cette adhésion est volontaire et qu'il n'est pas nécessaire d'en être membre pour obtenir un permis de vente. De plus, par souci d'être le plus à jour possible, nous avons inclus quelques vignobles qui sont sur le point d'obtenir leur permis de vente ainsi qu'un vignoble un peu spécial par rapport à l'ensemble, le Vignoble communautaire de Bourg-Royal, lequel a joué un rôle important dans le développement de la viti-viniculture au Québec.

Nous n'avons pas inclus les activités de tourisme, de loisir, de récréation et de gastronomie régionales puisque l'on peut trouver ces informations dans les guides touristiques régionaux. Sauf indication contraire, les prix incluent les taxes.

Toutes les informations présentées dans le guide ont été recueillies sur le terrain par les auteurs depuis 1992, sauf les données sur la climatologie régionale qui viennent de l'atlas agrométéorologique de Dubé, Chevrette et Lamb (1982) ainsi que les données pédologiques régionales qui sont tirées des divers rapports pédologiques existant pour chacun des comtés du sud du Québec. L'exactitude de certaines informations, comme la plupart des données historiques ainsi que les statistiques, relève de la responsabilité des vignerons eux-mêmes.

La région de la Châteauguay

Malgré son potentiel, la région de la Château-guay est encore peu développée en ce qui a trait à la viti-viniculture. En effet, elle ne comprend actuellement que deux vignobles, ceux de La Vitacée et du Marathonien, et sa production est la plus faible des cinq régions délimitées dans ce guide. Le vignoble La Vitacée est le premier vignoble commercial du Québec, puisqu'il possède le permis n° 1. Il est cependant le deuxième à avoir planté de la vigne, après le vignoble Angell. Le désavantage des vignobles de la Châteauguay, c'est qu'ils sont éloignés les uns des autres et qu'ils ne sont pas situés sur les routes touristiques les plus fréquentées. Ces vignobles totalisent 12 240 ceps sur 2,7 ha en culture et, en 1995, ils ont produit 7000 bouteilles, surtout en blancs et en rouges, un peu en rosés.

Carte de localisation des vignobles de la région de la Châteauguay

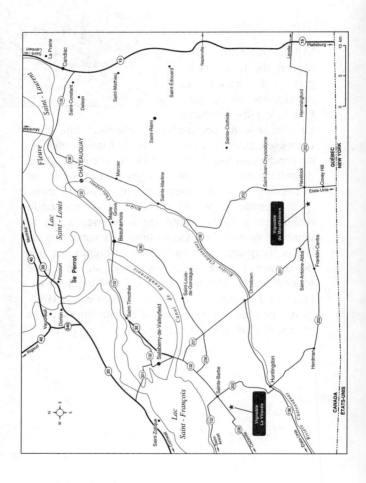

Vignoble La Vitacée

*Le cachet particulier de ce vignoble vient surtout
de l'accueil enthousiaste des vignerons.*

816, chemin de l'Église,
Sainte-Barbe (Québec) J0S 1B0
Tél. (514) 373-8429 Télec. (514) 373-8429 (sur appel)

Exploitants : Réjean Gagnon et Claire Claessens

Vinificateurs : Robert Cedergren (1982-1992),
Bernd Lang (1987-1991), Roger Morazain (1986-1992),
Luc Rolland (depuis 1994)

Plantation des premiers ceps : 1977 (expérimental),
1979

Début de la production : 1982 (expérimental), 1985

Numéro et date du permis de vente : AV-001 (1985)

*Le vignoble est ouvert toute l'année, mais la visite des
installations se fait d'avril à décembre.*

Carte de localisation du vignoble La Vitacée

Le milieu naturel

Altitude : 53 m.

Géomorphologie : Le vignoble est situé dans les Basses-terres du Saint-Laurent, plus précisément sur le versant sud et à environ 4 km du lac Saint-François. Ce secteur, relativement marécageux, est drainé en partie par des canaux artificiels vers la rivière Saint-Louis, à l'est. Le vignoble est sis sur une butte de roches sédimentaires dolomitiques recouverte d'un till (dépôt glaciaire). La pente varie de 3° à 6° vers le SO et le SE, et le drainage est bien assuré par des fossés.

Sol : Le sol est un limon sablo-graveleux caillouteux de Norton (phase rocheuse) dont le pH est moyennement à faiblement acide. Aucune donnée précise de pH n'est disponible. C'est un sol sensible au gel parce qu'un peu trop lourd et, chaque printemps, le vigneron fait des épandages de 13-0-43 (aucun phosphore, mais azote et potassium).

Degrés-jours de croissance annuels (au-dessus de 10 °C) : 1014 à 1211, mais pouvant atteindre 1238.

Risques de gel et enneigement : Dans cette région, le premier gel automnal survient en moyenne entre le 30 septembre et le 7 octobre ; le dernier gel printanier survient en moyenne entre le 29 avril et le 7 mai, pour une période sans gel moyenne de 125 à 140 jours, mais pouvant atteindre 166 jours. D'après le vigneron, le dernier gel printanier survient plutôt dans les deux dernières semaines de mai et parfois dans la première semaine de juin, comme c'est arrivé en 1992, alors qu'environ 50 % de la récolte prévue a gelé. C'était d'ailleurs arrivé auparavant, toujours en juin, puisqu'environ 50 % des récoltes de 1986 et 1989 avaient également gelé. Pour pallier les gels hâtifs d'automne, en 1994, le vigneron a installé des ampoules électriques sur quelques rangées de vignes à titre expérimental ; il n'a jamais eu à se servir de ce système qui a été abandonné en 1996.

D'après le vigneron, l'enneigement est moyen et il est aidé par plusieurs coupe-vent de conifères (pins écossais) ou de feuillus (essences mélangées) orientés N-S, plantés entre 1974 et 1986. De plus, le vignoble n'a jamais été endommagé par la grêle.

Buttage et débuttage : La vigne n'est pas buttée et une taille haute, permettant la circulation de l'air, évite la plupart des gels.

Prédateurs et maladies : Les merles, les carouges et les quiscales bronzés occasionnent des pertes importantes quand le raisin est mûr, surtout le raisin rouge ; ces pertes peuvent atteindre 20 % à 30 % de la récolte prévue. Le vigneron essaie de les éloigner avec des canons à propane, mais les oiseaux s'y habituent, de sorte qu'il veut aussi essayer des épouvantails. Il y a bien des visites de cerfs de Virginie, mais ces derniers ne font pas de dégâts notables. Comme dans presque tous les vignobles du Québec, la vigne doit être traitée contre les maladies fongiques, tels l'oïdium et le mildiou, et contre les parasites, comme l'altise. L'année 1987 a été particulièrement éprouvante pour le mildiou à cause du temps humide qui le favorisait, de sorte qu'environ 20 % de la récolte prévue a été perdue.

L'historique

Le nom du vignoble correspond à un vieux nom français pour désigner la vigne.

La Vitacée est un des vignobles pionniers du Québec puisqu'il possède le permis n° 1 et le premier vignoble artisanal encore en activité à s'établir dans la région de la Châteauguay. L'entreprise, collective au départ, est devenue individuelle avec le propriétaire actuel.

L'achat de la propriété de 24 ha, une vieille ferme abandonnée, a été fait en 1972 par Robert John Cedergren et son ami Charles Sylvestre, fils d'agriculteurs, afin de devenir gentlemen-farmers. Originaire de Minneapolis, Robert Cedergren avait émigré au Québec, en 1967, avec son épouse, Henrietta Jonas, pour devenir professeur de biochimie à l'Université de Montréal. Henrietta, elle, devient professeure de linguistique à l'Université du Québec à Montréal. Leur militantisme pour le mouvement agricole et pour l'« achat au Québec » des produits agricoles les amène à essayer diverses cultures, tels les asperges, les bleuets et les noisetiers. Comme ils avaient remarqué qu'il y avait beaucoup de vignes sauvages dans cette région, ils décident, en 1977, de prouver que les raisins de table et à jus poussent aussi bien au Québec qu'en Ontario et même qu'en Californie. Les premiers plants, soit 100 ceps de Fredonia, de De Chaunac, de Maréchal Foch et de Concorde, sont achetés à partir du catalogue de W. H. Perron mais, par la suite, les achats se font chez Ziraldo puis chez Mori, en Ontario. Dans cette entreprise, ils ont beaucoup d'appui de leurs voisins cultivateurs.

En 1979, avec son épouse, Robert Cedergren achète la part d'entreprise de Charles Sylvestre, qui quitte le Québec pour la Colombie-Britannique. Comme Robert Cedergren faisait déjà de la bière, du cidre et du vin domestique depuis 1961, cette année-là il décide de faire du vin à partir de ses propres

raisins ; il plante alors 1200 ceps de De Chaunac, 1000 de Canadice, 1000 de Maréchal Foch et 600 de Fredonia. Il fait aussi un stage à Vineland, en Ontario, en 1979. Un de ses collègues, Roger Morazain,

Essai d'un dispositif électrique avec des ampoules de 25 W pour contrer le gel en 1994.

biochimiste dans la même université et revenant de visiter une région viticole française, vient souvent l'aider, surtout depuis le début des années 1980. En 1983 et 1984, Robert Cedergren a aussi la chance de se faire aider en vinification par Robert Demoy, œnologue réputé.

Avec l'établissement de la nouvelle Loi sur les permis de fabrication de boissons alcoolisées artisanales, comme plusieurs autres confrères vignerons d'ailleurs, il décide de demander un permis de vente. À cet effet, il plante 3300 autres ceps en 1985, soit 2000 Saint-Pépin, 1000 Kay Gray, 200 Lacrosse et 100 Sainte-Croix. Il obtient même une licence de vente de ceps Kay Gray et Sainte-Croix, qu'il détiendra jusqu'en 1992. Il faut aussi dire que Henrietta Jonas était venue se joindre à l'entreprise comme trésorière, de même que son collègue Roger Morazain, qui fait du travail du vignoble son occupation principale en tant que salarié, et Guy Leroux, qui aidera au travail manuel (viticulture et viniculture), à l'administration et plus particulièrement aux ventes. Ce dernier, marié à Adèle Morazain, est un amateur d'activités de plein air, et il fabrique du vin avec du moût ou des raisins de Californie. L'encourageante production de 1985 avait amené les propriétaires à louer une partie de la terre de Guy Leroux, à Saint-Anicet, dans le but d'y cultiver éventuellement la vigne ; malheureusement, l'important gel du 3 juin 1986 mit fin à ce projet d'expansion. En 1987, s'ajoute à l'équipe un autre collègue du Département de biochimie de l'Université de Montréal, Bernd Franz Lang. Originaire d'Allemagne, ce dernier a le goût du risque et il est scientifiquement intéressé à la vinification, mais surtout à la fermentation. Cet intérêt s'est développé dès son adolescence et il a toujours fait du vin à partir de raisins ou de moût, ce qu'il poursuit d'ailleurs encore aujourd'hui.

En 1990, Guy Leroux doit quitter l'entreprise par manque de temps, écartelé entre le vignoble et sa ferme de Saint-Anicet ; Roger Morazain prend alors la relève de l'administration. C'est à ce moment qu'il devient un des administrateurs de l'Association des vignerons du Québec, poste qu'il conservera jusqu'en 1994. En 1992, c'est au tour de Robert Cerdergren et de Bernd Lang de quitter, le premier pour raison de santé. Par surcroît, des problèmes financiers font que le vignoble est laissé un peu à l'abandon ; en 1992 et 1993, la production de raisins est d'ailleurs vendue à des particuliers.

Roger Morazain se cherche des partenaires. Il en parle à Alain Loiselle et Réjean Gagnon, deux résidants de Sainte-Barbe venus lui acheter du vin en octobre 1992. Ces derniers sont séduits par le vignoble et s'associent en mars 1993. Alain Loiselle est entrepreneur en construction à Sainte-Barbe, amateur de vin et intéressé à participer à la relance d'une des seules entreprises touristiques de la municipalité, d'autant plus que c'est un des plus vieux vignobles du Québec. Réalisant la tâche que représente le vignoble surtout pendant la belle saison, qui est aussi la saison la plus active pour la construction, il quittera dès janvier 1996. Réjean

Gagnon est originaire de Valleyfield et opérateur de machinerie lourde, mais il est issu d'une famille d'agriculteurs et il a déjà travaillé sur la terre de son grand-père. Il se cherche un projet de retraite à long terme plaisant et près de la nature. Roger Morazain, qui commence à avoir des problèmes de santé, lui enseigne son art de la viticulture, mais il décède d'un cancer le 24 juin 1994 avant d'avoir pu passer à l'étape de la viniculture. Il avait toutefois déjà recruté Luc Rolland à cet effet. Luc Rolland est un jeune diplômé du Lycée d'agronomie de Libourne, en France, et également vinificateur au vignoble La Bauge ; ce dernier transmet actuellement son savoir-faire à Réjean Gagnon. L'épouse de Roger Morazain, Marie-Claude, prend la succession de son mari et vend à Réjean Gagnon en 1995.

Avec le départ d'Alain Loiselle, la compagne de Réjean Gagnon, Claire Claessens, fille d'un agronome d'origine belge, prend la relève à plein temps de l'administration, du service à la clientèle et d'une partie du travail des champs. L'enthousiasme des vignerons, leur minutie et leur communication avec leur « belle vigne qui leur parle » font en sorte qu'ils ne ménagent pas leur temps et qu'ils sont attentifs à leur produit, ce qui est un bon gage d'avenir.

La culture de la vigne

Superficie en vignes : 0,1 ha en 1977 ; 1,4 ha depuis 1985.

Nombre de ceps : 100 en 1977 ; 7160 en 1996.

Cépages actuels :

Vin rouge ou rosé : Maréchal Foch (1000), Sainte-Croix (1000), De Chaunac (980), S281 (150) et Swenson Red (30).

Vin blanc : Kay Gray (1000), Lacrosse (700) et Saint-Pépin (600).

Présence d'une pépinière : 500 ceps.

Présence de parcelles expérimentales : 100 ceps de 2 cépages.

Tonnage de raisins : 3 t estimé en 1995.

Vendanges : Pendant le mois de septembre.

La production vinicole

Nombre de bouteilles (750 mL) : 100 en 1982 ; aucune production en 1992 et 1993 ; 3000 en 1995.

Vins actuels :

Vin *Barbe-Blanc* de cépage Kay Gray (1988 et 1995), mais d'assemblage (Kay Gray, Saint-Pépin et Lacrosse, de 1989 à 1994) ; 10,50 $ plus taxes.

Vin *Barbe-Rouge* d'assemblage (90 % de De Chaunac et 10 % de Maréchal Foch, en 1986 et 1987 ; De Chaunac, Maréchal Foch et Sainte-Croix, de 1988 à 1991 ; De Chaunac, Maréchal Foch, Sainte-Croix et S281, depuis 1994) ; 11 $ plus taxes.

Vin *Barbe-Rosé* d'assemblage (90 % de De Chaunac et 10 % de Maréchal Foch, en 1986 et 1987 ; De Chaunac, Maréchal Foch et Sainte-Croix, de 1988 à 1991 ; De Chaunac, Maréchal Foch, Sainte-Croix et S281, depuis 1994) ; 10 $ plus taxes.

Vin *R. Morazain* blanc d'assemblage (Lacrosse et Saint-Pépin, depuis 1995) ; 10,50 $ plus taxes.

Vin *Cuvée Morazain* blanc d'assemblage (Lacrosse et Saint-Pépin, depuis 1995) élevé en fût de chêne ; 12 $ plus taxes.

Vin *Cuvée Saint-Clayr* rouge d'assemblage (De Chaunac, Maréchal Foch et Sainte-Croix, depuis 1995) élevé en fût de chêne ; 12 $ plus taxes.

Le nom de « barbe » donné à certains vins vient du nom de la municipalité où est situé le vignoble. Le nom du vin « Saint-Clayr » vient du prénom de la compagne de Réjean Gagnon. Le nom des vins « R. Morazain » et

« Cuvée Morazain » est un hommage à l'ancien associé décédé en 1994.

Vins déjà produits ou essais

Vin Sainte-Croix rouge de cépage (vendanges 1991).

Vin La Vitacée rouge De Chaunac de cépage (vendanges 1982 à 1985).

Vin La Vitacée rouge Foch de cépage (vendanges 1982 à 1985).

Les à-côtés du vin

Dégustation payante.

Visite guidée.

Pique-nique.

Les distinctions

Prix de l'entreprise agricole du Gala des gens d'affaires 1991, décerné par la Chambre de commerce de Valleyfield.

Prix du meilleur vin rouge d'assemblage, obtenu pour le Vignoble La Vitacée Barbe-Rouge 1991 aux Véritas 92 du Regroupement des Italos-Canadiens du Frioul à Montréal.

Ce que les connaisseurs en disent

D'après Béraud et Debeur (1995), le vin Vignoble La Vitacée Barbe-Blanc 1994 a un nez « végétal avec un peu de fumée et des notes minérales. Acidité faible en bouche avec des odeurs de fruits blancs, de pomme. Léger et court en bouche ». Le vin Vignoble La Vitacée Barbe-Rouge 1994 a une « robe presque noire et au nez poivré, épicé, alcooleux et un peu lourd. Assez boisé en bouche avec une touche de fumée et une pointe d'acétone. Rustique. »

Les projets

Les projets de développement visent l'aménagement d'une aire de pique-nique, d'un kiosque de vente et d'une auberge ainsi que la rénovation des bâtiments, l'instauration de dégustations de vins et fromages et, d'ici cinq ans, l'agrandissement de la plantation à 30 000 ceps.

Vignoble du Marathonien

*Le cachet particulier du vignoble vient de la longue allée
d'entrée bordée de pommiers, de son sol de cailloux
calcaires ou gréseux ainsi que de son sentier
d'interprétation balisé de façon très pédagogique.*

318, route 202,
Havelock (Québec) J0S 2C0
Tél. (514) 826-0522 Télec. (514) 321-9347 (Saint-Léonard)

Exploitants : Jean Joly et Line Fortier

Vinificateur : Jean Joly

Plantation des premiers ceps : 1990

Début de la production : 1992

Numéro et date du permis de vente : AV-017 (1993)

*Le vignoble est ouvert tous les jours de juin à août ;
il est ouvert les fins de semaine de mars à mai
et en septembre et octobre ; le reste de l'année,
on peut s'y rendre sur rendez-vous.*

Carte de localisation du vignoble du Marathonien

Le milieu naturel

Altitude : 99 à 107 m.

Géomorphologie : Le vignoble est situé dans les Basses-terres du Saint-Laurent, plus précisément sur le versant SO de la rivière des Anglais, à 35 km au SE du lac Saint-François. Il est drainé vers le nord par le ruisseau Boileau, qui se jette dans cette rivière, à Saint-Jean-Chrysostome, par le ruisseau Allen. Il est sis au pied du versant rocheux nord de la colline de Covey, sur un placage de sable et de graviers fluvio-glaciaires remaniés par la Mer de Champlain ; ces dépôts sont peu épais sur les roches sédimentaires gréseuses. La pente varie de 1° à 2° vers le nord, mais certaines planches sont arrondies, de sorte que le drainage naturel est bon ; un secteur plus humide est contrôlé par des drains agricoles.

Sol : Le sol est un sable gravelo-caillouteux de Franklin (phase rocheuse) avec un pH naturel de 5,9 à 6,9; avec des amendements de chaux, le pH est ramené entre 6,4 et 6,6. Le sol est un peu trop caillouteux, de sorte qu'il est très conducteur de froid et qu'il peut ainsi faire geler les ceps de façon excessive ; il faut donc épierrer souvent. Chaque printemps, le vigneron effectue des épandages d'azote, de phosphore, de potassium et de magnésium.

Degrés-jours de croissance annuels (au-dessus de 10 °C) : 916 à 1064, mais pouvant atteindre 1093.

Risques de gel et enneigement : Dans cette région, le premier gel automnal survient en moyenne entre le 21 et le 29 septembre, mais plutôt entre le 25 octobre et le 1er novembre d'après le vigneron ; le dernier gel printanier survient en moyenne entre le 8 et le 16 mai, pour une période sans gel moyenne de 110 à 125 jours, mais pouvant atteindre 137 jours.

L'enneigement est assez bon, soit de 105 à 120 cm, car il couvre les buttes. La grêle peut faire un peu de dégâts, en moyenne tous les deux ans, surtout en juillet.

Buttage et débuttage : 1er à 15 novembre/fin avril-début mai.

Prédateurs et maladies : Le vignoble peut subir des pertes annuelles de 3 % à 5 % de la récolte prévue à cause des ratons-laveurs et aussi des merles et des étourneaux. Dans ce dernier cas, le vigneron essaie de les effrayer avec un canon au propane et il place des filets sur les zones des différents cépages, sauf le Seyval, au fur et à mesure que le raisin arrive à maturité à partir de la fin d'août. Comme dans presque tous les vignobles du Québec, les vignes doivent être traitées contre les maladies fongiques, tels l'oïdium et le mildiou, et contre les parasites, comme l'altise.

L'historique

Le nom du vignoble provient du fait que, ayant déjà couru le marathon, le vigneron considère que planter, entretenir et gérer un vignoble au Québec, « c'est comme un marathon, car ça prend de l'endurance, de la persévérance, de la volonté, un brin de folie et de la passion pour atteindre le fil d'arrivée qu'est la récolte et d'y recevoir la médaille qu'est le divin nectar».

Grappes de Vidal prêtes pour la récolte au début de décembre afin de fabriquer La Vendange tardive : cette photographie représente le papillon accompagnant la bouteille de ce vin.

Le vignoble du Marathonien est une entreprise familiale fondée et tenue par des passionnés et même des rêveurs du vin. Né à Montréal, Jean Joly faisait déjà du vin domestique à partir de raisins de Californie depuis environ 1975. Il a même remporté un prix pour son Cabernet Sauvignon 1982 ! L'idée de produire sa propre matière première lui vient lorsqu'il se fait jouer sur la qualité du raisin acheté. Mais, ce qui a décidé Jean et Line Fortin, sa conjointe, ce sont deux voyages en France, en Italie et en Suisse, en 1981 et 1988, au cours desquels ils visitent plusieurs vignobles. Le site a été choisi en 1989 pour en faire un vignoble, en raison du microclimat et du sol favorables à la pomiculture, mais aussi parce que le site est près des routes touristiques. Jean Joly est ingénieur en électricité à Hydro-Québec et Line Fortier est infirmière. Ils vivent à Montréal, de sorte qu'ils font de cette propriété de 45 ha leur résidence secondaire. Les premiers ceps qu'ils plantent eux-mêmes, soit 400 Seyval, 100 Vidal, 100 Gamay, 50 Pinot noir, 50 Chardonnay et 100 Auxerrois ont été choisis à la suite d'une visite, en 1989, chez Paul Bosc du vignoble du Château des Charmes dans la péninsule du Niagara. Les débuts furent difficiles, car les ceps étaient trop rapprochés pour bien les butter et l'été trop sec de 1991 a occasionné des pertes de plus de 30 %. Mais Jean Joly aime relever des défis et il continue à planter pour atteindre plus de 5000 ceps en 1992.

Jean Joly a été cosecrétaire, avec Étienne Héroux, en 1992, puis secrétaire de l'Association des vignerons du Québec depuis 1993. De plus, il est président et secrétaire de la Coopérative des vignerons du Québec depuis sa fondation, en 1993. Il faut dire que ces tâches l'ont beaucoup aidé en maintenant des contacts fréquents avec les autres vignerons qui le conseillent.

La propriété comprend aussi un verger de 700 pommiers, de sorte qu'environ 20 % du chiffre d'affaires en provient.

La culture de la vigne

Superficie en vignes : 0,3 ha en 1990 ; 1,2 ha depuis 1992.

Nombre de ceps : 800 en 1990 ; 5080 depuis 1993.

Cépages actuels :

Vin rouge : Maréchal Foch (300), Gamay (100), Merlot (90), Cabernet franc (60), Pinot noir (50).

Vin blanc : Seyval (3250), Vidal (415), Cayuga White (400), SV23512 (390), Geisenheim 318 (25).

Présence de parcelles expérimentales : 4 cépages de *vinifera* rouge.

Tonnage de raisins : 4,8 t estimé en 1995.

Vendanges : Entre le 15 septembre et la fin d'octobre, ainsi qu'au début de décembre pour le vin de glace. Dans ce dernier cas, le vigneron doit récolter les basses grappes en temps normal, afin de pouvoir butter pour protéger sa vigne, puis protéger avec des filets contre les oiseaux les grappes qui seront vendangées en décembre.

La production vinicole

Nombre de bouteilles (750 mL) : 500 en 1992 ; 4000 en 1995.

Vins actuels

Vin *Vignoble du Marathonien* blanc demi-sec et fruité de cépage Seyval (depuis 1992) ; 9,75 $.

Vin *Vidal* blanc de cépage (depuis 1994) ; 12 $.

Vin *Cuvée spéciale* blanc d'assemblage (Seyval, SV23512 et Cayuga White, depuis 1993) ; 11 $.

Vin *Vignoble du Marathonien* rouge fruité d'assemblage élevé en fût de chêne (Maréchal Foch et De Chaunac, depuis 1993) ; 11 $.

Vin de glace blanc *La Vendange tardive* de cépage Vidal (depuis 1994) ; 23 $ le 375 mL (sur réservation).

Vin *Cuvée Fût de Chêne* blanc de cépage Seyval (depuis 1995) ; 11 $.

Vin *Vinifera* rouge d'assemblage (Pinot noir, Gamay, Cabernet franc et Merlot, depuis 1995) ; 7 $ le 375 mL.

Vin *Le Fil d'Arrivée* blanc mousseux d'assemblage (Seyval et Cayuga White, depuis 1995) ; 20 $.

Les à-côtés du vin

Dégustation gratuite.

Visite guidée pour des groupes sur réservation ou autoguidée sur sentier balisé de panneaux d'information.

Pique-nique dans le verger.

Autres produits : Vente de pommes et de jus de pomme.

Autres services : Quelques animaux de ferme pour amuser les enfants ; autocueillette de pommes ; tournée vinicole avec la miellerie et hydromellerie Gerzer et l'hôtel Delta de Valleyfield, incluant le pique-nique à La Petite Grange ; forfait avec les Croisières Richelieu, la miellerie et hydromellerie Gerzer et le Relais l'Hermine.

Les distinctions

Prix du meilleur vin de Vidal aux Véritas 92 du regroupement des Italos-Canadiens du Frioul à Montréal.

À l'Atlanta Wine Summit, une médaille d'argent a été obtenue pour le Cuvée spéciale 1993 et le Vidal 1995, ainsi qu'une médaille de bronze pour le Cuvée spéciale 1994 et le Vidal 1994.

À l'InterVin, une médaille d'argent a été obtenue pour le Cuvée Fût de Chêne 1994.

À l'International Eastern Wine Competition, une médaille d'argent a été obtenue pour le Vidal 1994 et une médaille de bronze pour le Cuvée spéciale 1993 et 1994.

Ce que les connaisseurs en disent

D'après Marc Chapleau (*Voir*, 15 au 21-02-1996), « ce liquoreux frais et fruité est aussi bon que bien des *icewines* — ce qu'il est dans les faits — ontariens. Cette étonnante douceur [...] ».

D'après Jacques Benoît (*La Presse*, 26-10-1996), le Vendange tardive 1995 est un vin « bien supérieur au potentiel présumé de notre viticulture » ; ce vin est donc «très réussi, et de toute évidence capable de se mesurer aux vins de ce type d'Allemagne et de l'Ontario. D'un beau jaune soutenu, il a un bouquet intense, net et complexe, associant des odeurs de fruits confits (raisins blancs, abricots, citrons, etc.) à des notes florales et de cire. Avec une bouche qui n'est pas en reste, moelleuse, au fruité intense, bien sucrée mais sans exagération, et un goût qui persiste longtemps. "Incroyable", ai-je noté. »

Les projets

Les projets des vignerons sont de faire des essais de nouveaux cépages productifs et de nouveaux vins de qualité, dont un mousseux. Ils ne veulent pas augmenter la superficie plantée, car il est important pour eux d'avoir du plaisir à faire du bon vin. Il ne faut pas que ce soit une corvée et il ne faut pas oublier que le vignoble est aussi un projet de retraite à long terme.

La région du Richelieu

La région du Richelieu, principalement le Haut-Richelieu, est une des régions les plus prometteuses du Québec pour la viticulture en raison de son climat des plus cléments. Il n'est donc pas étonnant que cette région soit actuellement la deuxième région productrice du Québec avec ses huit vignobles soit, par ordre d'ancienneté à titre commercial, les vignobles Angell, Saint-Alexandre, Dietrich-Jooss, des Pins, Morou, Le Royer St-Pierre, Clos de la Montagne et Clos Saint-Denis. Le vignoble Angell est le premier vignoble commercial québécois à avoir planté de la vigne, même avant le vignoble La Vitacée. Les vignobles du Richelieu sont cependant relativement dispersés sur le territoire et peut-être pas toujours situés sur les plus grandes routes touristiques. Le Clos Saint-Denis est le seul qui est situé dans le Bas-Richelieu. Les vignobles de la région du Richelieu totalisent 118 336 ceps sur 25,9 ha en culture et, en 1995, ils ont produit 60 729 bouteilles en blancs, en rouges, en rosés et un peu en mousseux.

Carte de localisation des vignobles
de la région du Richelieu

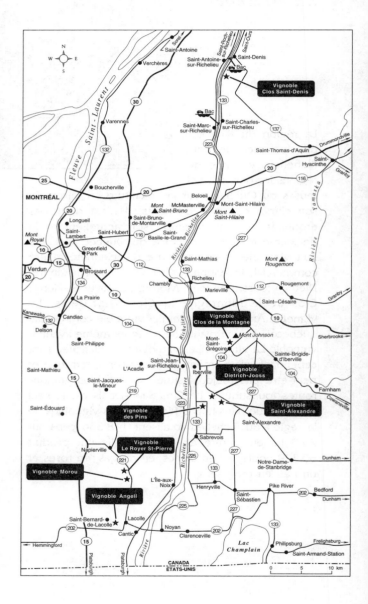

Vignoble Angell

Le cachet particulier vient de la cave à vin rustique sur plancher naturel de roc poli par les glaciers dans une résidence patrimoniale en pierres. Le visiteur est accueilli dans une serre attenante, où trône une immense vigne.

134, rang Saint-Georges,
Saint-Bernard-de-Lacolle (Québec) J0J 1V0
Tél. (514) 246-4219

Exploitants : Jean-Guy Angell, Guy Angell et Caroline Cyr

Vinificateurs : Jean-Guy Angell et Guy Angell (depuis 1989)

Plantation des premiers ceps : 1976 (expérimental), 1979

Début de la production : 1985

Numéro et date du permis de vente : AV-002 (1985)

Ouvert toute l'année ; les visites ont lieu du 1er mai au 15 octobre et sur demande le reste de l'année.

Carte de localisation du vignoble Angell

Le milieu naturel

Altitude : 55 m.

Géomorphologie : Le vignoble est situé dans les Basses-terres du Saint-Laurent, plus précisément sur le versant ouest du Richelieu, à environ 16 km à l'ONO du lac Champlain. Il est drainé par la Grande Décharge qui se jette dans la rivière Lacolle au nord, laquelle se jette à son tour dans le Richelieu. Il est dans une plaine de till (dépôt glaciaire) sablo-silteux calcareux un peu cailouteux, remanié par la Mer de Champlain et transporté en couche mince sur l'argile marine. Les roches sédimentaires dolomitiques affleurent parfois en surface et on peut en voir un bel exemple, strié par les glaciers, dans le sous-sol de la maison. La pente est nulle et le drainage est de bon à imparfait sans drainage artificiel. Du drainage souterrain a été fait, probablement sur une bonne partie du vignoble.

Sol : Le sol est un limon sableux pierreux de Saint-Bernard à phase calcaire avec un pH naturel de 6, sans besoin d'amendement. Chaque printemps, le vigneron ajoute cependant du fumier liquide.

Degrés-jours de croissance annuels (au-dessus de 10 °C) : 1064 à 1211, mais pouvant atteindre 1238.

Risques de gel et enneigement : Dans cette région, le premier gel automnal survient en moyenne entre le 30 septembre et le 7 octobre ; le dernier gel printanier survient en moyenne entre le 8 et le 16 mai, pour une période sans gel moyenne de 125 à 140 jours, mais pouvant atteindre 152 jours. D'après le vigneron, le premier gel automnal survient plutôt vers la mi-novembre et le dernier gel printanier à la fin d'avril.

D'après le vigneron, en raison de l'effet régularisateur du lac Champlain, il n'y a aucun gel avant le 15 octobre, mais l'enneigement est faible. À quelques reprises, il y a eu un peu de grêle, mais sans dommages.

Buttage et débuttage : 25 octobre-10 novembre et 5-15 mai.

Prédateurs et maladies : Les oiseaux causent des dommages lorsque le raisin est mûr, surtout les merles et les quiscales bronzés ; le vigneron essaie de les effrayer soit en tirant du fusil, soit avec un canon au propane ou encore avec un produit chimique répulsif. Les cerfs de Virginie et les lièvres mangent des jeunes pousses, mais les dommages sont minimes. Comme dans presque tous les vignobles du Québec, les vignes doivent être traitées contre les maladies fongiques, tels l'oïdium et le mildiou, et contre les parasites, comme l'altise.

L'historique

Le nom du vignoble vient tout simplement du nom de son propriétaire.

Le vignoble Angell est un des vignobles pionniers du Québec et le premier vignoble artisanal encore en activité à s'établir dans la région du Richelieu. Entreprise de propriété individuelle, le vignoble est une exploitation familiale.

La propriété de 40 ha a été achetée en 1971 pour l'intérêt de la maison en pierres, mais Jean-Guy Angell a décidé d'y établir un vignoble en raison des unités thermiques favorables dans cette région. La maison en pierres date de 1813, alors qu'existait la seigneurie de Beaujeu. La cave repose directement sur le roc poli par

Serre d'accueil et entrée de la cave à vin

les glaciers il y a plus de 12 000 ans, lesquels y ont laissé de belles stries parallèles très typiques. À partir de 1966, son travail de professeur de karaté amène Jean-Guy Angell à voyager en Europe et surtout dans la région de Bordeaux en 1976, où il découvre littéralement les vignobles. Il décide donc de planter, à titre expérimental, 200 ceps d'une quarantaine de cépages de *vinifera*, puisqu'il est convaincu que la région où il se trouve possède un bon microclimat relié à la présence modératrice du lac Champlain. D'ailleurs les producteurs de maïs récoltent de 3 à 4 semaines plus tard qu'ailleurs au Québec. Pour en apprendre plus sur la viticulture, il n'hésite pas à aller chercher de l'information aux stations de recherche de Colombie-Britannique et d'Ontario. Malheureusement, les cépages plantés s'avèrent trop gélifs et ils sont arrachés en 1981. Sur les conseils du père Bertolini, de l'Institut agricole d'Oka, en 1982, il plante plutôt des cépages résistants, soit 6000 Maréchal Foch, 1000 Baco noir et 1000 Ventura. Non satisfait de ses vignes qui n'ont pratiquement pas produit en 1986 à cause du mildiou dû à trop d'humidité, il visite les vignobles du Castillon pour y acquérir des connaissances. Malgré cela, en 1989, il arrache 8000 de ses 12 000 ceps, soit 6000 Maréchal Foch, 1000 Baco noir et 1000 Ventura, et les remplace par probablement 8000 ceps de *vinifera* avec des porte-greffes résistants, d'où sa réussite. Depuis 1989, son fils Guy commence à prendre la relève surtout pour la viticulture et la vinification et sa compagne, Caroline Cyr, s'occupe de la vente et de l'accueil. Guy Angell est d'ailleurs diplômé de l'Institut agro-alimentaire de Saint-Hyacinthe en 1990. De plus en plus, la promotion du vignoble est axée sur l'accueil de groupes et 33 ha de la propriété sont loués pour la grande culture.

En marge du vignoble, Jean-Guy Angell s'occupe à plein temps de son entreprise de karaté à Montréal, qui comprend 60 écoles au Québec, en plus d'y enseigner aussi.

De 1992 à 1994, Jean-Guy Angell a été président de l'essai de variétés du Québec au site du ministère de l'Agriculture, des Pêcheries et de l'Alimentation du Québec à Saint-Rémi. Pour sa part, Guy Angell est vice-président de la Coopérative des vignerons du Québec depuis sa fondation, en 1993.

La culture de la vigne

Superficie en vignes : 1 ha en 1976 ; 6,8 ha en 1996.

Nombre de ceps : 200 en 1976 ; 50 000 en 1996.

Cépages actuels :

Vins rouge et rosé : De Chaunac, Gamay, Merlot, Geneva, Pinot noir (nombre de ceps confidentiel).

Vin blanc : Seyval, Chardonnay, Vidal, Vignole, Geisenheim, Cayuga White (nombre de ceps confidentiel).

Présence d'une pépinière : 12 000 ceps en serre.

Tonnage de raisins : Au moins 10 t estimé en 1995.

Vendanges : Pas de date précise.

La production vinicole

Nombre de bouteilles (750 mL) : 1000 en 1985 ; aucune production en 1986 ; au moins 10 000 en 1995.

Vins actuels

Vin *Vignoble Angell* blanc de cépage Ventura (en 1985) puis d'assemblage en fût de chêne (95 % de Seyval et 5 % de Chardonnay, en 1995) (composition non divulguée de 1986 à 1994) ; 9,50 $.

Vin *Le Bernardin* rouge d'assemblage (90 % de Geneva et 10 % de Merlot, depuis 1995) ; 10 $.

Le nom provient du nom de la municipalité où se situe le vignoble.

Vin *Le Carmellois* blanc d'assemblage (Vidal et Chardonnay, depuis 1995) élevé en fût de chêne ; 9,50 $.

Le nom provient du nom de la paroisse Notre-Dame-du-Mont-Carmel où se situe le vignoble.

Vin *Vignoble Angell* rosé d'assemblage (Merlot et De Chaunac, depuis 1995) ; à venir, probablement 10 $.

Vin *Le Vignole* blanc de cépage (depuis 1995) ; à venir en 1997.

Vins déjà produits

Vin Angell rosé d'assemblage (Gamay et De Chaunac) (1990 à 1993).

Vin Angell rouge de vinification tardive en fût de chêne de type Porto de cépage Maréchal Foch (en 1985) puis d'assemblage (Gamay, Maréchal Foch et De Chaunac, de 1986 à 1994).

Vin rouge de composition non divulguée en 1985.

Les à-côtés du vin

Dégustation gratuite.

Visite gratuite.

Restauration sur réservation, table champêtre avec méchoui d'agneau ou de porc.

Pique-nique à couvert ou non.

Autres services : Trois salles de réception : une au sous-sol, une de cachet rustique et une sous serre (nombre de places non déterminé).

Les distinctions

Le vin Vignoble Angell blanc 1991 est sur la carte du restaurant Le Parlementaire de l'Assemblée nationale du Québec depuis 1992.

À l'Atlanta Wine Summit, une médaille d'argent a été obtenue pour le vin Angell rouge 1987 élevé en fût de chêne.

Les projets

Le principal souci des vignerons est d'améliorer la qualité de leurs vins et Jean-Guy Angell est fier de voir que son fils Guy veut prendre la relève. Mais, ce qui demeure important pour eux, c'est d'avoir du plaisir en famille dans leur vignoble et de pouvoir s'y détendre.

Vignoble Saint-Alexandre

*Le cachet particulier du vignoble est l'accueil généreux
typiquement piémontais du vigneron.*

*364, chemin de la Grande-Ligne,
Saint-Alexandre (Québec) J0J 1S0
Tél. (514) 347-2794*

Exploitant : Domenico Agarla
Vinificateur : Domenico Agarla
Plantation des premiers ceps : 1980
Début de la production : 1982 (expérimental), 1984
Numéro et date du permis de vente : AV-005 (1985)
Le vignoble est ouvert toute l'année.

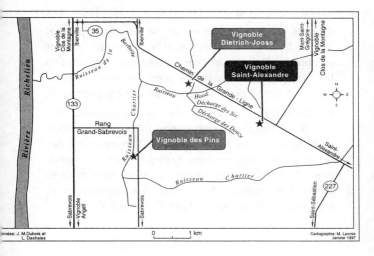

Carte de localisation du vignoble Saint-Alexandre

Le milieu naturel

Altitude : 49 m.

Géomorphologie : Le vignoble est situé dans les Basses-terres du Saint-Laurent, plus précisément sur le versant est du Richelieu, à environ 20 km au nord du lac Champlain. Il est drainé par des affluents des ruisseaux Chartier et Hood, vers le Richelieu, par le ruisseau de la Barbotte. Il est dans une plaine de till (dépôt glaciaire) sablo-silteux caillouteux, remanié par la Mer de Champlain. Il n'y a aucun affleurement en surface des roches sédimentaires sous-jacentes formées d'argile calcareuse. La pente est quasi nulle et le drainage est imparfait, sans drainage artificiel, de sorte que le sol est souvent gorgé d'eau au printemps et après les pluies.

Sol : Le sol est un limon sableux de Sabrevois, profond et caillouteux, dont le pH naturel peut varier de 5,6 à 6,5. Le vigneron n'ajoute aucun amendement ; il n'ajoute que son propre compost comme engrais.

Degrés-jours de croissance annuels (au-dessus de 10 °C) : 1064 à 1211, mais pouvant atteindre 1238.

Risques de gel et enneigement : Dans cette région, le premier gel automnal survient en moyenne entre le 30 septembre et le 7 octobre ; le dernier gel printanier survient en moyenne entre le 29 avril et le 7 mai, pour une période sans gel moyenne de 125 à 140 jours, mais pouvant atteindre 166 jours.

D'après le vigneron, le risque de gel est important malgré la rusticité des cépages, car les ceps ne sont pas buttés. De plus, le vent d'ouest dessèche parfois les bourgeons et casse les tiges, surtout au printemps, à cause de la taille élevée qui est pratiquée.

Prédateurs et maladies : Les oiseaux peuvent faire des dommages aux raisins qui arrivent à maturité, mais le vigneron n'a pas évalué l'ampleur de ces dommages. Comme dans presque tous les vignobles du Québec, les vignes doivent être traitées contre les maladies fongiques, tels l'oïdium et le mildiou, et contre les parasites, comme l'altise.

L'historique

Le nom du vignoble vient du nom de la municipalité où il est situé. Entreprise individuelle, le vignoble Saint-Alexandre est un des vignobles pionniers du Québec et le deuxième encore en activité à s'établir dans la région du Richelieu.

Originaire d'une famille de vignerons de la région du Barolo, dans le Piémont en Italie, Domenico Agarla a émigré au Québec en 1966. En 1969, il achète la résidence actuelle et un arpent de terre, puis le reste de sa terre de 27 ha est acheté en 1970 pour produire du maïs et faire l'élevage du veau de grain. Comme il avait fait l'expérience du travail de la vigne chez un de ses oncles dans son pays natal, pays avec des hivers relativement difficiles, et comme il faisait du vin domestique avec du raisin acheté depuis 1969, en 1979, après une rencontre avec Christian Barthomeuf qui était en train de démarrer le vignoble du Domaine des Côtes d'Ardoise, il a eu l'idée d'exploiter son propre vignoble, en remplacement de l'élevage du veau.

Ses 700 premiers ceps de 26 cépages différents achetés en Ontario gèlent presque tous à l'hiver de 1980, sauf le De Chaunac, le Maréchal Foch et le Ventura, ce qui ne le décourage pas de replanter au printemps de 1981, car il veut absolument démontrer que la viticulture

L'entrée du vignoble

est possible au Québec. Son succès à l'été de 1982 lui vaut la visite de 60 membres de l'Association des viticulteurs du Québec et l'admiration de tous. En 1985, il augmente donc son vignoble à 5000 ceps pour pouvoir obtenir son permis de vente. Avec l'expérience, il se rend à l'évidence, en 1986 et surtout en 1994, qu'il n'y a que le cépage rustique De Chaunac qui résiste bien sans buttage aux grands froids de janvier et février.

Domenico Agarla fait du vin selon la vieille méthode italienne avec peu de levure, sans filtrage et sans produit chimique pour désacidifier. Même s'il a fait du vin blanc au début, soit de 1983 à 1986, il opte pour le vin rouge à partir de cette date parce que ce dernier n'a pas besoin d'ajout de sucre contrairement au vin blanc. Il est donc le seul à ne faire que du vin rouge au Québec et, contrairement aux pratiques habituelles, il ne met son vin sur le marché que lorsqu'il est prêt, soit trois ans plus tard. Il est aussi partisan du produit le plus naturel possible et maintient sa devise : « L'Homme peut faire ce qu'il veut, mais c'est le bon Dieu et le climat qui font le vin ». Dans le champ, son travail demeure le plus artisanal possible, ce qui lui crée parfois des déboires à cause du gel ou de l'excès d'humidité dans le sol. De plus, ayant perdu environ près de 30 % de ses ceps en 1989 avec un arrosage de DDT par le voisinage, il n'utilise lui-même que le minimum d'insecticide nécessaire.

Bien à son affaire, il n'a jamais senti la nécessité d'être membre de l'Association des vignerons du Québec : par contre, il a toujours bien reçu les vignerons ou les futurs vignerons qui voulaient lui demander conseil. Avant 1985, il a aidé les autres vignerons à obtenir le permis de vente. Enfin, contrairement à la rumeur, ce ne sont pas les Italiens qui achètent son vin, car ces derniers font souvent leur propre vin !

La culture de la vigne

Superficie en vignes : 0,4 ha en 1980 ; 3 ha depuis 1994.

Nombre de ceps : 700 en 1980 ; 5050 depuis 1994.

Cépage actuel :

Vin rouge : De Chaunac (4800).

Autres cépages : confidentiel (250).

Tonnage de raisins : Moins de 5 t estimé en 1995.

Vendanges : Entre la mi-septembre et la mi-octobre.

La production vinicole

Nombre de bouteilles (750 mL) : 250 en 1982 ; moins de 5000 en 1994 (estimé par les auteurs).

Vin actuel

Vin *Domar* rouge de cépage De Chaunac (depuis 1994) ; 7,50 $.

Le nom de ce vin provient du nom du vigneron, soit DOMénico AgaRla et on trouve les armoiries de la famille Agarla sur l'étiquette.

Vins déjà produits ou essais

Vin Chaunac-de Bleury rouge d'assemblage (95 % de De Chaunac, 5 % de Zinfandel et de Carignan de Californie, en 1982 et 1983).

Le nom de ce vin provient du nom de l'ancienne seigneurie de Bleury de la région.

Vin Chaunac-de Bleury rouge d'assemblage (85 % de De Chaunac et 15 % de Carignan de Californie, en 1984).

Vin Domar rouge d'assemblage (De Chaunac avec un peu de Maréchal Foch, de 1985 à 1993).

Vin Domar blanc de cépage Ventura (en 1983).

Vin Domar blanc d'assemblage (50 % de Ventura, 35 % de Seyval et 25 % de Cayuga, de 1984 à 1986).

En 1986, essai de vin rosé par vieillissement en fût de chêne du Domar blanc d'assemblage (50 % de Ventura, 35 % de Seyval et 25 % de Cayuga).

Les à-côtés du vin

Dégustation gratuite.

Visite non guidée.

Les distinctions

Une médaille d'or du Conseil régional du Piemonte a été obtenue en 1984 pour celui qui a le mieux représenté les Piémontais à l'étranger dans le domaine de l'agriculture.

Ce que les connaisseurs en disent

D'après Jacques Benoît (*La Presse*, 05-11-1983), le vin rouge n'est « pas un grand vin, mais bien fruité, honnête, du genre à boire frais, et dont l'origine, quand ils l'ont apprise, a grandement étonné les membres du panel à qui je l'avais servi à l'aveugle ». D'après Jean-Yves Théberge (*Le Richelieu agricole*, 18-11-1986), le vin rouge a « un nez faible de fruits (fraises) et d'un peu de sucre. En bouche, l'acidité est fraîche, les tanins sont faibles et le corps est plutôt léger. Souple, il est équilibré. »

D'après Jean-Yves Théberge (*Le Richelieu agricole*, 18-11-1986), le vin blanc est « légèrement fruité (de la poire) avec un nez un peu métallique [...]. En bouche, il est sec, un peu séveux et plutôt gras. C'est un vin équilibré, plaisant et d'une certaine longueur ».

Les projets

Maintenant âgé de 65 ans, Domenico Agarla veut véritablement prendre sa retraite, mais sans se départir totalement de son vignoble. Comme il n'a pas de relève, il cherche un acheteur et il garantit qu'il sera là pour conseiller le futur vigneron.

Vignoble Dietrich-Jooss

Le cachet particulier du vignoble vient surtout de l'accueil chaleureux des « fermiers » dans leur vignoble et du style à l'européenne des aménagements.

407, chemin de la Grande-Ligne,
Iberville (Québec) J2X 4J2
Tél. et télec. (514) 347-6857

Exploitants : Victor Dietrich et Christiane Jooss
et Stéphanie Jooss

Vinificateur : Victor Dietrich

Plantation des premiers ceps : 1987

Début de la production : 1988

Numéro et date du permis de vente : AV-007 (1988)

Le vignoble est ouvert toute l'année, mais la visite des installations se fait de la mi-avril à la fin d'octobre.

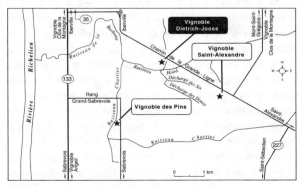

Carte de localisation du vignoble Dietrich-Jooss

Le milieu naturel

Altitude : 43 m.

Géomorphologie : Le vignoble est situé dans les Basses-terres du Saint-Laurent, plus précisément sur le versant est du Richelieu, à environ 20 km au nord du lac Champlain. Il est drainé par un affluent du ruisseau Hood, lequel se jette dans le Richelieu par le ruisseau de la Barbotte. Il est dans une plaine de till (dépôt glaciaire) silto-sableux un peu caillouteux remanié par la Mer de Champlain en surface. Les roches sédimentaires de schistes argileux sous-jacentes n'affleurent pas en surface. La pente est presque nulle vers le sud et le drainage naturel imparfait a été bonifié avec la pose de drains agricoles sur toute la surface.

Sol : Le sol est un limon sableux de Sainte-Brigide un peu caillouteux avec un pH naturel de 6,1 à 6,6, qui a donc besoin de peu d'amendement. Par contre, le vigneron ajoute annuellement un peu de chaux et de fumier de vache et, tous les trois ans, du 0-12-23 (aucun azote, mais phosphore et potassium).

Degrés-jours de croissance annuels (au-dessus de 10 °C) : 1064 à 1211, mais pouvant atteindre 1238.

Risques de gel et enneigement : Dans cette région, le premier gel automnal survient en moyenne entre le 30 septembre et le 7 octobre ; le dernier gel printanier survient en moyenne entre le 29 avril et le 7 mai, pour une période moyenne sans gel de 125 à 140 jours, mais pouvant atteindre 166 jours. D'après le vigneron, le premier gel automnal survient entre le 3 et le 5 octobre, mais il peut être aussi hâtif que les 25 ou 26 septembre, comme c'est arrivé en 1992, ce qui n'a toutefois pas occasionné de perte de récolte puisque les grappes peu attaquées ont pris la relève de celles qui l'ont été. C'est la raison pour laquelle les vignerons ont installé, cette année-là, le système d'aspersion qu'ils avaient rapporté de France, lequel couvre de façon expérimentale 20 % de la superficie plantée et qui est alimenté à partir d'un étang artificiel ; jusqu'à maintenant, ils n'ont heureusement pas eu à l'utiliser. Le dernier gel printanier peut survenir aussi tard que le 14 mai, comme c'est arrivé en 1987, mais la récolte n'avait pas subi de dommages puisque ce gel n'avait atteint que le champ expérimental et que c'était la première année de plantation.

D'après le vigneron, les températures sont régularisées parce que les vents d'ouest passent au-dessus du Saint-Laurent et du Richelieu ; cependant, comme le vignoble n'est pas près de l'eau, il y a des possibilités d'inversions thermiques. La région est très venteuse et l'air froid près du sol est balayé, empêchant ainsi le gel des jeunes pousses. Victor Dietrich a noté des températures aussi basses que -39 °C à l'hiver de 1992-1993. De plus, l'enneigement est généralement faible, ce qui augmente le risque de gel. Généralement, il n'y a pas de grêle mais, le 8 septembre 1993, l'équivalent de près de 2000 bouteilles a ainsi été perdu ; une autre grêle, le 1er juillet 1994, n'a pas fait de dommages significatifs.

Buttage et débuttage : Un prébuttage entre les ceps est fait vers le 5 novembre et le buttage lui-même entre le 15 et le 20 novembre ; le débuttage se fait entre le 25 avril et le début de mai.

Prédateurs et maladies : Les étourneaux font un peu de dommages lorsque le raisin est mûr et on tente de les éloigner, entre autres, en tirant à blanc. Les vignerons essaieront prochainement un appareil émettant de façon désynchronisée les cris de détresse des étourneaux. Comme dans presque tous les vignobles du Québec, les vignes doivent être traitées contre les maladies fongiques, tels l'oïdium, le mildiou et récemment l'excoriose, ainsi que contre les parasites, comme l'altise et l'acariose.

L'historique

Le nom du vignoble est tout simplement tiré du nom des propriétaires. Entreprise familiale, le vignoble Dietrich-Jooss est un des premiers vignobles établis par des fils de vignerons professionnels au Québec.

Victor Dietrich, Christiane Jooss et leur fille Stéphanie sont originaires de familles de vignerons d'Ingersheim, près de Colmar en Alsace. Le père de Victor Dietrich lui laisse d'ailleurs travailler 1200 ceps dès ses 13 ans. De 1964 à 1969, il étudie au Lycée agricole et viticole de Rouffach et à l'École de viticulture de Colmar. En 1969 et 1970, il étudie la gestion d'entreprise à l'École des Cadres de Colmar et, de 1974 à 1976, il étudie l'œnologie supérieure pendant deux ans au Conservatoire National des Arts et Métiers de Mulhouse. Victor Dietrich possède en propre un vignoble de 14 000 ceps sur 3 ha depuis 1970 et depuis son mariage en 1975, ce vignoble porte le nom de Dietrich-Jooss.

En août 1986, après avoir loué leur vignoble dans la famille, ils viennent s'installer au Québec pour plusieurs raisons, dont le sentiment de liberté face à

L'entrée du vignoble

l'administration, le défi de partir dans un pays plus neuf et stable, le fait qu'on y parle la même langue et aussi parce que le coût d'achat de vignes supplémentaires est trop élevé en Alsace. Au Québec, ils peuvent choisir de faire ce qu'ils veulent quand il s'agit de planter les cépages de leur choix.

Lors d'un voyage au Québec, en mai 1983, ils rencontrent Gilles Rondeau, président de l'Association des viticulteurs du Québec. Ils se rencontrent de nouveau en France, en 1984, lors d'un deuxième voyage au Québec, en 1985, et au moment de leur installation, en 1986. Le 1er octobre 1986, après avoir visité 107 fermes, ils choisissent le site de leur vignoble en achetant une ancienne ferme laitière de 35 ha. Le choix est fait surtout en raison de la proximité de Montréal et du prix abordable mais aussi parce que les unités thermiques et le sol y sont favorables à la croissance de la vigne. En s'installant, ils apportent d'ailleurs tout leur équipement avec eux.

Dès la première année, en 1987, ils plantent 6000 ceps de 36 cépages différents et, pour survivre en attendant une production acceptable, de 1987 à 1991, ils cultivent des céréales et du foin et ils élèvent aussi du veau de grain et des poulets. Christiane Jooss sera même chauffeur d'autobus scolaire, un travail à temps partiel qu'elle gardera jusqu'en 1991. Les premiers essais de micro-vinification ont été faits en 1987 avec des raisins qui leur ont été donnés par certains collègues. Mais, comme ils avaient planté des ceps de deux et même de trois ans, ils ont pu avoir une première petite récolte dès 1988. Depuis, les vignerons ont toujours augmenté petit à petit la superficie de leur vignoble et la qualité de leurs vins, qu'ils n'ont d'ailleurs aucun complexe à comparer avec ceux des autres dans les grands concours internationaux en Amérique du Nord. Une des devises de Victor Dietrich est de « ne pas courir plus vite que son ombre » pour améliorer ses chances de réussite !

Victor Dietrich fait partie du comité provisoire de l'Association des vignerons du Québec en 1987. Il est ensuite administrateur de l'Association, en 1988, vice-président de 1989 à 1991, puis président depuis novembre 1991. Il est aussi administrateur à la Coopérative des vignerons du Québec depuis sa fondation, en 1993. Enfin, il a été président de l'Office du tourisme et des congrès du Haut-Richelieu, de 1992 à 1994, et, après avoir été administrateur de 1992 à 1996, il est le 2e vice-président de l'Association touristique régionale de la Montérégie depuis cette dernière date.

La culture de la vigne

Superficie en vignes : 1,5 ha en 1987 ; 4,5 ha depuis 1992.

Nombre de ceps : 6000 en 1987 ; 16 980 en 1996.

Cépages actuels :

Vin rouge ou rosé : Maréchal Foch (1000), De Chaunac (1330), Chancellor (200).

Vin blanc : Seyval (5900), Cayuga White (3600) Geisenheim 318-57 (1630), New York Muscat (460), Aurore (360), Vidal (200), Chardonnay (150), Chasselas blanc (100), Cliche 8414 (100).

Autres cépages expérimentaux (2000) : Auxerrois, Cabernet franc, Cabernet Sauvignon, Canada Muscat, Chardonnay, Chasselas rose, Eona, Gamay, Geisenheim 311, 322-58, Gewurztraminer, JS23416,

Kerner, L'Acadie blanc, Landot 4511, Michurinetz, Muscat d'Alsace, Muscat Ottonel, Pinot blanc, Pinot gris, Pinot noir, Rayon d'Or, Riesling, Seibel 9, Severny, Sainte-Croix, SV5247 (Seyval noir), Saint-Pépin, SV23512, Sylvaner, Triomphe d'Alsace, V50201, V63331, V71141, Vilard noir, Ortega, Fredonia.

Présence d'une pépinière : 500 ceps.

Présence de parcelles expérimentales : 42 cépages.

Tonnage de raisins : 17 t estimé en 1995.

Vendanges : De façon sélective, entre le 15 septembre et le 15 octobre. Entre la fin de novembre et le début de décembre pour la vendange tardive.

La production vinicole

Nombre de bouteilles (750 mL) : 1800 en 1988 ; 17 000 en 1995.

Vins actuels

Vin blanc *Dietrich-Jooss* de cépage Seyval (depuis 1988) ; 10,50 $.

Le blason sur l'étiquette est le même que celui du vignoble qui était exploité en Alsace.

Vin blanc *Dietrich-Jooss Cuvée spéciale* de cépage Cayuga White (1988 à 1990) et d'assemblage (60 % de Cayuga White et 30 % de Geisenheim 318 et 10 % de Vidal et d'autres cépages de la parcelle expérimentale, depuis 1991) ; 14,50 $.

Vin blanc *Dietrich Jooss Storikengold* de cépage Cayuga White élevé en fût de chêne (depuis 1991) ; 15 $.

Le nom du vin signifie « cigogne d'or » en alsacien.

Vin rouge *Dietrich-Jooss* de coupage (De Chaunac et Maréchal Foch, de 1988 à 1990, et De Chaunac, Maréchal Foch et Chancellor depuis 1991) ; 11 $.

Vin rosé *Dietrich Jooss* de cépage De Chaunac
(depuis 1988) ; 10,50 $.

Vin blanc *Dietrich-Jooss Cuvée Stéphanie*, moelleux de vendange tardive (*ice wine*) d'assemblage (Geisenheim et Vidal, depuis 1993) ; 10 $ le 375 mL.

Le blason sur l'étiquette est le nouveau blason du
vignoble.

Les à-côtés du vin

Dégustation payante pour visite guidée et gratuite
pour visite individuelle à l'achat de vin.

Visite guidée ou libre.

Restauration possible, traiteur sur demande pour des
groupes.

Pique-nique.

Autres produits : Boutique de produits agro-
alimentaires et d'artisanat consignés.

Autres services : Terrasse de 30 places, une salle de
réception de 56 places et une autre de 30 place ;
forfaits avec les Croisières Richelieu (Saint-Jean-sur-
Richelieu), avec le théâtre de l'Écluse (Saint-Jean-
sur-Richelieu), avec le Best Western (Saint-Jean-sur-
Richelieu) et le Centre de santé Euro-Spa
(Stanbridge).

Les distinctions

À l'Atlanta Wine Summit, une médaille d'argent a
été obtenue pour les Dietrich Jooss rouge 1990,
Cuvée spéciale 1992 et Storikengold blanc 1992,
1994 et 1995 ainsi qu'une médaille de bronze pour
les Dietrich Jooss rosé 1990, Dietrich Jooss Rouge
1991, Storikengold 1991, Dietrich-Jooss blanc 1993
et 1995, et Cuvée spéciale 1993 et 1994.

À l'International Eastern Wine Competition, une
médaille d'argent a été obtenue pour les Cuvée spéciale 1991, 1992, 1993, Storikengold 1992 et Dietrich Jooss blanc 1993 et une de bronze pour le
Dietrich Jooss blanc 1991, 1992 et Storikengold
1993.

À l'American Wine Society, une médaille de bronze a été obtenue pour le Storikengold 1991.

À l'InterVin (North America's International Wine Competition), une médaille de bronze a été obtenue pour le Dietrich Jooss rouge 1993, le Cuvée spéciale 1994 et 1995 et le Dietrich-Jooss blanc 1995.

À l'Indiana State Fair, une médaille d'argent a été obtenue pour le Dietrich-Jooss rouge 1995, et une de bronze pour le Dietrich Jooss blanc 1994 et le Cuvée spéciale 1994 et 1995.

Au concours Sélections mondiales 1996 de la Société des alcools du Québec, médaille de bronze pour le Dietrich-Jooss blanc 1995 et le Cuvée spéciale 1995.

Prix du tourisme 1991, lors du gala d'excellence de la Chambre de commerce du Haut-Richelieu. Prix régional de la petite entreprise touristique 1992, des grands prix du tourisme québécois.

Durant la Semaine québécoise, lors du jumelage entre les vignobles québécois et des Graves, à Bordeaux en 1995, Victor Dietrich a été intronisé à l'un des plus prestigieux ordres bachiques du monde, la Commanderie du Bon Temps de Médoc et des Graves.

Ce que les connaisseurs en disent

Le vin Dietrich-Jooss blanc est retenu comme un des bons vins de Seyval par Michel Phaneuf dans *Le guide du vin 95*.

Le vin Cuvée spéciale 1995 est retenu comme vin-plaisir de la semaine par Jean Aubry (*Le Devoir*, 23-08-1996).

Les projets

Les vignerons souhaitent que leur fille Stéphanie, étudiante en biochimie à l'Université de Sherbrooke et qui leur donne un sérieux coup de main depuis de nombreuses années, prendra éventuellement la relève du vignoble. Ils visent aussi à accroître un peu la production, sans augmenter l'encépagement, vendre une partie de leur vin à la restauration ainsi que cibler et concentrer les visites touristiques sur quelques jours par semaine afin de ne plus être ouverts 7 jours par semaine pendant la morte saison.

Vignoble des Pins

*Le cachet particulier du vignoble vient de la beauté
des rangées de vignes, de la route, avec les aménagements
bien ordonnés et un paysagement invitant.*

136, rang Grand-Sabrevois,
Sainte-Anne-de-Sabrevois (Québec) J0J 2G0
Tél. et télec. **(514) 347-1073**

Exploitants : Gilles Benoît et Laurie Clarke

Vinificateur : Gilles Benoît

Plantation des premiers ceps : 1986

Début de la production : 1989

Numéro et date du permis de vente : AV-011 (1989)

*Le vignoble est ouvert toute l'année, mais la visite
de groupe des installations se fait entre mai et le début
de novembre, sur réservation.*

Carte de localisation du vignoble des Pins

Le milieu naturel

Altitude : 40 m.

Géomorphologie : Le vignoble est situé dans les Basses-terres du Saint-Laurent, plus précisément sur le versant est du Richelieu, à environ 18 km au nord du lac Champlain. Il est drainé par le ruisseau Chartier qui se jette dans le Richelieu par le ruisseau de la Barbotte. Il est au contact d'une terrasse de till silto-argileux (dépôt glaciaire) remanié par la Mer de Champlain et de dépôts marins argilo-sableux. Les roches sédimentaires d'argile calcareuse sous-jacentes n'affleurent pas en surface. La pente est presque nulle vers un ruisseau à l'ouest et le drainage naturel imparfait a été bonifié avec la pose de drains agricoles sur environ le tiers du terrain en 1992. Une légère érosion fluviatile est contrée par la disposition des rangs en sens contraire de la pente.

Sol : Le sol est un limon argileux de Sabrevois avec un pH naturel de 5,2 en surface et de 6,3 en profondeur ; l'épandage de chaux dolomitique permet de l'amender entre 6,0 et 6,5 en surface et le vigneron ajoute un peu d'azote, de phosphore et de potassium (5-10-15) au printemps, tous les deux ans.

Degrés-jours de croissance annuels (au-dessus de 10 °C) : 1064 à 1211, mais pouvant atteindre 1238.

Risques de gel et enneigement : Dans cette région, le premier gel automnal survient en moyenne entre le 30 septembre et le 7 octobre, mais plutôt vers les 7 et 8 octobre d'après le vigneron ; le dernier gel printanier survient en moyenne entre le 29 avril et le 7 mai, pour une période sans gel moyenne de 125 à 140 jours, mais pouvant atteindre 166 jours. D'après le vigneron, un minimum de -41 °C en février 1994 a occasionné une perte d'environ 25 % de la production, surtout de Maréchal Foch, lequel n'est pas butté.

Une haie de pins rouges a été plantée en 1983 pour contrer les vents d'ouest. Parfois, l'humidité stagne vers le ruisseau, occasionnant du gel. Par contre, l'enneigement est bon, recouvrant toutes les buttes et il n'y a pas eu de problème de grêle jusqu'à maintenant.

Buttage et débuttage : Le buttage s'effectue vers la mi-octobre et le débuttage vers le 10 mai, mais il peut parfois être retardé d'une semaine en cas de temps frais et humide ; par contre, le cépage Maréchal Foch n'est pas butté.

Prédateurs et maladies : Comme il y a plusieurs boisés près du vignoble, contrairement aux vignobles Dietrich-Jooss et Saint-Alexandre, les merles sont des prédateurs importants l'automne lorsque le raisin est mûr ; le vigneron essaie de les tenir à l'écart par la pose de ballons « avec des yeux » puis au fusil. Les ratons-laveurs peuvent aussi nuire à l'occasion près du ruisseau. Comme dans presque tous les vignobles du Québec, les vignes doivent être traitées contre les maladies fongiques, tels l'oïdium et le mildiou, et contre les parasites, comme l'altise. En 1994, on y a découvert la présence d'un autre parasite dans l'Aurore, le phylloxéra, et d'une maladie virale dans le Bacchus, la galle de la couronne ; le vigneron a ainsi dû arracher 800 ceps.

L'historique

Le nom du vignoble vient des pins rouges que le vigneron a plantés comme protection contre les vents. Entreprise familiale, le vignoble des Pins a été

fondé par un passionné du vin qui trouve que le vin est une des plus belles expressions de l'humanité.

Gilles Benoît est né à Montréal mais, comme son père était militaire, il a

Vue de la partie avant du vignoble et de la résidence

passé 7 ans en France, en Italie et en Allemagne, soit de 1962 à 1965 et de 1967 à 1971. Il y a d'ailleurs rencontré son épouse, Laurie Clarke, dont la famille maternelle tenait le vignoble de Grossenbacher, près du lac de Bienne, en Suisse. Ils continuent donc une tradition familiale tout en ayant le goût du vin, du défi ainsi que de l'agriculture. En 1982, ils achètent une propriété de 1,65 ha pour posséder une résidence principale en milieu rural et ils plantent, pour le plaisir, entre autres une dizaine de ceps de vigne. En 1984, ils rencontrent Domenico Agarla, du vignoble Saint-Alexandre, pratiquement un voisin, après avoir lu une publicité dans un journal. Ils voient aussi une publicité de l'Association des viticulteurs du Québec (Vignoble communautaire de Bourg-Royal) montrant le potentiel viti-vinicole du Québec. Dès 1985, ils décident alors de cultiver la vigne, après une visite des autres vignobles du Québec, en se disant que leur propriété doit être tout aussi propice à la vigne que les vignobles environnants.

En 1986, ils plantent donc 5500 ceps de Seyval, de Maréchal Foch et d'Aurore achetés des frères Breault, propriétaires du vignoble Les Arpents de Neige. Ils plantent très serré pour maximiser l'usage de l'espace, car ils ont l'intention de n'utiliser que de la petite machinerie, en raison des dimensions restreintes de la propriété. Vu les bons résultats avec leur première cuvée, en 1989, ils décident de diversifier les cépages et, à partir de 1993, ils donnent la préférence aux cépages allemands afin de distinguer leur production de celle des autres vignobles, ce qui se traduit par le nom de deux de leurs vins qui rappelle l'origine suisse de Laurie Clarke. En 1990, ils achètent même un autre terrain de 0,75 ha en face, soit au nord de leur propriété, et Gilles Benoît décide de se consacrer à son vignoble à plein temps. À voir le mouvement de cépages depuis 1994, on constate que les vignerons prennent de l'expérience et sélectionnent les meilleurs cépages.

En plus de son métier de technicien de laboratoire en chimie, qu'il a pratiqué de 1980 à 1990, Gilles Benoît faisait déjà du vin domestique à partir de moûts entre 1983 et 1988. Il a aussi suivi deux cours sur la vinification de Robert Demoy et de Lay Li, en 1989 et 1990, à l'Institut de technologie agro-alimentaire de Saint-Hyacinthe. De plus, il a été bien conseillé par un autre de ses voisins, Victor Dietrich, du vignoble Dietrich-Jooss, entre autres au sujet des maladies de la vigne.

Gilles Benoît a été trésorier de l'Association des vignerons du Québec de 1990 à 1992. Son épouse, Laurie, arrondit le revenu familial en travaillant dans une entreprise d'informatique.

La culture de la vigne

Superficie en vignes : 1 ha en 1986 ; 2,2 ha depuis 1994, ce qui correspond à la surperficie cultivable maximale.

Nombre de ceps : 5500 en 1986 ; 8925 en 1996.

Cépages actuels :

Vin rouge ou rosé : Maréchal Foch (2300), Lemberger (300), Gamay (200), Cabernet franc (125), Lucy Kuhlmann (50).

Vin blanc : Seyval (2800), Cayuga White (1800), Geisenheim 318 (650), Geisenheim 322 (600).

Autres cépages expérimentaux : 50 ceps.

Présence d'une pépinière : 200 ceps.

Tonnage de raisins : 10 t estimé en 1995.

Vendanges : Entre le 10 septembre et le 10 octobre.

La production vinicole

Nombre de bouteilles (750 mL) : 900 en 1989 ; 10 000 en 1995.

Vins actuels

Vin *Pin blanc* d'assemblage (Seyval et Aurore, en 1993 et 1994, et Seyval et Cayuga White, en 1995) ; 9,50 $.

Le nom du vin vient des pins blancs plantés devant la propriété.

Vin *Edelweiss* blanc d'assemblage (Cayuga White et Bacchus, en 1993 et 1994, et Cayuga White, Bacchus, Geisenheim 318 et 322 et Vidal, en 1995) ; 13 $.

Le nom du vin vient du nom de la fleur-emblème de l'Autriche.

Vin *Maréchal* rouge d'assemblage (Maréchal Foch, De Chaunac et Chancellor, en 1993) et de cépage Maréchal Foch (depuis 1994) ; 10 $.

Vin *Alpenrose* rosé d'assemblage (Maréchal Foch et De Chaunac, en 1994, et Cabernet franc et Gamay, en 1995) ; 13 $.

Le nom du vin vient du nom de la « rose des Alpes », en Suisse.

Vin *Mousse des Pins* mousseux d'assemblage (Seyval et Aurore, de 1991 à 1994) ; il n'y a eu aucune production en 1995 à cause de l'inventaire trop élevé ; 19 $.

Vins déjà produits

Vin Vignoble des Pins blanc d'assemblage (Seyval et Aurore, de 1989 à 1992).

Vin Vignoble des Pins rouge de cépage Maréchal Foch (1989-1991), et d'assemblage (Maréchal Foch, De Chaunac et Chancellor, en 1992).

Vin Vignoble des Pins rosé d'assemblage (Maréchal Foch et De Chaunac, de 1991 à 1993).

Les à-côtés du vin

Dégustation payante pour les visites de groupes et gratuite pour les visites individuelles.

Visite guidée.

Restauration avec service de traiteur, vins et fromages.

Pique-nique à l'extérieur ou à l'intérieur.

Autre produit : Coffrets-cadeaux sur demande.

Autres services : Salle de réception de 50 places ; forfait « Circuit du coup de cœur » avec le vignoble Le Royer St-Pierre et le gîte-auberge Le Boisé de Noyan ; forfait « Plaisirs d'été » avec l'Augerge Harris, Les Croisières Richelieu, le Théâtre de l'Écluse, le Fort Lennox et le restaurant Le Coq Rapide.

Les distinctions

Prix du meilleur vin blanc d'assemblage pour le Vignoble des Pins blanc 1991 aux Véritas 92 du

Regroupement des Italo-Canadiens du Frioul de Montréal.

À l'Atlanta Wine Summit, une médaille de bronze a été obtenue pour le Pin blanc 1993 et le Maréchal 1993.

À l'International Eastern Wine Competition, une médaille d'argent a été obtenue pour l'Alpenrose 1995 et une médaille de bronze pour le Mousse des Pins 1993 et pour l'Eldelweiss 1995.

À l'American Wine Society, une médaille de bronze a été obtenue pour le Maréchal 1994.

Ce que les connaisseurs en disent

Le Pin blanc a été retenu comme un des bons vins de Seyval par Michel Phaneuf dans *Le guide du vin 95*.

Les projets

Gilles Benoît veut continuer ses essais de vinification avec des cépages expérimentaux, entre autres allemands, plus hâtifs et plus adaptés à notre climat. Il recherche aussi une meilleure qualité pour ses produits et souhaite attirer davantage une clientèle de forfaits avec d'autres entreprises touristiques. À long terme, il espère qu'au moins un de leurs quatre enfants voudra prendre la relève.

Vignoble Morou

*Le cachet particulier de cet établissement viti-vinicole
provient de la vieille demeure patrimoniale en pierres
devant un charmant vignoble entouré de pins ainsi que
de l'accueil chaleureux et très personnalisé des vignerons.*

238, route 221, Napierville,
(Québec) J0J 1L0
Tél. et télec. (514) 245-7569
Courrier électronique : j_f_heroux@accent.net(vignoble)
Site internet : http://www.accent.net/j_f_heroux/morou/

Exploitants : Étienne Héroux et Monique Morin

Vinificateur : Étienne Héroux

Plantation des premiers ceps : 1987

Début de la production : 1990 expérimental ; 1991

Numéro et date du permis de vente : AV-015 (1991)

*Le vignoble est ouvert à l'année pour la vente,
mais la visite des installations se fait du début de juin
à la mi-octobre.*

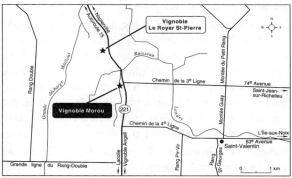

Carte de localisation du vignoble Morou

Le milieu naturel

Altitude : 55 m.

Géomorphologie : Le vignoble est situé dans les Basses-terres du Saint-Laurent, plus précisément sur le versant ouest du Richelieu, à 18 km au NO du lac Champlain. Il est drainé par un affluent du ruisseau Landry qui se jette directement dans le Richelieu. Il est situé sur une ancienne terrasse de la Mer de Champlain dans un vallon tapissé de till (dépôt glaciaire). Les dépôts meubles sont donc un sable silteux et pierreux, d'environ 0,3 m d'épaisseur, entraîné par l'action des vagues de l'ancienne mer à partir d'une butte de till environnante et ce, sur des sables et graviers littoraux. Les roches sédimentaires dolomitiques sous-jacentes n'affleurent pas en surface. La pente étant presque nulle, la partie de la propriété près du ruisseau est bien drainée, mais celle qui s'en éloigne l'est moins bien, de sorte que de l'eau peut demeurer en surface au printemps ou après les pluies, ce qui fait du tort aux racines.

Sol : Le sol est un sable graveleux de Grande Ligne profond, de pH naturel de 5,2, mais ramené à 6,6 par épandage de chaux au besoin. Le vigneron ajoute aussi chaque année du magnésium et du manganèse, ainsi que du fumier au besoin.

Degrés-jours de croissance annuels (au-dessus de 10 °C) : 1064 à 1211, mais pouvant atteindre 1238.

Risques de gel et enneigement : Dans cette région, le premier gel automnal survient en moyenne entre le 8 et le 15 octobre ; le dernier gel printanier survient en moyenne entre le 8 et le 16 mai, pour une période sans gel moyenne de 125 à 140 jours, mais pouvant atteindre 166 jours.

D'après le vigneron, l'effet régularisateur de température du lac Champlain est efficace ; cependant, le vignoble a dû être protégé des vents d'ouest et du NO par un brise-vent de pins, mais ajouré au tiers afin de laisser passer assez de vent pour balayer l'air froid et l'évacuer. L'enneigement est faible au SE du vignoble, mais il est plus important au NO à cause du brise-vent. Le vignoble n'a jamais subi de grêle.

Buttage et débuttage : Buttes de 60 à 75 cm de hauteur vers la mi-novembre/de la fin avril au début de mai, parfois à la mi-avril si le printemps est sec.

Prédateurs et maladies : Lorsque le raisin arrive à maturité, les merles et les étourneaux font un peu de dommages ; le vigneron les effraie au moyen de rubans métalliques installés sur des cordages et des canons au propane. À partir de l'automne de 1996, il utilise un appareil émettant de façon désynchronisée les cris de détresse des espèces en cause. Comme dans presque tous les vignobles du Québec, les vignes doivent être traitées contre les maladies fongiques, tels l'oïdium et le mildiou, et contre les parasites, comme l'altise. De plus, en 1994, le Gamay fut affecté par un peu de pourriture noire.

L'historique

Le nom du vignoble provient de l'assemblage d'une partie des lettres formant les noms de famille des deux propriétaires (MOrin et HéROUx).

Entreprise familiale, le vignoble Morou est un des vignobles implantés par des passionnés du vin qui n'ont pas peur d'y investir de nombreuses heures.

Après deux ans de recherche d'un site pour s'installer à la campagne, la propriété de 0,2 ha, comprenant une maison et une écurie, est d'abord achetée, en 1986, pour préparer une retraite sur une terre propice à produire des fruits. L'attrait de la vieille demeure patrimoniale en pierres, construite vers 1760, est décisif

Une partie de la plantation entourée du brise-vent de pins.

dans cet achat. Le lot contigu de 1,8 ha où la vigne est plantée est acquis au début de 1988.

L'idée de démarrer un vignoble vient après avoir rencontré Domenico Agarla, du vignoble Saint-Alexandre, et Victor Dietrich, du vignoble Dietrich-Jooss : leur passion est communicative. Il faut dire que les vignerons sont des amateurs de vins de longue date. En effet, grâce à l'agence de voyages de Monique Morin et au travail de commissaire industriel d'Étienne Héroux, ces derniers ont effectué de multiples voyages en Europe, plus particulièrement en France, en Allemagne et en Italie. Pendant plusieurs années, dans les années 1970 et au début des années 1980, ils faisaient un vin domestique avec du raisin de Californie. De plus, Monique Morin avait participé à une dizaine de cours de dégustation en étant membre d'une confrérie tant à Québec qu'à Rimouski. Enfin, en 1989 et 1990, ils suivent tous deux des cours de Robert Demoy et de Lay Li sur la vinification, la chimie et les maladies des vins à l'Institut de technologie agro-alimentaire de Saint-Hyacinthe.

Après avoir constaté que le sol de la propriété est approprié, que la région offre un nombre de degrés-jours de croissance adéquat et que leur domaine est situé sur une route touristique, ils commencent à planter leur vignoble en 1987. Ce qui aide aussi à l'établissement d'un vignoble est qu'Étienne Héroux, originaire de Shawinigan, est ingénieur-chimiste, expérience non négligeable dans l'élevage du vin. En 1992, il prend d'ailleurs sa retraite en tant que directeur général du Commissariat industriel de Longueuil pour se consacrer entièrement au vignoble.

En 1987, les premiers ceps sont achetés à d'autres vignerons, soit 50 Maréchal Foch au vignoble La Vitacée et 210 Seyval au vignoble Les Arpents de Neige. Malgré quelques pertes à cause du froid, ils plantent eux-mêmes, dès l'année suivante, plus de 5000 ceps de 17 cépages différents, achetés au vignoble Les Arpents de Neige ainsi qu'à Vineland, en Ontario. Leur vignoble a atteint sa superficie maximale sur la propriété actuelle depuis 1994, mais il serait encore possible d'acheter une terre contiguë pour agrandir.

Les vignerons ont eu beaucoup de problèmes avec la Régie des alcools, des courses et des jeux (RACJ) pour faire reconnaître leur droit à utiliser le terme « clos » pour un de leurs vins. En effet, en vertu d'un décret de 1983 sur la Loi de la Société des alcools du Québec (SAQ), ils ont dû débattre le fait que leur vignoble correspondait tout à fait à la description d'un clos. La saga dure toujours, mais une tolérance annuelle semble maintenant être accordée. Autre problème des plus désagréables qui se présente au moment de faire paraître ce guide, c'est que les vignerons doivent se battre contre l'absence de réglementation municipale en regard d'un projet de méga-porcherie qu'on voudrait installer en face de leur vignoble. Toute l'Association des vignerons du Québec s'est mobilisée : c'est à suivre.

Étienne Héroux est très actif au sein de l'Association des vignerons du Québec. Dès 1987, il faisait partie du Comité provisoire pour sa mise en place. De plus, il a été secrétaire de 1989 à 1992 et il est l'un des administrateurs depuis cette date.

La culture de la vigne

Superficie en vignes : 0,1 en 1987 ; 1,7 ha en 1988 ; 1,8 ha depuis 1994 (superficie maximale).

Nombre de ceps : 260 en 1987 ; 5460 en 1988 ; 5735 en 1996.

Cépages actuels :

Vin rouge ou rosé : De Chaunac (775), Gamay (690), Chancellor (425), Maréchal Foch (230).

Vin blanc : Cayuga White (1020), Seyval (500), V50201 (460), Geisenheim 322 (400), Vidal (400), SV23512 (300), V63331 (225), SV18307 (210), Geisenheim 311 (50), Geisenheim 318 (50).

Présence d'une pépinière : 100 ceps de Vidal.

Tonnage de raisins : 7,5 t estimé en 1995.

Vendanges : Entre la mi-septembre et la mi-octobre.

La production vinicole

Nombre de bouteilles (750 mL) : 600 en 1990 ; 6000 en 1992 ; 7500 en 1995.

Vins actuels

Vin *Morou blanc* d'assemblage (Seyval, Cayuga White et V50201, depuis 1991) ; 10,50 $.

Vin *Clos Napierois* blanc fruité sec d'assemblage (Geisenheim, Vidal et SV18307, depuis 1992) élevé en fût de chêne ; 14,50 $.

Vin *Morou rouge* d'assemblage (De Chaunac, Maréchal Foch et Chancellor, depuis 1991) élevé en fût de chêne ; 13 $.

Vin Morou rosé d'assemblage (De Chaunac, SV23512 et V63331, de 1991 à 1994, et de cépage Gamay, depuis 1995) ; 10,50 $.

Une des raisons de la qualité et du succès des vins du vignoble Morou, c'est qu'on y pratique des assemblages de compositions fixes d'année en année : les assemblages sont faits après  vinification individuelle de chacun des cépages. Les vins de cépages excédentaires sont vendus en assemblages nommés « cuvées spéciales ».

Vins déjà produits ou essais

Vin Morou Cuvée spéciale blanc d'assemblage (surplus de certains cépages, principalement le Cayuga White, en 1993 et 1994). Ce vin est produit en fonction du rendement de chacune des années.

Vin Clos Napierois rouge d'assemblage (Gamay, De Chaunac et Chancellor, en 1991) élevé en fût de chêne.

Vin Morou Cuvée spéciale rouge d'assemblage (Gamay et De Chaunac, en 1993 et 1994) élevé en fût de chêne.

Essai pour le Morou blanc d'assemblage (Seyval et d'autres en 1990).

Essai pour le Morou rouge d'assemblage (De Chaunac et d'autres en 1990).

Les à-côtés du vin

Dégustation payante, sauf si achat de vin.

Visite guidée et commentée.

Restauration sur demande, vins, fromages et pâtés fins pour les groupes.

Pique-nique.

Autre produit : Produits dérivés de la vigne ; autres produits domestiques ; produits régionaux consignés.

Autre service : Étiquettes personnalisées sur commandes spéciales.

Les distinctions

À l'Atlanta Wine Summit, une médaille d'argent a été obtenue pour le Clos Napierois blanc 1992 et le Morou blanc 1992 ; et une médaille de bronze pour le Clos Napierrois rouge 1991, le Clos Napierois blanc 1993, le Morou rouge 1993 et 1995 ainsi que le Morou blanc 1994.

À l'InterVin (North America's International Wine Competition), une médaille de bronze a été obtenue pour le Morou blanc 1993, le Morou rouge 1993 et le Clos Napierois blanc 1994.

À l'International Eastern Wine Competition, une médaille de bronze a été obtenue pour le Morou blanc 1994 et le Clos Napierois blanc 1995.

À l'Indiana State Fair, une médaille de bronze a été obtenue pour le Morou blanc 1995 et le Morou rosé 1995.

À l'American Wine Society, une médaille de bronze a été obtenue pour le Clos Napierois blanc 1995.

Le Morou rouge 1992 et le Morou rosé 1992 sont choisis pour le restaurant Le Parlementaire de l'Assemblée nationale du Québec depuis 1993.

Le Morou blanc 1994 et le Morou rouge 1994 ont été choisis par la Délégation générale du Québec à New York en 1995.

Ce que les connaisseurs en disent

D'après Guy Desrochers (*Le Journal de Montréal*, 02-08-1992), le Clos Napierois rouge 1991 est « l'un des meilleurs rouges élaborés au Québec » et le Clos Napierois blanc est toutefois celui qu'il « préfère, parce qu'il présente un remarquable équilibre d'impressions subtiles, avec une belle longueur en bouche, comme pour en prolonger le plaisir ! »

D'après Jean-Yves Théberge (*Le Canada français*, 27-07-1994), le Clos Napierois rouge 1991 a « un nez de porto avec une teinte légèrement tuilée. Il sent encore la vanille et les fruits sauvages. En bouche, il est beau, rond, souple et bien équilibré. En finale, il laisse un léger goût de chocolat noir et de cuir ». Le Clos Napierois blanc 1992 a un nez qui

« sent la vanille, l'abricot et la pomme un peu verte. En bouche, il est souple et frais. En fin de bouche, l'abricot revient ». Le Morou blanc 1992 « sent la pomme verte et la poire avec une pointe d'épices. En bouche, il est léger, équilibré avec une acidité fraîche. Il laisse un goût de pomme à peine mûre ». Le Morou rosé 1993 « a une teinte légèrement orangée. C'est un vin léger et agréable à boire en fin d'après-midi. Un vin peu exigeant mais, bien rafraîchi, il est simplement frais et d'un bon goût ». Le Morou rouge 1993 « a un nez de vanille, de fleurs sauvages, d'un peu de crème brûlée et de groseille. Après une attaque facile et douce, le vin montre un bel équilibre avec des tanins assez fins. Un vin d'un goût persistant. »

D'après Jean Aubry (*Actualités médicales*, 14-08-1994), le Morou blanc 1993 est « sec et bien nerveux en bouche », le Clos Napierois blanc 1993 est « aromatisé et doté d'une certaine complexité (cannelle, tilleul, brugnon), se permet même d'avoir une longueur en bouche. Superbe. »

D'après Jean-Yves Théberge (*Le Canada français*, 02-08-1995), le Morou blanc 1994 « a un nez délicat de fruits [...] il est sec frais et avec une finale un peu citronnée ». Le Clos Napierois blanc 1994 « a un nez débordant de fruits où se mèlent (sic) l'abricot et le pamplemousse avec en arrière une senteur de pétrole comme on en trouve dans certains riesling ». Le Morou rouge « a un beau nez de prunes et de noix. En bouche, le vin est rond avec des tanins enrobés. Le vin a un côté soyeux. Il est beau en bouche et très long. Ce me semble être le plus beau vin de ce vignoble. » Le Morou rosé « est frais, souple, assez sec, agréable avec son petit côté de cerise. Un vin un peu facile comme le sont la plupart des rosés. »

Les projets

Sans relève et désirant prendre une retraite définitive, les vignerons songent sérieusement à vendre leur vignoble. En effet, ils ont constaté que le travail du vigneron est exigeant, tant au champ et dans la vinerie qu'à l'accueil aux visiteurs, et qu'il n'est pas nécessairement de tout repos pour un projet de retraite.

Vignoble Le Royer St-Pierre

*Le cachet particulier du vignoble vient de la grange-étable
traditionnelle des années 1920, flanquée de son silo,
et reconvertie en vinerie et en salle d'accueil.*

182, route 221,
Saint-Cyprien-de-Napierville (Québec) J0J 1L0
Tél. (514) 245-0208 Télec. (514) 245-0388

Exploitants : Robert Le Royer et Lucie St-Pierre

Vinificateur : Robert Le Royer

Plantation des premiers ceps : 1990, mais en 1986
au vignoble de « Saint-Benoît »

Début de la production : 1989 expérimental : 1991

Numéro et date du permis de vente : AV-016 (1992)

*Le vignoble est ouvert toute l'année, mais la visite
des installations se fait du 1ᵉʳ avril à la fin de novembre
et sur appel le reste de l'année.*

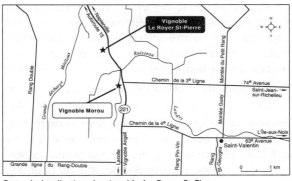

Carte de localisation du vignoble Le Royer St-Pierre

Le milieu naturel

Altitude : 55 m.

Géomorphologie : Le vignoble est situé dans les Basses-terres du Saint-Laurent, plus précisément sur le versant ouest du Richelieu, à 19 km au NO du lac Champlain. À l'est, il est drainé par le ruisseau Landry qui se jette directement dans le Richelieu et, à l'ouest, par la grande décharge Mailloux qui se jette dans la rivière L'Acadie. Il est situé sur le contact d'une plaine de till (dépôt glaciaire) remanié par les vagues de la Mer de Champlain et des dépôts de cette mer, ce qui donne trois unités différentes de dépôts. En effet, un premier secteur du vignoble est sur un till sableux et caillouteux remanié par les vagues, un deuxième secteur est sur une argile sablonneuse littorale et marine tandis que le troisième est sur un sable caillouteux, d'environ 1,2 m d'épaisseur, dérivé du till et entraîné par l'action de la mer. Les roches sédimentaires dolomitiques sous-jacentes n'affleurent pas en surface. La pente est presque nulle, de sorte que le drainage est imparfait ; le vigneron a donc dû le bonifier avec la pose de drains agricoles sur toute la surface.

Sol : Le sol est un sable graveleux de Grande-Ligne profond de pH naturel entre 5,2 et 6,0 ; sur le vignoble il est de 5,8 mais il peut atteindre 7,1 sur la butte près de la route ; il y a cependant un problème d'érosion éolienne de la matière organique sur cette butte.

Le sol était déficitaire en bore, mais ce problème a été réglé en 1993 par un épandage. Chaque printemps, on ajoute de l'engrais chimique et, parfois sur analyse du sol, le vigneron établit un couvre-sol d'orge ou d'avoine pour engendrer de la matière organique ; ce couvre-sol est aussi une protection contre les mauvaises herbes et il tire de l'azote permettant un meilleur aoûtement.

Degrés-jours de croissance annuels (au-dessus de 10 °C) : 1064 à 1211, mais pouvant atteindre 1238.

Risques de gel et enneigement : Dans cette région, le premier gel automnal survient en moyenne entre le 8 et le 15 octobre ; le dernier gel printanier survient en moyenne entre le 8 et le 16 mai, pour une période sans gel moyenne de 125 à 140 jours, mais pouvant atteindre 166 jours. D'après le vigneron, le premier gel automnal survient plutôt entre le 5 octobre et la fin d'octobre ; l'effet régularisateur sur le climat du lac Champlain donne aux raisins en moyenne deux semaines de maturité de plus qu'à son ancien emplacement à Saint-Benoît.

Un brise-vent a été implanté du côté ouest. Ce brise-vent est formé de peupliers alternant avec des cèdres et des pins ; le bruissement des feuilles de peupliers chasse les oiseaux et les peupliers assèchent aussi le sol en pompant beaucoup d'eau. Ce brise-vent permet de contrer les vents dominants d'ouest, mais il est à claire-voie afin que le vent puisse chasser l'humidité et empêcher ainsi le développement du mildiou et de l'oïdium. L'enneigement naturel étant faible, le vigneron fait des essais avec des clôtures à neige tous les 15 m et le brise-vent permet aussi d'améliorer l'enneigement tout en atténuant les vents desséchants d'hiver. Le vignoble n'a jamais subi de grêle jusqu'à maintenant.

Buttage et débuttage : Dernière semaine d'octobre à première semaine de novembre/vers le 15 avril.

Prédateurs et maladies : Les merles et les étourneaux sont un vrai fléau lorsque le raisin arrive à maturité ; à cause d'eux, le vigneron perd de 5 % à 10 % de sa récolte prévue. Il essaie de les effrayer de diverses façons allant du hibou au canon au propane mais il n'y a rien d'efficace car les oiseaux s'y habituent ; le vigneron essaiera prochainement un appareil émettant de façon désynchronisée les cris de détresse des espèces en cause. Comme dans tous les vignobles du Québec, les vignes doivent être traitées contre les maladies fongiques, tels l'oïdium et le mildiou, et contre les parasites, comme l'altise.

L'historique

Le nom du vignoble est tout simplement composé des noms de famille des propriétaires. Entreprise familiale, le vignoble Le Royer St-Pierre a été fondé par des passionnés du vin.

Originaire de Saint-Lambert, Robert Le Royer a enseigné le travail social au Centre Alternative, à Montréal, de 1972 à 1976. Cette année-là, il décide de partir en sabbatique à l'aventure et se retrouve, entre autres, à travailler dans des vignobles en Californie et dans la péninsule du Niagara. De retour au pays en 1978, il travaille deux ans dans l'entreprise de marketing de son père, à Montréal. Ces deux dernières expériences ont certainement présidé à la décision de posséder un vignoble. Mais l'intention de planter de la vigne lui était venue dès le milieu des années 1970, alors qu'il faisait déjà du vin avec du moût, des raisins de Californie, des fraises et des framboises en compagnie de sa première épouse qui était italienne ; le fait que son grand-père était hôtelier n'a certainement pas nui. L'idée a continué

à cheminer car il aimait faire des essais et parce que son épouse, Lucie St-Pierre, est née sur une ferme à Saint-Benoît. Même si elle travaille en informa-tique, elle connaît

Une partie du vignoble actuel ainsi que la vinerie vues de la route.

bien le travail agricole. Après des rencontres avec les frères Breault, au vignoble L'Orpailleur, et avec Helen Fisher, à Vineland, en Ontario, en 1982 et 1983, l'idée s'est concrétisée, en 1985, quand le frère de Lucie, Jean-Yves St-Pierre, leur a offert d'utiliser un lopin sur sa ferme du rang Saint-Vincent, à Saint-Benoît (Mirabel).

À cet endroit, ils ont planté 150 ceps en 1985, mais 5500 de 35 ou 36 cépages différents dès l'année suivante. Ils y ont même produit 240 bouteilles de vin en 1989 et 80 en 1990. La décision de changer de site vient du fait que la région de Mirabel est une moins bonne région viticole à cause des conditions climatiques.

La propriété actuelle de 15 ha a donc été achetée en 1989 pour la culture de la vigne en raison du potentiel de son sol et surtout du climat, mais aussi grâce aux bâtiments adéquats, au coût plus modeste de la propriété et à la proximité du marché d'une route touristique régionale. Dès 1990, 3300 ceps de De Chaunac, Chancelor, Cabernet franc et Kay Gray sont transplantés de Saint-Benoît à Saint-Cyprien. C'est cette année-là aussi que Robert Le Royer suit le cours de vinification de Robert Demoy et de Lay Li à l'Institut de technologie agro-alimentaire de Saint-Hyacinthe. Depuis 1990, une partie du lot est louée à un autre fermier qui fait du foin en contre-partie de l'entretien de la terre. À Saint-Benoît, le reste des vignes a dépéri rapidement, de sorte qu'il ne restait plus que quelques ceps en 1992.

En 1993, afin de prévoir une expansion, les vigne-rons ont acheté, au nord du premier, un deuxième lot de 20,5 ha ; ce lot est actuellement cultivé en foin.

La culture de la vigne

Superficie en vignes : 0,2 ha à Saint-Benoît en 1985 ; 1,2 ha en 1990 et 4 ha en 1996 à Saint-Cyprien-de-Napierville.

Nombre de ceps : 150 à Saint-Benoît en 1985 ; 5500 en 1990 et 18 226 en 1996 à Saint-Cyprien-de-Napierville.

Cépages actuels :

Vin rouge ou rosé : Maréchal Foch (6817), De Chau-nac (2111), Cabernet franc (600), Sainte-Croix (400).

Vin blanc : Cayuga White (5908), Seyval (1240), Gei-senheim 318 (850), Saint-Pépin (200).

Autres cépages : 100 ceps de 11 cépages dont Baco noir, Gamay, Léon Millot et 8 autres cépages confi-dentiels.

Présence d'une pépinière : 400 ceps.

Présence de parcelles expérimentales : 100 ceps de 11 cépages.

Tonnage estimé de raisins : 10,9 t en 1995.

Vendanges : Entre le 10 et le 15 septembre et le 20 et le 25 octobre.

La production vinicole

Nombre de bouteilles (750 mL) : 240 en 1989 et 80 en 1990 à Saint-Benoît ; 850 en 1991 et 11 000 en 1995 à Saint-Cyprien-de-Napierville.

Vins actuels

Vin *Les Trois Sols* blanc de cépage Cayuga White (depuis 1991) ; 10,50 $.

Le nom du vin vient des trois types de sols présents sur la propriété.

Vin *La Dauversière* blanc d'assemblage (Seyval et Aurore) élevé en fût de chêne (depuis 1993) ; 9,85 $.

Le nom du vin vient du nom de l'ancêtre de Robert Le Royer, Jérôme Le Royer, sieur de la Dauversière, un des promoteurs de la fondation de Montréal.

Vin *Terre de St-Cyprien* rouge d'assemblage (De Chaunac et Maréchal Foch) élevé en fût de chêne (depuis 1991) ; 9,85 $.

Le nom du vin vient du nom de la municipalité où se situe le vignoble.

Vin *Le Lambertois* rouge d'assemblage (80 % de Maréchal Foch et 20 % de Cabernet Franc) (depuis 1994) ; 11,50 $.

Le nom du vin vient du nom de la municipalité de Saint-Lambert où est né Robert Le Royer.

Vin *Les Trois Sols* rosé de cépage De Chaunac (1991 et 1993), aucune production en 1992 et 1994, d'assemblage (De Chaunac et Sainte-Croix) en 1995 ; 9,85 $.

Vins déjà produits ou essais

Essais de vins à Saint-Benoît en 1989 et 1990 : un vin rouge d'assemblage (Maréchal Foch et Sainte-Croix) et un vin blanc d'assemblage (Seyval et Eona).

Les à-côtés du vin

Dégustation gratuite pour les particuliers mais payante pour les groupes.

Visite guidée, avec salle de dégustation dans un ancien silo des années 1920 réaménagé en 1994.

Restauration sur demande, vins, pâtés et fromages pour des groupes.

Pique-nique dans le jardin ou sur la terrasse et possibilité d'utiliser un BBQ au charbon de bois.

Autres produits : Quelques produits dérivés de la vigne.

Autres services : Salle de réception de 42 places, une terrasse extérieure de 38 places et une petite salle de 17 places dans le silo ; forfaits avec le vignoble des Pins et le gîte-auberge Le Boisé de Noyan 1) « La Tournée » avec visites historiques, 2) « Dégustation champêtre » avec dîner et 3) « Coup de cœur » avec deux jours de visites.

Les distinctions

À l'Atlanta Wine Summit, une médaille d'argent a été obtenue pour le Terre de St-Cyprien rouge 1993 et une médaille de bronze pour Les Trois Sols blanc 1995.

À l'Indiana State Fair Wine Competition, une médaille de bronze a été obtenue pour Les Trois Sols blanc 1993.

Ce que les connaisseurs en disent

Le dépliant publicitaire du vignoble mentionne que le vin Les Trois Sols blanc est un vin « aux arômes délicats de fruits (pêche, ananas) avec des saveurs pommées et un nez de muscat ». Le vin Les Trois Sols rosé est un vin « fruité, frais, avec sa pointe acidulée et une nette touche épicée, très rafraîchissant ». Le Terre de St-Cyprien est un vin « à la couleur rouge rubis-violet, avec un nez de fraises-framboises. Au goût, une touche végétale, légèrement épicé à la cannelle. » Le La Dauversière est un vin « fruité, pomme, poire, légèrement acidulé, aux saveurs d'agrumes ». Le Lambertois est un vin à la belle « robe pourpre, vin fruité, à la fois puissant et moelleux avec des arômes de fruits mûrs, et joliment boisé ».

Les projets

Les projets du couple de vignerons sont nombreux. En effet, ils veulent bientôt couvrir leur terrasse, aménager une nouvelle salle de réception au premier étage de leur ancienne grange avec vue sur l'ensemble du vignoble, faire une deuxième salle de cuverie au rez-de-chaussée de la grange et atteindre les 20 000 ceps. De plus, ils espèrent passer éventuellement la relève à leurs deux enfants.

Vignoble Clos de la Montagne

*Le cachet particulier du vignoble vient tant
de l'aménagement paysager diversifié du jardin,
avec ses clôtures de pierres sèches, que de la salle d'accueil
décorée de vitraux réalisés par les vignerons eux-mêmes.*

330, avenue de la Montagne Est,
Mont-Saint-Grégoire (Québec) J0J 1K0
Tél. (514) 358-4868 Télec. (514) 358-5628

Exploitants : Aristide Pigeon et Denise-Andrée Marien

Vinificateur : Aristide Pigeon (1989-1994), Luc Rolland
(1995 et conseils en 1996), Michel Meunier depuis
1996

Plantation des premiers ceps : 1988

Début de la production : 1989 (expérimental), 1996

Numéro et date du permis de vente : AV-023-1
(1996) et AV-023-2 pour le cidre

*Le vignoble est ouvert toute l'année, mais la visite
des installations se fait du 1er avril à la fin de novembre
et les fins de semaine, en décembre et janvier.*

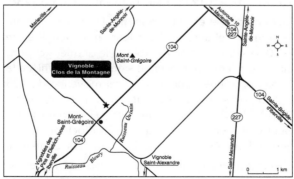

Carte de localisation du vignoble Clos de la Montagne

Le milieu naturel

Altitude : 55 m.

Géomorphologie : Le vignoble est situé dans les Basses-terres du Saint-Laurent, plus précisément sur le versant est du Richelieu, à 7 km à l'est du Richelieu. Il est drainé par le ruisseau Quintin qui se jette dans le Richelieu par le ruisseau Bleury.

Le vignoble est situé sur une terrasse de till (dépôt glaciaire) remanié par la Mer de Champlain et où les roches sédimentaires d'argiles schisteuses sous-jacentes n'affleurent pas en surface. On y retrouve trois types de dépôts. Au centre de la propriété, il y a le till remanié en surface avec présence de cailloux de plage ; au SO, le till est surmonté d'un silt argileux marin toujours avec présence de cailloux littoraux et, au NE, nous sommes plutôt en présence d'un placage de graviers littoraux très grossiers issus de dépôts fluvioglaciaires surmontant le till.

La pente est partout de moins de 1° vers le SE, de sorte qu'elle ne modifie pas le drainage naturel. Ce drainage est donc imparfait dans la partie SO et on a dû le bonifier par la pose de drains agricoles ; il est bon au centre et excellent au NE.

Sol : Dans la partie SO, le sol est un limon sableux de Saint-Jude, de pH 5,7. Par contre, dans les parties centrale et SE, le sol est un gravier de Rougemont de pH 5,3 à 5,5. Les vignerons ajoutent au besoin de la chaux comme amendement, un peu de 8-16-24 (azote, phosphore et potassium) ainsi que des algues et de l'huile de poisson comme engrais.

Degrés-jours de croissance annuels (au-dessus de 10 °C) : 1064 à 1211, mais pouvant atteindre 1238.

Risques de gel et enneigement : Dans cette région, le premier gel automnal survient en moyenne entre le 30 septembre et le 7 octobre ; le dernier gel printanier survient en moyenne entre le 29 avril et le 7 mai, pour une période sans gel moyenne de 125 à 140 jours, mais pouvant atteindre 166 jours. D'après le vigneron, le premier gel automnal survient plutôt entre le milieu et la fin d'octobre tandis que le dernier gel printanier survient vers la mi-avril.

L'enneigement naturel est bon, mais les vignerons l'améliorent en plaçant des clôtures à neige à toutes les trois rangées de vignes. Il y a eu de la grêle une seule fois, en août 1991, laquelle a endommagé environ 20 % de la récolte prévue.

Prédateurs et maladies : Lorsque le raisin arrive à maturité, des dommages sont faits par les quiscales bronzés, les étourneaux et un peu par les merles ; les vignerons essaient de protéger leur récolte avec des filets. Comme dans presque tous les vignobles du Québec, mais seulement depuis 1996, leurs vignes, surtout celles des cépages De Chaunac et SV23512, doivent être traitées contre les maladies fongiques, tels l'oïdium et le mildiou, et contre les parasites, comme l'altise. En 1996, il s'est aussi déclaré un peu de phylloxéra sur le cépage Beta, mais il a été traité avec succès au moyen de l'endosulfate.

L'historique

Le nom du vignoble vient du fait que le vignoble est situé à un kilomètre à peine au SO du mont Johnson.

Entreprise familiale, le vignoble Clos de la Montagne est un de ceux qui ont été récemment implantés par des passionnés du vin.

Aristide Pigeon est originaire de Montréal et, après avoir fait des études aux HEC, en 1959, il devient administrateur des Entrepôts Grutman enr. à L'Assomption. Denise-Andrée Marien, son épouse, est aussi originaire de Montréal et elle est secrétaire de direction au même endroit. Prenant une semi-retraite en 1985, ils voyagent en France et en Allemagne, mais n'ont pas de regard privilégié pour les vignobles. Après avoir tout vendu leurs biens à Lanoraie, ils partent faire un grand voyage en voilier dans les Caraïbes, de 1985 à 1987, et c'est

Une partie du vignoble devant le mont Johnson, qui est à l'origine du nom du vignoble.

alors qu'ils rencontrent Artez de Lorenzi dont le père, Guillaume, originaire de Bretagne, est pépiniériste chez W. H. Perron à Montréal et demeure à Saint-Jean-sur-Richelieu.

La propriété de 1,5 ha, quasi abandonnée, a été achetée en 1988 pour établir leur studio artisanal de verre AryDen ; ce site est près du marché montréalais et permet aussi de combler leur besoin de nature. Ils s'occupent entre autres d'y restaurer le verger qui est actuellement devenu un verger de 450 pommiers et de quelques poiriers. Pour faire du raisin de table, ils achètent en Ontario 400 plants des cépages Beta, Fredonia, Niagara, De Chaunac, Delaware et Beaujolais. Guillaume de Lorenzi leur donne tous les conseils nécessaires pour démarrer et entretenir leur petit vignoble. Il les conseille aussi sur la vinification et, avec son aide, ils font quelques centaines de bouteilles de vin rouge entre 1989 et 1992. De plus, en 1991, ils font leurs premiers essais d'apéritif de pommes ; ils produisent 80 litres cette année-là. En 1991, ils font aussi des essais de vinification de gadelles blanches et rouges et de framboises.

L'idée de faire du vin commercialement leur vient plus tard, soit en 1992, après avoir rencontré plusieurs vignerons, dont Domenico Agarla, Étienne Héroux, Robert Le Royer ainsi que Victor Dietrich. Cette année-là, ils plantent 1710 ceps de Maréchal Foch et de De Chaunac. Afin de se perfectionner en vinification, en 1993, ils suivent le cours de Robert Demoy et de Lay Li à l'Institut de technologie agroalimentaire de Saint-Hyacinthe.

Dans le but d'obtenir leur permis de vente, en 1995, ils achètent la parcelle SO d'une superficie d'un hectare et font planter, l'année suivante, 3300 ceps par Alain et Jacques Breault. De plus, afin de vraiment démarrer leur vignoble du bon pied et d'assurer la vinification, en 1995, ils engagent Luc Rolland, qui a étudié la viticulture et l'œnologie au Lycée de Libourne, en France. Ce dernier, qui est aussi vinificateur aux vignobles La Bauge depuis 1993 et La Vitacée depuis 1994, conseille également Michel Meunier qu'ils engagent comme gérant en avril 1996. M. Meunier a fait son cours en agronomie à l'Université McGill, de 1990 à 1993, avec un stage en viticulture en Suisse ; de 1993 à 1995, il suivait un cours d'ingénieur en agronomie à Montpellier, avec stages en viticulture et en œnologie en Alsace.

Pour pouvoir obtenir leur permis de fabrication de cidre, il leur a fallu louer, en 1996, 5 ha de pommiers à Rougemont afin d'atteindre une superficie totale de 5,5 ha.

Avec tous les efforts qu'ils y mettent, leur vignoble est prometteur en plus d'être bien situé sur la route des cabanes à sucre au printemps et sur celle des vergers à l'automne.

La culture de la vigne

Superficie en vignes : 0,1 ha en 1988 ; 1 ha en 1996.

Nombre de ceps : 400 en 1988 ; 7173 en 1996.

Cépages actuels :

Vin rouge ou rosé : De Chaunac (2300), Maréchal Foch (500), Chancellor (320), Sainte-Croix (226), Seyval noir (49), Lucy Kuhlmann (48).

Vin blanc : Geisenheim 318 (1659), Seyval (474), Cayuga White (314), SV23512 (260), Cliche (200), Kay Gray (110), Saint-Pépin (100), Wiley White (50), Ortega (48), JS23416 (46), New York Muscat (44).

Raisin de table : Beta (376), Fredonia (20), Concorde (7), Valiant (10), Niagara (6), ES6447 (4).

Présence d'une pépinière : 2500 ceps de 10 cépages.

Présence de parcelles expérimentales : 5 cépages.

Tonnage annuel de raisins : 0,7 t en 1995.

Vendanges : Entre le 16 septembre et le 16 octobre.

La production vinicole

Nombre de bouteilles (750 mL) : 127 en 1989 ; aucune production en 1995.

Vin actuel

Vin *Saint Grégoire* rouge de cépage Maréchal Foch (depuis 1996) élevé en fût de chêne ; environ 9,50 $.

Vin déjà produit ou essai

Vin rouge de cépage Beta (1989-1990) et d'assemblage (Beta et De Chaunac, 1991-1992, Maréchal Foch, De Chaunac et Saint-Pépin, en 1993) ; aucune production en 1994 et 1995.

Les à-côtés du vin

Dégustation gratuite.

Visite guidée.

Pique-nique.

Autres produits : cidre apéritif *Pomme sur Lie* élevé en fût de chêne (depuis 1995) ; environ 9,50 $ pour le 12,5 % en 750 mL, 10,50 $ pour le 16 % en 375 mL et 18 $ pour le 16 % en 750 mL ; vente de pommes, de poires et de plants de vigne.

Autres services : autocueillette de pommes ; visite du studio artisanal de verre et cours sur le vitrail ; petite volière et quelques lamas d'élevage ; distributeur de fûts de chêne.

Les distinctions

L'entreprise est trop récente pour avoir obtenu des distinctions.

Ce que les connaisseurs en disent

L'entreprise est trop récente pour avoir obtenu des critiques.

Les projets

Les vignerons veulent développer leur voilière ainsi que la vente d'articles décoratifs en vitrail. Ils sont en train d'améliorer le paysagement de leur propriété, entre autres avec des clôtures de pierres sèches construites par Jacques et Alain Breault en 1996, pour en faire un véritable jardin. Ils prévoient également étendre leur vignoble jusqu'à 9000 ceps.

Vignoble Clos Saint-Denis

*Une salle d'accueil établie dans un poulailler traditionnel
réaménagé avec goût et dans lequel trônent une immense
table en pin et un four à pain.*

1149, chemin des Patriotes, route 133,
Saint-Denis (Québec) J0H 1K0
Tél. et télec. **(514) 787-3766**

Exploitants : Guy Tardif et Ghislaine Meunier-Tardif

Vinificateur : Guy Tardif

Plantation des premiers ceps : 1991

Début de la production : 1994 (expérimental), 1996

Numéro et date du permis de vente : AV-024 (1996)

*L'ouverture du vignoble est prévue pour le début
de 1997.*

Carte de localisation du vignoble Clos Saint-Denis

Le milieu naturel

Altitude : 15-20 m.

Géomorphologie : Le vignoble est situé dans les Basses-terres du Saint-Laurent, plus précisément sur la rive est du Richelieu. Il est drainé par le ruisseau Desrosiers qui se jette directement dans le Richelieu.

Le vignoble est situé sur les argiles de la Mer de Champlain recouvertes d'une faible couverture de sable silteux littoral. On peut aussi remarquer quelques légers cordons littoraux sablo-silteux incluant un peu de gravier. Les roches sédimentaires sous-jacentes n'affleurent pas en surface.

La pente est de moins de 1° vers l'ouest, de sorte qu'on a dû bonifier le drainage imparfait par la pose de drains agricoles.

Sol : Le vignoble s'allonge sur cinq types de sols dérivés de dépôts marins, à partir de la route. Près de la route, le sol est le loam argileux de Providence, non pierreux, formé d'une argile silteuse marine de pH 7,0 à 7,5 en profondeur, et d'une argile silto-sableuse littorale de pH 6,6 en surface ; il n'y a aucune vigne sur ce type de sol. Le vignoble commence sur le loam Du Contour formé d'un silt argileux marin de pH naturel 5,8 à 8,2 en profondeur, et d'un sable silto-argileux littoral de pH naturel entre 4,3 à 5,3 en surface. On revient ensuite avec le loam argileux de Providence avant de passer au loam Du Jour non pierreux formé d'un silt argileux marin de pH 6,3 à 6,7 en profondeur, et d'un silt argilo-sableux littoral de pH 5,9 en surface. Par la suite, dans un secteur où il n'y a pas encore de vignes, on trouve l'argile limoneuse de Providence qui a les mêmes caractéristiques que le loam argileux de Providence, puis encore une fois le loam Du Contour.

Le pH de ces sols sous culture a été bonifié, en 1990, avec des amendements de chaux dolomitique, de sorte que le pH est maintenant d'au moins 5,6. Au besoin, on ajoute de l'engrais chimique d'azote, de phosphore et de potassium. De plus, dans les nouvelles plantations, on sème du blé et du seigle comme engrais vert. Cette culture réduit aussi l'érosion et, par la suite, les vignerons maintiennent des entre-rangs gazonnés pour la même raison.

Degrés-jours de croissance annuels (au-dessus de 10 °C) : 916 à 1064, mais pouvant atteindre 1238.

Risques de gel et enneigement : Dans cette région, le premier gel automnal survient en moyenne entre le 8 et le 15 octobre ; le dernier gel printanier survient en moyenne entre le 29 avril et le 7 mai, pour une période sans gel moyenne de 125 à 140 jours, mais pouvant atteindre 152 jours.

En 1990, ont été mis en place des brise-vent de conifères (pins rouges et blancs, épinettes et mélèzes) au SO et au NE du vignoble. Ces brise-vent améliorent l'enneigement qui est généralement bon. Il y a eu de la grêle une seule fois à l'été de 1994, mais elle n'a pas causé de dommages aux vignes.

Buttage et débuttage : Aucun, sauf 500 ceps des 5 cépages de la parcelle expérimentale qui sont buttés vers le 15 novembre et débuttés vers le 15 avril.

Prédateurs et maladies : Les quiscales bronzés endommagent le raisin à maturité et on essaie de les effrayer avec des simulacres de hiboux et des canons au propane. Les cerfs de Virginie endommagent aussi un peu les plants pendant toute la saison végétative et les mulots, marmottes et mouffettes rongent occasionnellement les pieds en hiver. Comme dans tous les vigno-

Le jeune vignoble au repos sous la neige pendant l'hiver de 1994

bles du Québec, les vignes doivent être traitées contre les maladies fongiques, tels l'oïdium et le mildiou, et contre les parasites, comme l'altise.

L'historique

Le nom du vignoble vient du nom de la municipalité où il est situé. Entreprise familiale, le vignoble est un de ceux qui ont été implantés récemment par des amateurs de vin.

Guy Tardif et Ghislaine Meunier sont tous deux originaires de Montréal. Guy Tardif, Ph.D., a été professeur agrégé de criminologie à l'Université de

Montréal de 1970 à 1976 avant d'être député du Parti québécois et ministre de 1976 à 1986, puis consultant en affaires publiques. Ghislaine Meunier-Tardif, M. A., est auteure et travaille à l'administration de l'Association des psycho-éducateurs du Québec depuis 1987. Pour elle, tenir un vignoble est d'un grand intérêt, autant sur le plan culturel que sur celui des communications avec le public.

La propriété de 15 ha a été achetée en 1986 pour faire de la culture et pour servir de champ de pratique et d'expériences à leur fils, François, qui était étudiant en agronomie à cette époque. Depuis, François est agronome et conseiller en horticulture fruitière à l'Institut de technologie agro-alimentaire de Saint-Hyacinthe ; il est donc un collègue de Mario Cliche, également propriétaire du vignoble-pépinière de L'Ange-Gardien.

L'idée de planter de la vigne est venue du fait que le vin est vraiment une passion pour eux, qu'ils aiment relever des défis et aussi du fait que Mario Cliche leur a transmis son goût de la viticulture. Ils faisaient d'ailleurs déjà du vin à partir de raisins de Californie. Dès 1991, ils démarrent donc leur vignoble en achetant leurs premiers 150 ceps de Sainte-Croix et 100 d'Eona.

Parce qu'il ne trouvait pas juste une loi faite pour des fabricants de vin et appliquée aux artisans, Guy Tardif est à l'origine de la nouvelle loi permettant depuis le 5 juillet 1996, entre autres, la vente des boissons alcoolisées artisanales, dont le vin, dans les restaurants, bars, brasseries et tavernes du Québec ainsi que la vente au vignoble pour la consommation sur place aussi bien que pour apporter.

En ce qui a trait à la vinification, les vignerons sont maintenant conseillés par Christian Donaldson, œnologue formé en France et installé à Saint-Charles-sur-Richelieu, après l'avoir été, en 1994, par Luc Rolland, diplômé du Lycée d'agronomie de Libourne, en France, et vinificateur aux vignobles La Bauge et La Vitacée. En 1996, afin d'augmenter la production issue du vignoble, ils louent une parcelle de 0,8 ha, avec 2000 ceps de Cliche 8414 et 300 autres de Sainte-Croix, au vignoble-pépinière de L'Ange-Gardien.

La culture de la vigne

Superficie en vignes : 0,1 ha en 1991 ; 2,6 ha en 1996 en plus d'une parcelle louée de 0,8 ha.

Nombre de ceps : 250 en 1991 ; 6600 en 1996 en plus de 2300 loués.

Cépages actuels :

Vin rouge ou rosé : Sainte-Croix (1370).

Vin blanc : Eona (3630), Cliche 8414 (1000), Muscat d'Alsace (75 en serre), Muscat d'Hambourg (25 en serre) ; ce dernier cépage est un rouge mais qui vinifie en blanc.

Présence d'une pépinière : Environ 3000 ceps.

Présence de parcelles expérimentales : 500 ceps de 5 cépages.

Tonnage estimé de raisins : 0,2 t en 1995 et 2,5 t prévu en 1996.

Vendanges : Vers le 1er octobre.

La production vinicole

Nombre de bouteilles (750 mL) : 175 en 1994 ; 229 en 1995.

Vins actuels

Vin *Clos Saint-Denis blanc* de cépage Eona (depuis 1994) ; prix à déterminer.

Vin *Clos Saint-Denis rouge* de cépage Sainte-Croix (depuis 1994) ; prix à déterminer.

L'étiquette porte les armoiries de la famille Tardif.

Les à-côtés du vin

Dégustation prévue pour 1997.

Visite guidée prévue pour 1997.

Restauration sur rendez-vous, dégustation de vins et fromages.

Pique-nique.

Autres produits : Vente de pommes et de sous-produits de la pomme.

Les distinctions

L'entreprise est trop récente pour avoir obtenu des distinctions.

Ce que les connaisseurs en disent

L'entreprise esttrop récente pour avoir obtenu des critiques.

Les projets

Les vignerons sont en train de transformer une ancienne étable en vinerie et projettent d'étendre leur vignoble à 10 000 ceps bientôt. Ils veulent aussi encourager la plantation de vignobles dans leur région de telle sorte qu'elle ait un plus grand pouvoir d'attraction sur la clientèle. Enfin, ils ont planté 1600 pommiers nains en 1991 et prévoient vendre leurs pommes bientôt et, éventuellement, du cidre.

La région de la Yamaska

La région de la Yamaska, particulièrement la Haute-Yamaska, est une des régions prometteuses du Québec pour la viticulture en raison du climat relativement clément sur le rebord du plateau appalachien et de ses micro-climats propices à flanc de collines. De plus, la sous-région de Dunham représente le plus grand nombre de vignobles concentrés dans une même localité au Québec, ce qui en fait une région cible pour la clientèle touristique. Il n'est donc pas étonnant que la région de la Yamaska soit actuellement la première productrice du Québec avec ses neuf vignobles soit, par ordre d'ancienneté à titre commercial, les vignobles du Domaine des Côtes d'Ardoise, L'Orpailleur, Les Arpents de Neige, La Bauge, Les Blancs Coteaux, Les Trois Clochers, de l'Aurore boréale, Les Pervenches et Domaine de l'Ardennais. Le vignoble L'Orpailleur est sans contredit le plus grand du Québec, pour son chiffre d'affaires, tandis que le vignoble de l'Aurore Boréale est le seul vignoble situé dans la Basse-Yamaska. Ces vignobles totalisent 195 788 ceps sur 44,7 ha en culture et, en 1995, ils ont produit 160 826 de bouteilles en blancs, en rouges, en rosés, en mousseux et en apéritifs.

Carte de localisation des vignobles de la région de la Yamaska

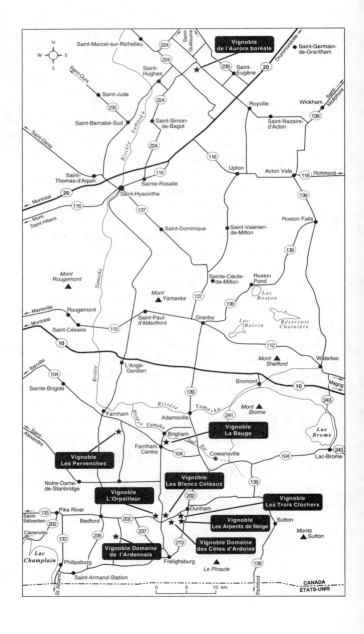

Vignoble du
Domaine des Côtes d'Ardoise

*Un domaine campagnard où la vinerie
et la terrasse-détente se situent au milieu d'un jardin
paysagé, au pied du vignoble établi à flanc
d'un côteau ardoisier.*

879, chemin Bruce, route 202,
Dunham (Québec) J0E 1M0
Tél. et télec. (sur appel) **(514) 295-2020**

Exploitant : Jacques Papillon

Vinificateur : Christian Barthomeuf (1982-1991)
et Patrick Barrelet (depuis 1992)

Plantation des premiers ceps : 1980

Début de la production : 1982

Numéro et date du permis de vente : AV-003 (1985)

*Le vignoble est ouvert toute l'année, mais la visite
des installations se fait de juin à octobre.*

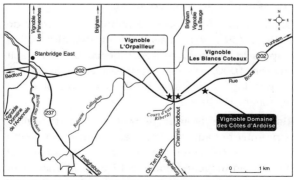

Carte de localisation du vignoble du Domaine des Côtes d'Ardoise

Le milieu naturel

Altitude : 152-183 m.

Géomorphologie : Le vignoble est situé dans le Piémont appalachien, plus précisément sur le versant
est de la rivière aux Brochets, qui se jette dans la
Yamaska, au SE de la tête du ruisseau Callaghan. Il
est sis sur un versant rocheux de schistes ardoisiers
à pentes fortes, de 3° à 9° mais généralement de
4° à 6°, vers le nord ou le NE ; le site planté est un
amphithéâtre naturel de 8 ha. Les dépôts meubles
sont des altérites hétérométriques minces sur roc,
c'est-à-dire un dépôt dérivé directement de la désagrégation des ardoises métamorphiques. Le drainage y est donc très bon jusqu'à être excessif ; en
effet, lors des grandes pluies, l'érosion fluviatile
sévit et il faut souvent remonter le sol au bélier
mécanique. Cependant, depuis 1995, on laisse un
tapis végétal dans les entre-rangs sur 25 % de la
superficie de la zone non buttée du vignoble.

Sol : Le sol est un podzol franc schisteux de Shefford peu profond, avec un pH naturel de 4,9 à 5,3,
mais bonifié entre 6,3 et 6,7 avec des amendements
de chaux ; le vigneron ajoute aussi chaque année du
bore et du magnésium. C'est le lessivage du bore et
de la chaux par les eaux de ruissellement qui le rend
si acide et le problème augmente en fonction de la
pente ; le problème est aussi aggravé par le fait que
les rangs sont dans le sens de la pente pour faciliter
l'utilisation de la machinerie. De plus, le sol est un
peu léger, c'est-à-dire qu'il y a trop de cailloux et
pas assez de matière organique, de sorte que le
vigneron doit faire des apports de phosphore et de
potassium foliaire chaque année.

Degrés-jours de croissance annuels (au-dessus de
10 °C) : 769 à 916, mais pouvant atteindre 1093 ;
d'après le vigeron, ce serait beaucoup plus, soit
environ 1000, et cela est possible en raison de
l'exposition et des sols sombres du vignoble qui
retiennent la chaleur.

Risques de gel et enneigement : Dans cette région,
le premier gel automnal survient en moyenne entre
le 21 et le 29 septembre ; le dernier gel printanier
survient en moyenne entre le 17 et le 25 mai, pour
une période sans gel moyenne de 95 à 110 jours,

mais pouvant atteindre 137 jours. D'après les observations du vigneron, le premier gel automnal survient plutôt entre le 5 octobre et le 4 novembre (1981-1995) ; le dernier gel printanier survient avant le 2 mai depuis 1984. La période sans gel serait donc de 182 à 192 jours, mais elle peut parfois être de 157 jours seulement. Toujours d'après le vigneron, le site serait dans une bande altitudinale privilégiée entre 140 et 230 m d'altitude, où il n'y a pas de gel après la fin d'avril et avant la mi-octobre ; par exemple, il y aurait ainsi de 3 à 5 semaines sans gel de plus par rapport à L'Orpailleur et des écarts d'environ + 4 °C lors de nuits printanières sans nuage puisque l'air froid plus dense descendant dans les vallées force l'air chaud à remonter les pentes. Le risque de gel tardif de printemps a d'ailleurs amené Christian Barthomeuf à faire l'usage, le 2 mai 1985, d'un petit hélicoptère dans le but de rabattre l'air chaud vers le bas, après avoir déterminé, au moyen d'un thermomètre monté sous un ballon gonflé à l'hélium, l'altitude de la couche d'air chaud ; cependant, on n'a pas eu à l'utiliser puisqu'il n'y a pas eu de gel cette nuit-là. De plus, le risque de gel hâtif d'automne l'a amené à se munir de seaux remplis d'huile diesel que l'on peut placer entre les rangs pour protéger la vigne du froid ; cet équipement n'a jamais eu à servir et on s'en est défait en 1991.

Le vignoble est bien protégé des vents dominants d'ouest et des vents du nord en hiver par des barrières de feuillus ; l'air froid et humide s'écoule bien, excepté en été alors que les feuilles sont à leur plein développement. L'enneigement est bon et les rangées dans le sens contraire aux vents dominants contribuent à maintenir la neige. Sauf en 1982, il n'y avait eu aucune grêle jusqu'en 1993 ; cette année-là, il y en a eu trois fois, en juin, juillet et août, ainsi qu'une fois en juillet 1994 et une fois en juin 1995. Cependant, ces grêles n'ont fait aucun dommage notable.

D'après le vigneron, la sécheresse de l'été 1995 a été bénéfique, car elle a fait fuir la mauvaise herbe et a permis au raisin de mûrir.

Buttage et débuttage : Le buttage se fait du début à la mi-novembre et le débuttage vers la mi-avril, mais exceptionnellement vers la fin d'avril si le temps est pluvieux ou si la persistance du couvert de neige est tardive. Environ 25 % de la superficie du vignoble n'est pas buttée, c'est-à-dire la section des cépages Maréchal Foch, De Chaunac et une partie de l'Aurore.

Prédateurs et maladies : Les cerfs de Virginie mangent les jeunes pousses au printemps. Les merles, eux, mangent le raisin mûr, tant vert que rouge, en septembre ; par exemple, en 1982, 1983 et 1993, ils ont détruit entre 10 % et 15 % de la récolte prévue. Le vigneron essaie de les effrayer avec des canons au propane ou des haut-parleurs, mais sans grand succès car les oiseaux s'y habituent ; l'utilisation de banderolles métalliques et de filets est plus efficace, en plus de la présence de quelques busards dans les parages. En 1993, il a aussi essayé de placer un faucon vivant, mais sans grand succès. Comme dans tous les vignobles du Québec, la vigne doit être traitée contre les maladies fongiques, tels l'oïdium et le mildiou, et contre les parasites, comme l'altise. Il existe aussi un peu de phylloxéra sur l'Aurore, occasionnellement des vers gris qui font pourrir le raisin du Seyval et des cicadelles sur le feuillage, mais rien de systématique.

L'historique

Le nom du vignoble provient du site sur le versant rocheux d'une colline formée d'ardoise. Entreprise individuelle, le vignoble du Domaine des Côtes d'Ardoise est un des vignobles pionniers du Québec et le premier vignoble commercial encore en activité dans la région de la Yamaska.

La propriété de 46 h, dont 26 ha en érablière, a été achetée en 1977 par Christian Barthomeuf et Denise Ross. Christian Barthomeuf, originaire d'Arles en France, est un autodidacte. Il choisit ce site d'abord parce qu'il lui plaît et que le prix de la propriété est abordable. Très bientôt, Christian Barthomeuf s'aperçoit que l'altitude, le sol et le climat favorables permettent d'y faire de la culture non traditionnelle, d'autant plus que l'ancien propriétaire récoltait ses premiers légumes avant les autres en début d'été et que sa production se poursuivait après les autres l'automne. Ils y cultivent d'abord du maïs, en 1978 et 1979.

C'est un vieux vigneron ardéchois qui, en 1979, a incité Christian Barthomeuf à planter de la vigne, lui disant qu'ils avaient « de beaux coteaux » pour cela. Après s'être documentés à Vineland, en Ontario, en 1980, ils se décident à planter 3250 ceps : 500 Maréchal Foch et 250 Seyval achetés en Ontario et 2500 De Chaunac

La terrasse et la vinerie

achetés au vignoble de Michel Croix (Les vignobles du Québec inc.), à Saint-Bernard-de-Lacolle. Au départ, c'est Élie Delmas, issu d'une famille de vignerons d'Arles, et qui entretenait les champs de vignes des Vignobles Chanteclerc de Rougemont, qui donne des conseils de taille à Christian Barthomeuf, si bien que ce dernier l'avait surnommé le « pape de la vigne ». De plus, Christian Barthomeuf avait espacé ses rangées pour pouvoir renchausser ses vignes pour l'hiver avec quelques dizaines de centimètres de terre avec un tracteur ; le déchaussage se faisait à la pelle. Enfin, en septembre, il organise le premier Festival de la vigne et du vin de Dunham dans le but de promouvoir cette culture : c'est le premier au Québec et il se renouvellera jusqu'en 1983.

En 1981, Christian Barthomeuf plante 1800 autres ceps achetés en Ontario, surtout du Seyval, mais aussi de 7 autres cépages et, en 1982, il plante plus de 2000 ceps avec l'aide de Charles Henri de Coussergues, venu en stage au Québec et qui demeurera par la suite au vignoble L'Orpailleur. C'est cette année-là aussi qu'il donne quelques idées à un groupe de réflexion sur la viticulture, dirigé par Hervé Durand, et auquel participent Charles Henri de Coussergues et Alain, Jacques et Jacques (oncle) Breault.

À la fin de 1982, des problèmes financiers amènent la Caisse populaire de Cowansville à vouloir reprendre possession de la propriété, mais Christian

Barthomeuf réussit à y intéresser deux hommes d'affaires de la région, Jean-Louis Roy et Gilles Ducharme. Ces derniers achètent l'entreprise au début de 1983 et Christian Barthomeuf en devient le gérant. Jean-Louis Roy, propriétaire de La Pommeraie de Dunham, y voit un défi à relever et il a déjà quelques ceps dans son jardin ; Gilles Ducharme, entrepreneur à East Farnham, y voit lui un investissement.

À la fin de 1984, Christian Barthomeuf réussit à intéresser au vignoble le Dr Jacques Papillon, qui possède une résidence secondaire à Dunham depuis 1975, et un investisseur malgache immigrant, Jean Chan, qui a répondu à une annonce de journal à cet effet. En avril 1985, ces derniers rachètent donc l'hypothèque du vignoble de la Caisse populaire ainsi que la machinerie de Christian Barthomeuf. Le Dr Papillon a le goût de bâtir une entreprise de nouveau type et vend alors sa résidence secondaire. La même année, il rachète les 15 % de parts de son collègue et Christian Barthomeuf devient gérant. C'est lui qui achète, en France en 1986, les deux premiers tracteurs-enjambeurs à rouler au Québec. Il demeurera gérant jusqu'en décembre 1991, alors qu'il travaille dans un verger local avant de commencer à produire, en 1994, le cidre La Pomelière presque en face, au verger Maplehearst, tenu par Charles Ten Eyck. Il faut dire qu'il avait déjà produit un liquoreux de pommes « Pomardoise » de 1989 à 1991 au vignoble, à titre expérimental. Cette entente se termine en 1996 et il poursuit depuis sa production, à Hemmingford, sous le nom de « La face cachée de la pomme ».

Patrick Barrelet devient gérant au début de 1992. Ce dernier est originaire de Bedford et fils d'agriculteur ; sa famille est originaire de Suisse et son père possède un petit vignoble d'agrément d'une centaine de ceps, à Bedford, depuis environ 1985. En 1989-1990, il a suivi le cours de technicien en œnologie à l'Université de Dijon, en France, et le cours de viticulture à Beaune.

En 1988, une partie de 24 ha d'un autre lot est achetée au sud de la propriété afin d'augmenter la superficie cultivable ; la propriété totalise maintenant 72 ha.

Le vignoble a certainement été une source d'inspiration pour nombre de vignerons qui ont démarré leur vignoble au début des années 1980 ; il faut souligner qu'Alain Bayon, cofondateur du vignoble Le Cep d'Argent en 1985, avait travaillé au vignoble du Domaine des Côtes d'Ardoise au printemps de la même année. Enfin, Patrick Barrelet, est secrétaire de la Coopérative des vignerons du Québec depuis sa fondation en 1993.

La culture de la vigne

Superficie en vignes : 1 ha en 1980 ; 5 ha en 1984 ; 8 ha en 1996 (superficie maximale cultivable).

Nombre de ceps : 3250 en 1980 ; 16 000 en 1984 ; 30 450 en 1996.

Cépages actuels :

Vin rouge ou rosé : Maréchal Foch (6900), Gamay (3600), Lucy Kuhlmann (2000), Chelois (1500), De Chaunac (1000), SV5247 (ou Seyval noir) (800).

Vin blanc : Seyval (5500), Vidal (4500), Aurore (2000), Riesling (1600), ES414 (400), Veeblanc (200).

Autres cépages : confidentiels (450).

Présence d'une pépinière : 1000 ceps en 1996.

Présence de parcelles expérimentales : 3 cépages confidentiels.

Tonnage de raisins : 17 t estimé en 1995.

Vendanges : Entre le 19 septembre et le 20 octobre.

La production vinicole

Nombre de bouteilles (750 mL) : 200 en 1982 ; 2000 en 1984 ; 17 000 en 1995.

Vins actuels

Vin *La Maredoise* blanc de cépage (Aurore en 1986 et 1987) et d'assemblage (Gamay blanc de noir, Seyval et Chardonnay au moins en 1988 ; 90 % d'Aurore et 10 % de Chardonnay en 1989 ; Seyval et Aurore en 1990 ; Seyval, Aurore, Gamay blanc et noir et une touche de Riesling en 1991 et 1992 ;

Seyval et Aurore avec une touche de Riesling en 1993) (depuis 1986) ; 10,25 $.

Le nom du vin vient du fait que, sur la propriété du vignoble, il y a une mare creusée dans les ardoises dans laquelle il y a déjà eu des oies.

Vin Seyval Carte d'Or blanc de cépage Seyval (depuis 1989) élevé en fût de chêne ; 11,95 $.

Vin *Côte d'Ardoise* rouge de cépage Maréchal Foch (de 1985 à 1987?) et d'assemblage (Gamay et Chelois en 1988 ; 70 % de Gamay et 30 % de Chelois en 1989 ; 70 % de Gamay et 30 % de Chelois en 1990 ; 50 % de Gamay et 50 % de Maréchal Foch depuis 1991, mais aucune production en 1993) élevé en fût de chêne (depuis 1985) ; 13,95 $.

Vin *Haute Combe* rouge d'assemblage (Gamay, Maréchal Foch et De Chaunac en 1993 ; Maréchal Foch et De Chaunac en 1992 et depuis 1994), série classique (depuis 1992) ; 11,95 $.

Le nom du vin vient du vallon situé au milieu de vignoble et dont un des noms scientifiques est une « combe », vieux terme vernaculaire français.

Mistelle *Estafette* rouge d'assemblage (5 cépages confidentiels depuis 1988) doux de type Porto élevé en fût de chêne avec de l'alcool (depuis 1988) ; 19,50 $ (aucune production en 1990 et 1992).

Le nom de cette mistelle vient du fait qu'elle a été lancée pour tâter le marché ; elle porte donc le nom que l'on donne à un agent de liaison ou à un éclaireur dans l'armée.

Vin *Riesling* blanc de cépage (depuis 1994) ; 15 $.

Vin de glace Vidal blanc de cépage (depuis 1992) ; prix à déterminer pour le 375 mL ; mis en vente seulement depuis 1996 en raison de la petite quantité produite chaque année.

Vins déjà produits ou essais

Vin Clos de Saragnat rouge de cépage De Chaunac élevé en fût de chêne, cuvée privée (1982 et 1983).

Le nom du vin vient d'un des noms vernaculaires de la vigne en France.

Vin Clos La Maredoise blanc de cépage Seyval (1982).

Vin Haute Combe rouge élevé en fût de chêne, cuvée privée, de cépage Maréchal Foch (1983).

Vin Haute Combe rouge de cépage Maréchal Foch (1985), De Chaunac (1991) et d'assemblage (Maréchal Foch et De Chaunac en 1989 et 1990) élevé en fût de chêne (1984 et de 1989 à 1991) ; aucune production de 1986 à 1988 parce qu'il est vendu en vin nouveau (Primardoise).

Vin Côte d'Ardoise Primeur rouge, cuvée limitée de cépage De Chaunac (1983) et Maréchal Foch ou peut-être Gamay (1984).

Vin Côte d'Ardoise Nouveau blanc sur lie, cuvée limitée de cépage Seyval (1984).

Vin De Chaunac rouge de cépage (1983, 1984 et 1987).

Vin Maredoise Perlant blanc de cépage Aurore (1985).

Vin Seyval Carte d'Or blanc, cuvée spéciale de cépage Seyval (1984 à 1988).

Il y a eu aussi, en 1985, des vins expérimentaux qui n'ont pas été mis sur le marché : Carte-Noire de cépage Seyval, Pinot noir vin de garde, Chasselas, Auxerrois, Saragnat mousseux (avec de l'Aurore).

Vin Gamay Nouveau rouge de cépage (1985 et 1987).

Vin Primardoise rouge, vin nouveau de cépage Maréchal Foch (1986 à 1990).

Le nom du vin vient du fait que le vin nouveau est un vin dit « primeur ».

Vin Ardoise Nouveau blanc, de cépage Aurore (1983 et 1987).

Vin Ardoise sur Lie Nouveau blanc de cépage Aurore (peut-être 1985, 1988 et 1989).

Vin Chardonnay blanc, cuvée spéciale, de cépage (1985 et 1986).

Vin Chardonnay blanc de cépage (1987 et 1989).

Vin La Chaudardoise blanc de cépage Aurore (1985 à 1987).

Le nom du vin rappelle la capacité naturelle de l'ardoise à retenir la chaleur.

Vin Chelois rouge de cépage (1987).

Vin La Malcombe rouge sec d'assemblage Maréchal Foch et de Chaunac, mais peut-être aussi Chelois (peut-être seulement 1987).

Le nom du vin vient du fait que le vallon au centre du vignoble, que l'on nomme « combe » en vieux français, est difficile à travailler avec le tracteur.

Vin Appalache rosé demi-sec perlant de cépage De Chaunac (1987 et 1988).

Le vin porte le nom de la chaîne de montagnes où est situé Dunham.

Vin Cinq Messidor rouge d'assemblage (Gamay et Chelois en 1988), de cépage Gamay (1986 et 1989) et d'assemblage (De Chaunac, Maréchal Foch, Chelois et Gamay peut-être en 1989) élevé en fût de chêne (au moins en 1988 et 1989) (1986 à 1990).

Produit pour la Saint-Jean-Baptiste, le nom du vin vient de la correspondance du 24 juin dans l'ancien calendrier républicain français.

Notez que le blason que l'on retrouve sur beaucoup d'étiquettes entre 1983 et 1988 est celui de la famille Barthomeuf.

Les à-côtés du vin

Dégustation gratuite.

Visite guidée seulement.

Restauration possible pour groupes de plus de 8 personnes, dont grillades sur BBQ ; repas champêtre sur réservation et repas légers le midi la fin de semaine (restaurant La Sarcelle de Bedford) depuis 1994.

Pique-nique sur des tables réservées à cette fin ou sur la terrasse couverte de 50 places, laquelle comprend un coin de lecture populaire.

Autres produits : Boutique de produits dérivés de la vigne.

Autres services : Étiquettes personnalisées ; circuit « Terroir et terrasses », entre Dunham et Saint-Paul d'Abbotsford, avec le vignoble Les Arpents de Neige, l'hydromellerie Les Saules, la cidrerie Le Côteau St-Jacques, le Jardin Marisol (fleurs sauvages), Fleurs de Paille (fleurs séchées) et l'Auberge des Carrefours (Cowansville).

Les distinctions

Aux Sélections mondiales de 1986 de la Société des alcools du Québec, une médaille d'or a été obtenue pour le Seyval Carte d'Or 1985.

Au Salon international des vins et spiritueux, le Primardoise 1987 est classé comme une des trois découvertes de l'année.

À *La semaine verte* de Radio-Canada, en 1989, le Seyval Carte d'Or 1988 obtient le premier prix et est pris pour un vin importé.

Le prix du meilleur vin de Seyval a été obtenu pour le Seyval Carte d'Or 1990 et celui du meilleur vin de Maréchal Foch pour le Haute Combe 1990 aux Véritas 92 du regroupement des Italos-Canadiens du Frioul à Montréal.

À l'InterVin, une médaille d'argent a été obtenue pour le vin de glace Vidal 1992 et une médaille de bronze pour La Maredoise 1993 et le Carte d'Or 1994.

À l'Indiana State Fair, une médaille d'argent a été obtenue pour l'Estafette 1994 et une médaille de bronze pour le Carte d'Or 1993.

À l'Atlanta Wine Summit, une médaille d'argent a été obtenue pour le Carte d'Or 1993.

Ce que les connaisseurs en disent

D'après Jacques Benoît (*La Presse*, 06-10-1984), le Haute-Combe rouge 1983 a des odeurs « plaisantes, un peu herbacées (odeur d'herbe) et bien fruitées, et ne sont pas sans rappeler celles de certains vins des Côtes du Rhone ».

D'après Claire Plante-Lambin (*La Barrique*, déc. 1985), le De Chaunac 1983 a une « belle robe, nez de confiture, de bonbon, fruité, très bon », le De Chaunac 1984 a un « nez de petits fruits, bonne acidité, nerveux, très plaisant », le Chardonnay 1985 a « du caractère, très intéressant » et le Pinot noir 1985 a « un nez de fruit, en bouche, coulant ».

Les projets

Le vigneron espère en arriver à faire 35 000 bouteilles pour rentabiliser l'entreprise.

Vignoble L'Orpailleur

(vignoble du Château Blanc de 1982 à 1985)

De la route, le visiteur a une vue d'une vaste étendue de vignes. Il est accueilli dans un agréable restaurant-terrasse.

1086, chemin Bruce, route 202, C.P. 339,
Dunham (Québec) J0E 1M0
Tél. (514) 295-2763 Télec. (514) 295-3112

Exploitants : Charles Henri de Coussergues (gérant), Hervé Durand, Frank Furtado et Pierre Rodrigue

Vinificateur : Charles Henri de Coussergues

Plantation des premiers ceps : 1982

Début de la production : 1985

Numéro et date du permis de vente : AV-004 (1985)

Le vignoble est ouvert toute l'année, mais la visite des installations se fait du 15 avril au 15 novembre.

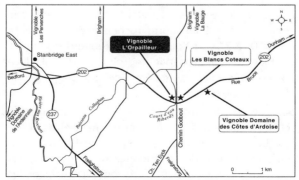

Carte de localistion du vignoble L'Orpailleur

Le milieu naturel

Outre le vignoble principal, deux autres champs sont loués à Dunham, un de Frank Furtado, depuis 1984, et un autre de Michel Constantineau, depuis 1993.

Altitude : 125-130 m (115-120 m chez F. Furtado et 130-135 m chez M. Constantineau).

Géomorphologie : Le vignoble est situé dans le Piémont appalachien, plus précisément sur le versant est de la rivière aux Brochets, qui se jette dans la Yamaska. Il est drainé vers le nord par le cours d'eau Riberdy qui se jette dans le ruisseau Callaghan, lequel se jette à son tour dans la rivière aux Brochets. Il est sis dans la cuvette du ruisseau, comme le vignoble Les Blancs Coteaux. Cette cuvette est une plaine de till (dépôt glaciaire) à pente quasi nulle qui remonte lentement en un versant rocheux vers l'ouest avec une pente de 0° à 2°. La plaine est tapissée d'un till silto-argileux dérivé d'ardoises métamorphiques et qui est légèrement remanié en surface par la Mer de Champlain avec incorporation de sables et graviers littoraux. L'épaisseur du till n'est que de 0,25 à 2 m sur le roc. Le versant rocheux est composé d'altérites minces sur roc, c'est-à-dire d'un dépôt dérivé directement de la désagrégation des schistes argileux. Le drainage est bon mais il doit être aidé par des drains agricoles surtout dans la basse partie.

Le champ loué de M. Furtado se situe sur le versant sud d'une butte rocheuse dont la pente est de 0° à 3° vers l'ouest et le sud et on y trouve les mêmes dépôts d'altérites.

Le champ loué de M. Constantineau se situe sur le versant ouest d'une butte rocheuse dont la pente est de 0° à 2° vers l'ouest ; on y trouve des graviers de plage sur le roc par endroits ou du till silto-argileux très caillouteux dérivé des schistes argileux et des ardoises.

Sol : Le sol des trois champs est un podzol franc schisteux de Shefford avec un pH naturel de 4,9 à 5,3. Le pH est bonifié à 6,2 en surface et à 5,5 en profondeur avec des épandages de chaux tous les trois ans. Il y a un peu d'érosion superficielle des sols par les eaux de ruissellement sur la propriété elle-même, surtout sur la moitié du vignoble qui se trouve sur le versant rocheux ; de plus, le vigneron doit constamment enlever les cailloux à la surface du sol.

Le vigneron a aussi dû ajouter du phosphore et de la potasse ainsi que des engrais chimiques jusqu'en 1995 et, en 1996, il a plutôt fait un ajout de magnésium, de bore et de manganèse.

Degrés-jours de croissance annuels (au-dessus de 10 °C) : 769 à 916, mais pouvant atteindre 1093.

Risques de gel et enneigement : Dans cette région, le premier gel automnal survient en moyenne entre le 21 et le 29 septembre; le dernier gel printanier survient en moyenne entre le 17 et le 25 mai, pour une période sans gel moyenne de 95 à 110 jours, mais pouvant atteindre 137 jours.

D'après les observations du vigneron, entre 1983 et 1993, il y aurait eu au moins 120 jours sans gel avec une moyenne de plutôt 150 jours. Le premier gel automnal mettant fin à la saison végétative, soit entre -3 °C et -4 °C, survient vers le 10 ou 12 octobre et le dernier gel printanier à la fin de mai. Par contre, la cuvette est sujette aux inversions thermiques de sorte que, pour réchauffer l'air, on utilise depuis 1988 un système d'alimentation au mazout, de conception champenoise, avec des brûleurs reliés par des tuyaux de caoutchouc ; mais ce système de 160 brûleurs à l'hectare est très coûteux d'acquisition et ne couvre donc que les 4 ha les plus exposés au gel. Ailleurs, on fait appel à des bûches artificielles de départ de foyer facilement inflammables avec une densité de 160 à l'hectare. Auparavant, soit au printemps de 1987, on avait fait l'essai d'un hélicoptère pour rabattre l'air chaud vers le sol, mais encore faut-il avoir un appareil disponible à proximité, ce qui n'est pas toujours réalisable ! Les systèmes de brûleurs ou de bûches empêchent des catastrophes comme celle de la nuit du 2 au 3 juin 1986, où 90 % de la récolte prévue avait été perdue, ou de celle du 25 au 26 mai 1992, où la récolte avait été sauvée.

L'hiver, un autre problème est le fait que l'enneigement est faible puisque la neige est balayée par les vents dominants d'ouest à NO : le buttage doit donc être fait avec soin. Il n'y a eu qu'une grêle un peu importante jusqu'à maintenant, malgré qu'il y en ait eu fréquemment de petites en juillet et août ; en effet, en août 1995, une grêle a endommagé un peu le raisin dans la partie NO du vignoble, mais il n'y a eu aucune perte significative.

Buttage et débuttage : 5-7 novembre/20 avril-2 mai.

Prédateurs et maladies : Les merles font un peu de dommages, surtout au raisin rouge, lorsqu'il arrive à maturité, mais les pertes ne sont pas significatives. Comme dans presque tous les vignobles du Québec, la vigne doit être traitée contre les maladies fongiques, tels l'oïdium et le mildiou ; en 1994, on a dû traiter aussi contre l'excoriose et le botrytis. Certains parasites, comme l'altise et les acariens, peuvent être présents de même que la punaise terne qui pique les bourgeons. La parcelle louée de Frank Furtado, aux limites nord du vignoble, reçoit la visite des cerfs de Virginie, mais ces derniers font peu de dommages.

L'historique

De 1982 à 1985, le vignoble s'appelait Château Blanc en raison de la grande maison blanche sur le site. Le nom actuel du vignoble vient de l'imagination de Gilles Vigneault et a un lien avec le fait que les rivières et ruisseaux des Cantons de l'Est ont été pendant longtemps des sites de prospection de placers aurifères par les chercheurs d'or, dits orpailleurs. En 1985, alors que Frank Furtado était son premier imprésario, Vigneault a ainsi composé le petit poème qui fait partie de la marque de commerce du vignoble :

> L'Orpailleur c'est celui qui lave les alluvions aurifères pour en extraire, par temps, science et patience, les paillettes d'or qui s'y trouvent. C'est ainsi que pour la première fois au Québec, des viticulteurs ont mis science, patience et temps qu'il fallait pour extraire de la terre québécoise un vin blanc sec, unique en tous points, depuis un cépage ici planté et récolté, et son raisin vinifié au vignoble dans la meilleure tradition.

> Sa robe, son parfum, son arôme et son bouquet sont comme autant de paillettes d'or qui se souviennent des neiges sous lesquelles elles ont passé l'hiver.

> Voici l'Orpailleur ! Depuis le vignoble de Dunham
> jusqu'en votre verre... il est authentiquement d'ici.

Entreprise collective, le vignoble de L'Orpailleur est
un des vignobles tenus dès le départ par des vignerons professionnels.

Le début de l'histoire du vignoble commence à l'été
de 1981 alors qu'Hervé Durand visite le Québec
avec son épouse. Ce dernier, issu d'une famille de
vignerons, est propriétaire du vignoble du Château
des Tourelles, à Beaucaire près de Montpellier en
France ; le site de son vignoble était déjà cultivé en
vignes par les Romains dès le Ier siècle. Hervé
Durand possède un diplôme de l'École d'Agriculture
de Valence, un de
technicien œno-
logue de l'Univer-
sité de Dijon et un
en législation et
économie viticole
de l'Université de
Montpellier, en
plus d'avoir été
professeur d'œno-
logie en Argen-

Vastes étendues de Seyval, une des
caractéristiques du vignoble

tine, en 1967. Intéressé à investir au Québec, il avait
appris que quelques personnes y cultivaient déjà de
petits vignobles. Il rencontre donc Michel Croix,
dont le vignoble de Saint-Bernard-de-Lacolle est à
l'abandon, et Élie Delmas, qui entretient les champs
des Vignobles Chanteclerc de Rougemont.

Hervé Durand trouve le Québec chaleureux, d'autant plus que c'est un pays francophone, et il trouve
l'idée intéressante de prouver que l'on puisse y
implanter un vignoble : il désire donc se lancer dans
une aventure technologique. De retour en France, il
se documente sur la viticulture en pays froids et
rencontre Pierre Galet, de l'École nationale supérieure agronomique de Montpellier, auteur de nombreux ouvrages magistraux sur les cépages et sur la
viticulture. Avec lui, il en arrive à sélectionner les
cépages qui seraient les plus adaptés au climat québécois, soit le Seyval, l'Aurore et le Rayon d'Or, et
à apprendre la pratique du buttage pour sa
protection contre le froid.

Après avoir visité les régions des Deux-Montagnes, de Rougemont et de Frelighsburg, Hervé Durand choisit de s'établir sur la propriété déjà visitée à Dunham en raison du climat régional propice, du fait que la région est touristique et que la villégiature y est importante. À la fin de 1981, il achète donc une propriété de 73 ha, dont 16 ha cultivables, qui vient d'être repérée par Élie Delmas. Ce dernier lui fait d'ailleurs rencontrer Christian Barthomeuf, qui a planté l'année précédente les premiers ceps du vignoble du Domaine des Côtes d'Ardoise. Plus particulièrement, cette propriété présente un sol profond sec propice au buttage et au débuttage avec une exposition vers l'est, même si l'exposition aurait été meilleure vers le sud. Toujours en 1982, il plante 520 ceps de Seyval, 130 de Maréchal Foch ainsi que 130 de De Chaunac, achetés chez Mori Nursery, en Ontario. Pour effectuer le travail des champs, il fait aussi venir un stagiaire français en vertu des accords France-Québec, Charles Henri de Coussergues, conjointement avec Christian Barthomeuf, du vignoble du Domaine des Côtes d'Ardoise.

Charles Henri de Coussergues, arrivé en mai 1982, est originaire d'une famille de vignerons voisine de chez Hervé Durand. Il commence par planter de la vigne pour Christian Barthomeuf et termine son stage au vignoble L'Orpailleur. À la fin de son stage, il entre comme employé un peu par idée d'aventure et accepte de devenir associé, en 1985, par choix professionnel pour démarrer un nouveau créneau agricole. Il est diplômé en viticulture-œnologie de l'École d'agriculture de Pézenas, près de Montpellier, et il devient alors gérant du vignoble.

Ce qui est intéressant, c'est que, dès le printemps de 1982, Hervé Durand a rédigé un protocole de culture de la vigne en pays froid et a ensuite constitué un groupe de réflexion et de travail de personnes intéressées à jeter les bases techniques d'une culture raisonnée de la vigne au Québec. Outre lui-même, qui apporte ses 25 ans d'expérience en France, ce groupe est composé de Charles Henri de Coussergues, qui participe à une réunion à cause de ses bonnes connaissances théoriques et pratiques de la vigne et du vin, de Christian Barthomeuf, qui a des connaissances théoriques et qui commence à connaître les problèmes pratiques en cultivant son vignoble, d'Alain et Jacques Breault, diplômés de l'Institut de technologie agro-alimentaire de Saint-Hyacinthe depuis 1979, ainsi que de leur oncle, Jacques Breault, qui possède des connaissances sur le machinisme. Ce groupe élaborera des mesures tant au sujet des cépages à planter qu'à celui de la protection contre le froid. Entre autres, le groupe introduit la technique du buttage tel qu'on la connaît aujourd'hui et voit, à partir de l'engagement d'Alain et Jacques Breault, au printemps de 1983, à améliorer la décavayonneuse importée de France en mai de cette même année. Avec le concours de Paul Breault, machiniste de Dunham, ils créeront également une charrue « butteuse-débutteuse » derrière un tracteur. C'est plus tard, au vignoble Les Arpents de Neige, qu'Alain Breault la rendra beaucoup plus performante en la plaçant sous le tracteur. Cette charrue existe toujours au vignoble familial du Clos Ste-Croix de Dunham, propriété de Pierre-Paul Jodoin.

En août 1985, les frères Breault quitteront L'Orpailleur pour fonder le vignoble Les Arpents de Neige, parce qu'ils n'avaient pas la même vision du rythme de développement de l'entreprise que le propriétaire.

Seul au départ dans l'entreprise, en 1985, Hervé Durand s'associe avec Frank Furtado, qui possède la propriété voisine depuis 1972 et qui, en juin 1984, avait fait planter chez lui, par L'Orpailleur, un champ de 10 000 ceps de Seyval sur 1,5 ha ; ce champ est d'ailleurs loué à L'Orpailleur depuis cette année-là. Originaire de Montréal, Frank Furtado a installé sa résidence secondaire en Estrie parce qu'il aime cette région ; il choisit de planter de la vigne et de devenir copropriétaire d'un autre vignoble parce qu'il y voit une culture « qui sort de l'ordinaire » et qu'il y a donc un défi à relever.

Enfin, Pierre Rodrigue, associé en affaires avec Frank Furtado, s'engage comme avocat et partenaire dans le vignoble dès 1985, partageant les mêmes idées de défi que ce dernier pour une aventure de groupe avec une culture inhabituelle.

Afin de produire plus de vin, L'Orpailleur loue un champ de 3,5 ha de Michel Constantineau, sur le chemin Ten Eyck, à Dunham, depuis 1993. Cette parcelle comprend au départ 18 000 ceps plantés par le vignoble Les Arpents de Neige, mais on ne garde qu'environ 3 800 ceps de Seyval, le reste étant arraché ; actuellement, on y entretient 15 500 ceps de ce cépage. À l'été de 1996, on loue aussi un autre champ de 1 ha, de Claude Ranallo à Frelighsburgh ; la préparation du champ est faite et 4000 ceps de plusieurs cépages y sont plantés au printemps de 1997.

L'Orpailleur a donné du travail à d'autres futurs vignerons comme Claude Grenier, actuel propriétaire du vignoble Grenier-Martel, qui y a fait du travail de rotoculteur en 1985, Alain Bélanger, ancien copropriétaire du vignoble Sous les Charmilles, qui y a fait la taille en 1986 et 1987, et Gilles Séguin, actuel propriétaire du vignoble Les Arpents de Neige, qui y a travaillé comme concessionnaire du restaurant, en 1990. De plus, Alain Bayon, ancien associé au vignoble Le Cep d'Argent, y dirige les opérations viticoles depuis le printemps de 1990 ; il avait d'ailleurs déjà rencontré Charles Henri de Coussergues alors qu'il travaillait au vignoble du Domaine des Côtes d'Ardoise, en 1985.

Quant à la participation communautaire, Charles Henri de Coussergues s'est activement engagé dans l'Association des vignerons du Québec depuis 1991 à titre d'administrateur puis, à la fin de la même année à titre de vice-président ; de plus, en 1987, il a participé au comité provisoire pour la mise sur pied de l'Association.

La culture de la vigne

Superficie en vignes : 0,5 ha en 1982 ; 7,8 ha de 1984 à 1992; 11,3 ha depuis 1993.

Nombre de ceps : 780 en 1982 ; 44 800 de 1985 à 1992 ; 65 500 depuis 1995.

Cépages actuels :

Vin rosé : SV5247 (ou Seyval noir) (2500).

Vin blanc : Seyval (62 000), Vidal (500), Geisenheim 318 (500).

Autres en serre : 4 cépages de raisin de table (500 ceps).

Présence de parcelles expérimentales : En serre, 4 cépages de raisins de table.

Tonnage de raisins : 110 t estimé en 1995.

Vendanges : Entre le 18 septembre et le 12 octobre.

La production vinicole

Nombre de bouteilles (750 mL) : 15 000 en 1985 ; 55 000 en 1988 ; 101 700 en 1995.

Vins actuels

Vin *L'Orpailleur*, blanc de cépage Seyval (depuis 1985); 10,95 $ pour le 1995 et 11,95 $ pour le 1994.

Le logo sur l'étiquette est l'œuvre de Claude Fleury, de Saint-Placide (Deux-Montagnes), en 1985.

Vin *L'Orpailleur*, blanc de cépage Seyval élevé en fût de chêne (depuis 1990) ; 14,95 $.

Mistelle (apéritif) *L'Apérid'Or*, blanc de cépage Seyval, avec un raisin dans la bouteille (depuis 1988) ; 14,95 $ le 500 mL (vendu en 750 mL de 1989 à 1995)

Vin *Mousse d'Or*, blanc de cépage Seyval mousseux par méthode champenoise (depuis 1990) ; 21,95 $.

Vins déjà produits ou essais :

Essais de mousseux de 1987 à 1989 ayant abouti au Mousse d'Or en 1991.

Les à-côtés du vin

Dégustation gratuite, mais forfait avec la visite guidée.

Visite guidée, incluant un verre gravé, ou balisée de panneaux d'information (sentier viticole depuis 1992).

Restauration du début de juin à la fin d'octobre et les fins de semaine jusqu'à la mi-novembre. Le chef Mathieu Carpentier accueille, depuis 1994, les gens dans un restaurant de 90 places à l'intérieur avec terrasse de 90 places où l'on sert aussi des produits régionaux.

Pique-nique.

Autres produits : Boutique de produits dérivés de la vigne ; vente de plants.

Autre service : Étiquettes personnalisées.

Les distinctions

Lauréat au Mundial van de wijn Geldiftilleerd (Belgique) pour L'Orpailleur 1986.

Au concours Sélections mondiales 1992, de la Société des alcools du Québec, une médaille de bronze a été obtenue pour L'Orpailleur 1991 et, en 1993, L'Orpailleur 1993 a obtenu la 4e place.

À l'Atlanta Wine Summit, une médaille d'argent a été obtenue pour L'Orpailleur 1993 et 1994 élevé en fût de chêne ainsi qu'une médaille de bronze pour le Mousse d'Or 1995 et L'Orpailleur 1995.

À l'International Eastern Wine Competition, une médaille de bronze a été obtenue pour L'Orpailleur 1994.

À l'InterVin (North America's International Wine Competition), une médaille de bronze a été obtenue pour L'Orpailleur 1994.

Les prix du développement touristique, de l'innovation touristique et de la petite entreprise touristique ont été décernés au vignoble lors des Grands prix du tourisme Estrie 89.

Ce que les connaisseurs en disent

D'après Jacques Benoit (*La Presse*, 05-05-1990), L'Orpailleur 1989 « n'a rien à envier à de multiples vins importés en vente au Québec. Un joli bouquet bien présent, un goût pur, une acidité bien dosée, avec une petite quantité de gaz carbonique qui lui donne de la vivacité » et « l'Apérid'Or a beaucoup d'odeurs (entre autres de pommes), et est un peu sucré, avec un goût rappelant entre autres les noix ». D'après Noël Masseau et Pierre Séguin
(*Le Devoir*, 18-08-1990), L'Orpailleur 1989 a une robe « belle, bien brillante, très pâle, presque incolore avec des reflets verdâtres. Les arômes originaux de pommes, de poire et de citron, carctéristiques [*sic*] du seyval [*sic*] sont bien présents. La bouche est bien vive, c'est-à-dire bien acide et rafraîchissante, les saveurs légères et la finale nette. Un vin bien fait à boire jeune. »

D'après Noël Masseau et Pierre Séguin (*Le Devoir*, 23-11-1990), L'Orpailleur 1990 a une couleur « très pâle avec de légers reflets verts. Le nez est charmeur : pomme fraîche, léger pamplemousse mûr, touche herbacée rappelant un peu le sauvignon blanc. En bouche, on retrouve les saveurs fruitées correspondantes, empreintes d'une belle fraîcheur sans la minceur qu'on reproche souvent aux vins de ce cépage. On peut parler de rondeur. » D'après Claude Langlois (*Le Journal de Montréal*, 17-11-1990), L'Orpailleur 1990 est très « clair de couleur, le nez, un peu minéral, calcaire, est d'une bonne intensité, bien fruité avec quelques notions de bonbon à la cerise [...]. La bouche est étonnamment pleine, presque grasse, moelleuse, avec en fin de bouche d'intéressantes saveurs de noisette. Il est un peu court cependant et à mon point de vue manque un peu de vivacité et de tonus. Il est néanmoins très plaisant et fait pour plaire à un grand nombre. »

D'après Guy Desrochers (*Le Journal de Montréal*, 27-09-1992), « L'Orpailleur 1991 montre une robe très claire, avec un pâle reflet vert ; son nez est intense, avec des arômes floraux ; en bouche, il attaque franchement et offre une belle longueur, empreinte de saveurs rappelant parfois la pomme verte. Un vin séduisant sans défaut. »

Michel Phaneuf (1994) dit préférer « vivacité rustique et originale » du Seyval de L'Orpailleur « au goût international et standardisé des Chardonnay comme ceux produits en Ontario, par exemple ». Il mentionne aussi que le vin de L'Orpailleur en fût de chêne est « Fruité, sentant les agrumes et la noix de coco » et que « ce vin en confondrait plusieurs ».

D'après Jacques Benoit (*La Presse*, 09-09-1995), la Mousse d'Or est un vin « qui serait de toute évidence capable de se mesurer à nombre de mousseux vendus à la SAQ, il a un bouquet légèrement biscuité, avec des effluves discrètes de levures, le vin étant relativement corsé en bouche, sec, bien fait, avec des saveurs affirmées. Ce n'est pas du champagne, mais, dirais-je, c'est un mousseux plus qu'honnête ! »

D'après l'œnologue Dubourdieux, de l'Institut d'œnologie de l'Université de Bordeaux II (Béraud et Debeur, 1995), L'Orpailleur 1994 a une « robe pâle un peu verte, l'arôme est intense fruité avec une odeur assez caractérisée de banane, légèrement exotique, un peu de poire. En bouche, l'attaque est très savoureuse. C'est un vin qui est désaltérant au sens de la fraîcheur que l'on ressent dès qu'on l'a en bouche. Il est assez long. Pour moi, c'est une merveilleuse découverte et je pourrais dire dorénavant que j'ai goûté des vins blancs du Québec et que, pour un coup d'essai, ce fut un coup de maître. »

D'après Martin Gosselin (*Le Soleil*, 27-07-1996), L'Orpailleur 1995 est « au premier nez, la pomme verte et le fruit mûr, la bouche est franche de fruits, un vin sec assez bien équilibré au niveau acide, moelleux, [*sic*] Pas d'excès d'acidité comme on a l'habitude de retrouver dans plusieurs vins québécois ». L'Orpailleur 1995 élevé en fût de chêne est « comme une version améliorée dont la bouche est plus ronde avec des notions assez boisées ».

D'après Jacques Benoit (*La Presse*, 07-09-1996), L'Orpailleur 1995 élevé en fût de chêne a un « bouquet discret, moyennement corsé en bouche, aux saveurs nettes, avec un léger goût de pâtisserie qui lui vient du bois. Vin réussi, il vaut son prix. » Il mentionne en effet que, contrairement à d'autres vins où le bois masque le goût du raisin, ici « Bien dosé et sachant garder sa place, le bois peut être cependant un compagnon de choix pour les vins blancs, auxquels il donne du corps et du moelleux, de même que de la complexité sur le plan aromatique. »

Les projets

Le vigneron prévoit produire du raisin de table en serre dès l'automne de 1996 pour les visiteurs. Il prévoit également sélectionner d'autres bons cépages, faire une vendange tardive (vin de glace) et un rosé. La serre est aussi utilisée pour faire des essais de culture hydroponique depuis 1994.

Vignoble
Les Arpents de Neige

*Le cachet particulier du vignoble vient surtout
de la maison traditionnelle de style loyaliste
entourée d'une longue galerie invitant
à faire honneur à la cuisine régionale.*

*4042, rue Principale, C.P. 151,
Dunham (Québec) J0E 1M0
Tél. et Télec. (514) 295-3383*

Exploitant : Gilles Séguin

Vinificateur : Alain et Jacques Breault (1987),
Alain Bélanger (1988 à 1992) et Jean-Paul Martin
depuis 1993

Plantation des premiers ceps : 1986

Début de la production : 1987 expérimental ; 1988

Numéro et date du permis de vente : AV-009 (1988)

Le vignoble est ouvert toute l'année.

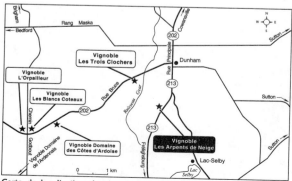

Carte de localisation du vignoble Les Arpents de Neige

Le milieu naturel

Outre le vignoble principal, deux autres champs sont loués à Dunham, soit un de Jacques Breault (oncle d'Alain et Jacques Breault), depuis 1987, sur le rang Maska et un de Jean-Louis Roy, depuis 1986, sur le chemin Godbout.

Altitude : 195 m, 125 m pour le champ du rang Maska et 125-130 m pour le champ du chemin Godbout.

Géomorphologie : La propriété est située dans le Piémont appalachien, plus précisément sur le versant sud de la rivière Yamaska Sud-Est ; elle est drainée par le ruisseau Gear qui s'y jette. Le site est sur un replat du flanc ouest d'une colline d'ardoises couverte d'une mince couche de till sablo-silteux très caillouteux (dépôt glaciaire) avec des blocs erratiques (glaciaires). La pente est d'environ 1° vers le NO et le drainage est bon mais avec du drainage agricole depuis 1995.

Le champ du rang Maska est composé de till sablo-silteux légèrement caillouteux remanié en surface par la Mer de Champlain, sur le flanc sud d'une crête rocheuse. La pente est de 0° à 5° vers l'ouest et le SE. Le drainage naturel est très bon. Le champ du chemin Godbout est composé de till silto-sableux très caillouteux légèrement remanié en surface par la Mer de Champlain, sur le flanc ouest d'un versant rocheux. La pente est de 1° à 3° vers l'ouest et de 2° à 5° vers le nord. Le drainage naturel est imparfait.

Sol : Le sol du champ de la propriété est un podzol franc de Blandford avec un pH naturel de 5,0 à 5,8. Le sol de tous les autres champs est un sol brun podzolique de Shefford, franc graveleux dérivé de schistes, avec un bon drainage naturel et un pH naturel de 4,9 à 5,3.

Le vigneron fertilise le sol avec du fumier de vache, du phosphore et de la potasse tous les 2 ou 3 ans et y ajoute de l'engrais foliaire. Les rangs étant disposés dans le sens de la pente pour faciliter l'utilisation de la machinerie, le sol est susceptible d'érosion fluviatile ainsi que d'érosion éolienne de la matière organique.

Degrés-jours de croissance annuels (au-dessus de 10 °C) : 769 à 916, mais pouvant atteindre 1093.

Risques de gel et enneigement : Dans cette région, le premier gel automnal survient en moyenne entre le 21 et le 29 septembre ; le dernier gel printanier survient en moyenne entre le 17 et le 25 mai, pour une période sans gel moyenne de 95 à 110 jours, mais pouvant atteindre 137 jours. D'après le vigneron, à la propriété, le premier gel automnal survient plutôt à la mi-octobre et le dernier gel printanier vers le 5 mai, exceptionnellement jusqu'au 4 juin. Toujours d'après ce dernier, le site serait dans une bande altitudinale privilégiée entre 140 et 230 m où il n'y a pas de gel de mai à octobre, tout comme c'est le cas au Domaine des Côtes d'Ardoise ; par exemple, il y aurait des écarts d'environ + 7 °C avec les fonds de vallée lors de nuits printanières sans nuage et sans vent, puisque l'air froid plus dense descendant dans les vallées force l'air chaud à remonter les pentes : c'est ce qu'on nomme l'inversion thermique.

Au champ du rang Maska, le premier gel automnal survient vers le 10 octobre et le dernier gel printanier vers le 20 mai. À celui du chemin Godbout, le premier gel automnal survient vers le 20 octobre et le dernier gel printanier vers le 20 mai.

L'enneigement est faible partout et il n'y a probablement jamais eu de grêle.

Buttage et débuttage : 5-15 novembre/15-25 mai.

Prédateurs et maladies :

Contrairement à la plupart des vignobles du Québec, le raisin est actuellement peu attaqué par les oiseaux, probablement parce qu'il n'y a pas de culture céréalière dans les environs. Par contre, comme dans presque tous les autres vignobles du Québec, la vigne doit être traitée contre les maladies fongiques, tels l'oïdium et le mildiou, ainsi que contre certains parasites, comme l'altise. Il n'y a aucun problème sérieux avec les cerfs de Virginie, sauf au champ du rang Maska.

L'historique

D'après Jacques Breault, le nom du vignoble met en relief le défi de la viticulture au Québec. En effet, le nom provient de l'œuvre de Voltaire qui aurait dit qu'il ne valait pas la peine d'investir en Nouvelle-France parce que ce n'était que quelques arpents de neige.

Le vignoble Les Arpents de Neige est un des vignobles qui ont essaimé du vignoble de L'Orpailleur. Entreprise familiale au départ, elle est devenue une entreprise individuelle en 1993.

Les fondateurs du vignoble sont les deux frères Jacques et Alain Breault qui sont diplômés de l'Institut de technologie agro-alimentaire de Saint-Hyacinthe depuis 1979. Originaires de Dunham, ils commencent à s'intéresser à la vigne en 1981, lors d'un voyage dans la Napa Valley en Californie et surtout en 1982 alors que leur oncle et leur tante, Jacques Breault et Liliane Mayrand, plantent un vignoble derrière leur camping du rang Maska. De plus, leur père, Joseph, faisait du vin domestique avec du concentré ainsi que du cidre. Dès le printemps de 1982, ils participent à un groupe de réflexion sur la viticulture mis en place par Hervé Durand, qui vient de démarrer le vignoble L'Orpailleur. Ils sont embauchés par Hervé Durand l'année suivante. Avec Paul Breault, machiniste de Dunham, ils s'affairent à améliorer une décavaillonneuse française, qui faisait de trop petites buttes, et commencent à élaborer une charrue « butteuse-débutteuse » derrière un tracteur et servie par deux personnes ; cette charrue existe toujours au vignoble familial du Clos Ste-Croix de Dunham, propriété de Pierre-Paul Jodoin. De plus, Alain aide son oncle, Jacques Breault, à entretenir une petite pépinière en serre sur le vignoble de ce dernier.

En août 1985, les frères Breault quittent le vignoble L'Orpailleur à cause de divergences d'opinions avec le propriétaire sur le développement de l'entreprise. Ils fondent leur propre vignoble et, en 1986, ils louent trois champs de Jean-Louis Roy sur le chemin Godbout, totalisant 2,9 ha, en plus du vignoble de leur oncle, planté en 1982 (3500 ceps sur 0,8 ha). Afin de planter leurs champs, en mars 1986, ils font une tournée en Ontario pour ramasser des boutures avec Claude Grenier, du vignoble Trait Carré (devenu Grenier-Martel) et Claude Rhéaume, qui part le vignoble Missisquoi (devenu Les Trois Clochers). Ils plantent ainsi 16 500 ceps, surtout de Seyval. Ils s'associent alors avec Jacques Fontaine, leur beau-frère, en 1986. L'amie de Jacques, Lise Lafrance, rachète les parts de Jacques Fontaine, en 1987. Toujours avec Paul Breault, ils continuent les essais

Vieille maison du vignoble datant de 1820, de style loyaliste, avec sa galerie-restaurant.

d'adaptation de machinerie pour butter et débutter avec un tracteur et en arrivent, en 1986, à modifier un tracteur tchéco-slovaque Zetor en une enjambeuse servie par une seule personne et dont l'équipement est sous le tracteur ; ce tracteur sert également à sarcler et à pulvériser. Ils fabriquent aussi une planteuse qui est toujours utilisée.

En 1987, ils continuent leur expansion en louant un autre champ que leur oncle avait planté deux ans auparavant à son camping (6800 ceps de Seyval sur 1,1 ha), un champ de 3,5 ha de Michel Constanti-neau, sur le chemin Ten Eyck, où ils plantent 5500 ceps de Seyval, puis, en 1988, 13 500 ceps de Cayuga White, de V50201, de Vidal, de Cabernet Sauvignon et de Chancellor, ainsi qu'un champ qui leur est prêté par Alcide Naud, à Brigham, où ils plantent 5000 ceps de Seyval.

À partir de 1988, ils abandonnent progressivement le petit vignoble de leur oncle après les vendanges en raison des razzias des cerfs de Virginie, de la sensibilité au mildiou du De Chaunac et de l'impro-ductivité du Maréchal Foch. En septembre de la même année, ils achètent la résidence actuelle avec un terrain de 75 ha. Le site convient à la vigne puisque le climat est favorable et que c'est une région touristique. Ils rénovent aussi la maison de briques, de style loyaliste, qui avait été bâtie en 1820 et 1836 sur des fondations érigées vers 1796, ce qui en fait une des premières habitations de Dunham puisque le canton a été proclamé cette année-là. De plus, en 1988, la terre a gelé très tôt en octobre sans dégeler par la suite, de sorte qu'ils n'ont pas eu le temps de tout butter, ce qui a occasionné des pertes considérables à la récolte de 1989 en raison du gel des bourgeons, ce qui a des conséquences financières importantes.

Pour aider à payer leur achat, en 1989, ils vendent les 5500 ceps d'un de leurs champs à Pierre Genesse et Marie-Claude Lizotte, qui constituent le vignoble Les Blancs Coteaux, ainsi que les 5000 ceps du champ d'Alcide Naud, lequel constitue alors le vignoble La Bauge. En contre-partie, ils se font un champ expérimental d'environ 500 ceps sur 0,2 ha près de leur résidence.

En août 1990, à la suite de divergences de vues sur l'administration du vignoble, Alain et Lise Lafrance quittent l'entreprise. Ne pouvant suffire au travail des champs ni assumer les frais de l'entreprise, Jacques Breault se voit acculé à la faillite en avril 1993. Son oncle, Jacques Breault, reprend son champ et le contrat de location du champ de Michel Constantineau est racheté par le vignoble L'Orpailleur. Gilles Séguin achète alors l'entreprise.

Gilles Séguin est originaire de Montréal et diplômé en comptabilité et en administration. Il a commencé par être informaticien, mais il poursuit plutôt sa carrière dans sa passion, la cuisine, le métier qu'il exerce depuis 1989. Il a même été concessionnaire du restaurant du vignoble L'Orpailleur en 1990. C'est à cet endroit qu'il a pris goût au travail de la vigne, d'autant plus qu'il avait déjà travaillé la terre pendant les étés de 1955 à 1965 pour un de ses oncles dans les îles de Boucherville. Il est attiré par les Cantons de l'Est, car il venait faire du ski à Sutton dans sa jeunesse et il en aime les paysages. Il avait même pensé venir y établir une auberge dans la région des vignobles. Le fait qu'il soit amateur de vin n'est pas étranger non plus à sa décision d'acheter.

Gilles Séguin commence alors à concentrer les plantations dans les champs loués près de sa résidence. Mais il loue aussi, de Jacques Breault (oncle), à partir de l'automne de 1993, le champ qui avait été planté par le vignoble Les Trois Clochers en 1987. Par contre, il perd un des champs loués à Jean-Louis Roy, sur le chemin Godbout.

Les propriétaires successifs du vignoble Les Arpents de Neige ont tous participé au développement de la viti-viniculture au Québec. En effet, Alain Breault aurait eu l'idée d'une association professionnelle dès le début de 1987. Alain et Jacques Breault ont participé à la première réunion sur l'idée de créer une association, à Iberville, le 17 juillet 1987, et Alain est membre du comité provisoire créé le 12 août de la même année à Dunham, en plus d'avoir été le premier président de l'Association des vignerons du Québec du 27 février 1988 au 7 février 1989. Il était également un des administrateurs de l'Association en 1989. Gilles Séguin, lui, est maintenant un des administrateurs de l'Association depuis 1996 et administrateur de la Coopérative des vignerons du Québec depuis 1995.

En plus de cette collaboration, Alain et Jacques Breault ont planté environ un demi-million de plants dans plusieurs dizaines de vignobles commerciaux ou familiaux au Québec depuis 1983.

Enfin, Alain Breault a toujours vendu des plants de vigne, qu'il bouture lui-même, à de multiples vignobles commerciaux ou familiaux. En effet, dès 1983 et jusqu'en 1986, il les fait dans une serre au vignoble L'Orpailleur. En 1987 et 1988, il utilise plutôt la serre de son oncle sur le rang Maska ; en 1989 et 1990, il déménage dans une serre installée près de la résidence du vignoble, puis, ayant quitté Les Arpents de Neige, il transporte ses activités dans une serre louée de Yvon Larochelle, quincailler de Dunham, en 1991 et 1992. Enfin, en 1993 et 1994, il utilise à nouveau la serre de son oncle et, depuis 1995, il poursuit ses activités dans sa propre serre, à sa résidence actuelle de Brigham.

En 1987, les frères Breault font une vinification expérimentale et le reste de la récolte est vendue à des particuliers. De 1988 à 1992, c'est Alain Bélanger qui est engagé à cet effet. Ce dernier a acquis l'expérience du travail au vignoble L'Orpailleur, en 1986 et 1987, et aussi à l'ancien vignoble Gélineau-Daigle, à Brigham, en 1988 et 1989 ; de plus, il vinifie au vignoble La Bauge de 1989 à 1992 et il est conseiller en vinification aux vignobles Les Trois

Clochers, de 1987 à 1992, et Les Blancs Coteaux, de 1990 à 1992. Comme Alain Bélanger commence à changer de carrière, en 1992, Gilles Séguin embauche Jean-Paul Martin comme chef de culture et vinificateur pour 5 mois, puis de façon définitive, à partir de 1993. D'origine française, ce dernier vient d'une famille de viticulteurs du Maconnais en Bourgogne. Il a acquis une formation en vinification en blanc à l'Institut de technologie du vin de Beaune (1984) ainsi qu'en œnologie-dégustation (1987) et en analyse chimique du vin (1988) au Centre de formation professionnelle de Hyère, dans le Var en Provence. Il a aussi une longue expérience en viti-viniculture puisqu'il a travaillé dans le Beaujolais et dans les Côtes de Provence de 1983 à 1991. De plus, il est conseiller en vinification au vignoble Les Pervenches depuis 1995.

La culture de la vigne

Superficie en vignes : 2,9 ha en 1986 ; 9,9 ha en 1987 ; 2,4 ha en 1993 ; 6,6 ha en 1996.

Nombre de ceps : 16 500 en 1986 ; 49 500 en 1987 ; 12 050 en 1993 ; 25 600 en 1996.

Cépages actuels :

Vin rouge ou rosé : Chancellor (4500), Gamay (1000), SV5247 (Seyval noir) (1000).

Vin blanc : Seyval (13 000), V50201 (2000), Vidal (2500), Ortega (1100), Cayuga White (500).

Présence de parcelles expérimentales : cépages et nombre de ceps confidentiels.

Tonnage de raisins : 13 t estimé en 1995.

Vendanges : Entre le 20 septembre et 15 octobre, mais la vendange tardive se fait au début de novembre.

La production vinicole

Nombre de bouteilles (750 mL) : expérimentale en 1987 ; 22 000 en 1988 ; 8000 en 1993 ; 13 000 en 1995.

Vins actuels

Vin *Vendange sélectionnée* blanc d'assemblage (Seyval et Vidal) de 1990 à 1992 et de cépage Seyval (depuis 1995) en fût de chêne (depuis 1990) ; 13,50 $.

Vin *Cuvée Première Neige* blanc de cépage Seyval (depuis 1991) ; 10,50 $ (aussi 375 mL en 1993).

Le nom du vin vient du fait que l'on mettait ce vin en vente jeune, soit au début de l'hiver ; maintenant, c'est au printemps.

Vin *Rosée du Printemps* rosé d'assemblage depuis 1989 (Seyval, Chancellor et V50201) (depuis 1989, mais aucune production en 1993) ; 13,50 $ (le vin se nommait plutôt Rosée de Printemps de 1989 à 199?).

Le nom du vin vient du fait que l'on met ce vin en vente le printemps qui suit sa fabrication.

Cuvée spéciale de vendange tardive de cépage Vidal, vinifié directement en fût de chêne (étiquette blanche) (depuis 1996) ; 14 $ le 500 mL.

Cuvée spéciale de vendange tardive de cépage Vidal, chaptalisé avec du sirop d'érable (étiquette grise) (depuis 1996) ; 14 $ le 500 mL.

Vins déjà produits ou essais

Vin Seyval blanc de cépage Seyval (1988-1992).

Vin Cuvée Clair de Lune blanc d'assemblage (Seyval, Bacchus, Cayuga White et Vidal) (1991 et 1992).

Vin Grisaille d'Automne rosé d'assemblage (V50201 et SSV5247) (1989-1992).

Le nom du vin vient du fait qu'il était élaboré l'automne.

Mistelle Dorure d'Automne de cépage Seyval avec de l'alcool (1992-1994) ; en 375 mL.

Le nom du vin vient du fait qu'il est élaboré l'automne et qu'il a ainsi une couleur plus dorée.

Mistelle L'Apéro de cépage Seyval avec de l'alcool (1990-1992).

Vin Rouge de cépage Chancellor (1988 et 1990, aucune production en 1989), en 375 mL seulement.

En 1987, il y a aussi eu une production expérimentale de vins blanc, rouge ou rosé.

Les à-côtés du vin

Dégustation gratuite.

Visite guidée.

Restauration du mercredi au dimanche ; le restaurant peut accueillir 80 personnes à l'intérieur et 40 sur la galerie ; cuisine régionale ; brunch du dimanche ; vignoble-traiteur.

Pique-nique.

Autres produits : Boutique de produits dérivés de la vigne ; produits régionaux consignés.

Autres services : Salle de réception ; étiquettes personnalisées ; possibilité de promenade dans les bois, en ski de fond et en traîneau ; circuit « Terroir et terrasses », entre Dunham et Saint-Paul-d'Abbotsford, avec le vignoble du Domaine des Côtes d'Ardoise, l'hydromellerie Les Saules, la cidrerie Le Côteau St-Jacques, le Jardin Marisol (fleurs sauvages), Fleurs de Paille (fleurs séchées) et l'Auberge des Carrefours (Cowansville) ; depuis l'été de 1996, balades en carrioles tirées par des chevaux ; depuis 1996, pièces de théâtre sous la tente.

Les distinctions

À l'InterVin (North America's International Wine Competition), une médaille de bronze a été obtenue pour le Rosée de Printemps 1994.

À la dégustation à l'aveugle de l'Association des vignerons du Québec, au Collège LaSalle, le 21 mars 1996, le vin Cuvée Première Neige 1995 a obtenu la première place.

Ce que les connaisseurs en disent

D'après Guy Desrochers (*Le Journal de Montréal*, 06-09-1992), le Cuvée sélectionnée 1991 est un des vins « longs en bouche, remplis d'arômes fruités ».

Les projets

Avec d'autres groupes ou entreprises, Gilles Séguin cherche surtout des moyens de retenir les visiteurs plusieurs jours dans la région. À cet effet, il veut diversifier les activités au vignoble. À partir de 1997, par exemple, les balades en carrioles tirées par des chevaux devraient joindre d'autres vignobles, soit Les Trois Clochers et le Domaine des Côtes d'Ardoise, sur une piste en arrière des terres. Il veut aussi étendre son vignoble à 30 000 ceps pour rentabiliser son entreprise.

Vignoble La Bauge

*Le cachet particulier du vignoble vient surtout du fait
que le visiteur a l'impression d'être accueilli
dans une cour de ferme traditionnelle mais ouverte
sur diverses formes d'agriculture exotique.*

*155, rue des Érables,
Brigham (Québec) J2K 4E1
Tél. (514) 266-2149 Télec. (514) 263-2035*

Exploitants : Alcide Naud et Ghislaine Poulin Naud

Vinificateur : Alain Bélanger (1989-1992) et Luc Rolland
(depuis 1993)

Plantation des premiers ceps : 1987

Début de la production : 1989

Numéro et date du permis de vente : AV-012 (1989)

*Le vignoble est ouvert toute l'année, mais la visite
des installations se fait du 1er juin au 30 octobre.*

Carte de localisation du vignoble La Bauge

Le milieu naturel

Altitude : 100-110 m.

Géomorphologie : Le vignoble est situé dans le Piémont appalachien, plus précisément sur le versant sud, à un kilomètre de la rivière Yamaska Sud-Est. Il est sur le sommet de l'interfluve entre deux petits ruisseaux et plus particulièrement sur une crête rocheuse d'ardoises métamorphiques recouverte de till (dépôt glaciaire) silto-sableux pierreux de 2 à 3 m d'épaisseur, légèrement remanié en surface par la Mer de Champlain. La pente du champ principal est de 0° à 3° vers le nord tandis que celle du deuxième champ est de 2° vers l'est. Le drainage du deuxième champ est excellent, mais celui d'une partie du champ principal est imparfait et est aidé par du drainage agricole.

Sol : Le sol est un podzol franc à franc graveleux de Shefford avec un pH naturel de 5,1 à 5,3. Cependant, il est bonifié entre 5,8 et 6,0 et engraissé avec l'ajout de 6-12-12 et de fumier tous les deux ans.

Degrés-jours de croissance annuels (au-dessus de 10 °C) : 769 à 916, mais pouvant atteindre 1093.

Risques de gel et enneigement : Le premier gel automnal survient en moyenne entre le 21 et le 29 septembre ; le dernier gel printanier survient en moyenne entre le 17 et le 25 mai, pour une période sans gel moyenne de 95 à 110 jours, mais pouvant atteindre 137 jours.

D'après le vigneron, l'enneigement sur le champ principal est faible partout, sauf après février ; la neige est balayée par le vent et il y a risque de gel, sauf dans les premiers rangs près de la route où la neige est retenue derrière une haie de cèdres. Au deuxième champ, l'enneigement est bon parce qu'il est à l'abri d'une butte. Le vignoble n'a jamais subi de grêle.

Buttage et débuttage : 15 octobre-15 novembre/ 5-7 mai.

Prédateurs et maladies : Les oiseaux s'attaquent un peu au raisin mûr et le vigneron réussit à les effrayer avec un canon au propane, des assiettes en aluminium enfilées sur des fils de fer ou des ballons avec des yeux suspendus entre 1,5 et 2,5 m de hauteur.

Comme dans presque tous les vignobles du Québec, la vigne doit être traitée contre les maladies fongiques, tels l'oïdium et le mildiou, ainsi que les parasites, comme l'al-

Vue de la boutique où sont accueillis les visiteurs.

tise. Le mildiou attaque particulièrement le cépage Chancellor, surtout en 1993 et 1996, occasionnant une baisse de production d'environ 30 %.

L'historique

Le nom du vignoble vient du nom du terrier du sanglier, dont on fait l'élevage.

Entreprise familiale, le vignoble La Bauge est un des vignobles qui ont essaimé à partir de l'expérience des propriétaires du vignoble Les Arpents de Neige.

Originaire de Montréal et intéressé par la vie en campagne, Alcide Naud achète, en 1951, la propriété qui est une ferme laitière de 142 ha. En 1976, son fils Robert commence et y maintient toujours, sous le nom de La Bauge de Brigham, un élevage de sangliers, puis d'autres animaux exotiques comme le daim, le cerf rouge, le lama, le mouflon, le cochon de Chine, etc. Comme cette entreprise l'accapare, Alcide Naud vend ses vaches en 1986 et son épouse, Ghislaine, devient agente d'immeubles.

Les frères Alain et Jacques Breault sont des amis de leur fils, Robert. En 1987, un champ de 2 ha est prêté au vignoble Les Arpents de Neige pour planter 5000 ceps de Seyval. Cependant, en 1989, à cause de difficultés financières, Alcide Naud achète les vignes, ajoute 1000 ceps de Chancellor et y consacre pratiquement tout son temps. Cette décision est également motivée par le fait que certains clients disaient apprécier déguster un bon vin avec la terrine ou le saucisson de sanglier et par le plaisir de s'occuper d'une belle culture. De plus, après avoir visité les autres vignobles de la région, Alcide Naud trouve que la vigne est « une belle culture », d'autant plus qu'il a aidé les frères Breault à entretenir leur champ. En 1990, il suit le cours de vinification de l'Institut de technologie agro-alimentaire de Saint-Hyacinthe avec Robert Demoy et Lay Li.

En 1994, ils décident même de cultiver un deuxième champ de 0,5 ha ; c'est un champ d'essai situé derrière le cimetière au SE du champ principal et où ils ont planté, avec l'aide d'Alain Breault, 500 ceps de 20 cépages différents.

Pour vinifier, les vignerons ont engagé Alain Bélanger, de 1989 à 1992. Ce dernier est sommelier, représentant en vin, copropriétaire du vigno-ble Sous les Charmilles de 1989 à 1996. Il vinifie au vignoble Les Arpents de Neige de 1988 à 1992 et il est conseiller en vinification aux vignobles Les Trois Clochers, de 1987 à 1992, et Les Blancs Coteaux, de 1990 à 1992. Débordé par ses activités, il devra être remplacé par Luc Rolland en 1993 ; ce dernier a étudié la viticulture et l'œnologie au Lycée agro-nomique de Libourne, en France, en 1992-1993, mais il est amateur de vin depuis 1986 et il vinifie au vignoble La Vitacée depuis 1994.

Même si 80 % des visites sont justifiées par la ferme et seulement 20 % par le vignoble, le chiffre d'affaires du vignoble est supérieur.

La culture de la vigne

Superficie en vignes : 1,6 ha de 1987 à 1989 ; 3,2 ha en 1996.

Nombre de ceps : 5000 en 1987 et 1989 ; 10 700 en 1996.

Cépages actuels :

Vin rouge ou rosé : Chancellor (1800), Gamay (225), V5247 (Seyval noir) (225).

Vin blanc : Seyval (6850), Bacchus (450), Ortega (450).

Autres : 22 cépages expérimentaux confidentiels (700 ceps).

Présence de parcelles expérimentales : Depuis 1994, 700 ceps de 22 cépages confidentiels.

Tonnage de raisins : 8 t en 1995.

Vendanges : Entre la mi-septembre et la première semaine d'octobre.

La production vinicole

Nombre de bouteilles (750 mL) : 1200 en 1989 ; 7780 en 1995.

Vins actuels

Vin *Seyval* blanc de cépage (depuis 1989) ; 10 $.

Vin *Solitaire* blanc de cépage Seyval en fût de chêne (depuis 1993) ; 14 $.

Le nom du vin vient du nom que l'on donne aux vieux sangliers mâles de plus de 3 ou 5 ans.

Vin *Bête Rousse* rosé de cépage Chancellor (depuis 1993) ; 12 $.

Le nom du vin vient du nom que l'on donne au sanglier âgé de 1 à 3 ans.

Mistelle (apéritif) *L'Aube* d'assemblage de Seyval et de Chancellor avec de l'alcool (depuis 1995) ; 9 $ le 375 mL.

Le nom de la mistelle évoque l'aube du repos pour le vigneron.

Sélection Camille, vin doux de vendange tardive de cépage Seyval élevé en fût de chêne (depuis 1995) ; 9 $ le 375 mL.

Le nom du vin vient du nom de la fille du vigneron.

Cuvée Alcide Naud de cépage Seyval (depuis 1995) ; 10 $.

Vins déjà produits ou essais

Vin Chancelor rosé de cépage Chancellor (1992).

Mistelle (apéritif) Le Marcassin de cépage Seyval avec du sirop d'érable et de cassis et de l'alcool (1994). Cette mistelle n'a jamais été vendue : la Régie des permis a refusé l'émission d'un permis parce que les sirops n'étaient pas produits sur la ferme même ; le vigneron en a fait une consommation domestique.

Le nom de la mistelle vient du nom de marcassin que l'on donne au jeune sanglier de moins de trois mois qui suit encore sa mère.

Les à-côtés du vin

Dégustation gratuite.

Visite guidée en voiture tirée par un tracteur pour montrer et expliquer la culture de la vigne ainsi que faire voir, dans les champs et les prés, des sangliers et d'autres animaux exotiques.

Pique-nique.

Autres produits : Boutique de produits dérivés de la vigne ; produits du sanglier ; autres produits domestiques et produits artisanaux régionaux consignés.

Autres services : La Bauge de Brigham est une entreprise distincte du vignoble qui s'occupe de l'élevage d'animaux exotiques et surtout de chasse et de produits du sanglier.

Les distinctions

À la dégustation à l'aveugle de l'Association des vignerons du Québec, au Collège Lasalle, le 21 mars 1996, le Seyval blanc 1995 a été classé troisième.

Ce que les connaisseurs en disent

D'après Guy Desrochers (*Le Journal de Montréal*, 12-07-1992), le Seyval blanc « est moyennement alcoolique, de faible acidité, mais à la fois tendre et vivace. Son fruit est léger et la saveur d'ensemble est austère. Je laisse aux connaisseurs le soin de définir son style, mais le bel équilibre de ce vin lui permet d'être bu en toute occasion. »

Les projets

Le vigneron fait actuellement des essais de cépages non buttés et prévoit atteindre bientôt une production annuelle de 10 000 bouteilles.

Vignoble Les Blancs Coteaux

Le cachet particulier du vignoble vient surtout du décor romantique et de la charmante boutique élégamment décorée établie dans une étable rustique de style Nouvelle-Angleterre, où est offerte une vaste gamme de produits artisanaux domestiques et régionaux.

1046, chemin Bruce, route 202, C.P. 305,
Dunham (Québec) J0E 1M0
Tél. et télec. **(514) 295-3503**

Exploitants : Pierre Genesse et Marie-Claude Lizotte

Vinificateur : Pierre Genesse, mais assistance technique d'Alain Bélanger (1990-1992)

Plantation des premiers ceps : 1986

Début de la production : 1990

Numéro et date du permis de vente : AV-014 (1990)

Le vignoble est ouvert toute l'année, mais la visite des installations se fait de mai à novembre et, sur rendez-vous, du lundi au mercredi, le reste de l'année.

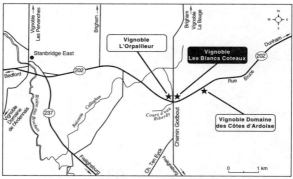

Carte de localisation du vignoble Les Blancs Coteaux

Le milieu naturel

Altitude : 130 m.

Géomorphologie : Le vignoble est situé dans le Piémont appalachien, plus précisément sur le versant est de la rivière aux Brochets, qui se jette dans la Yamaska. Il est drainé vers le nord par le cours d'eau Riberdy qui se jette dans le ruisseau Callaghan, lequel se jette à son tour dans la rivière aux Brochets. Il est sis dans la cuvette du ruisseau, comme le vignoble L'Orpailleur. Cette cuvette est une plaine de till (dépôt glaciaire) silto-argileux très caillouteux dérivé des ardoises métamorphiques et qui est légèrement remanié en surface par la Mer de Champlain avec incorporation de sables et de graviers littoraux. La pente est de 0° à 2° vers l'ouest sur la parcelle est et vers le NO sur la parcelle ouest. Le drainage est bon mais il doit être aidé par des drains agricoles.

Sol : Le sol est un podzol franc schisteux de Shefford avec un pH naturel de 4,9 à 5,3, bonifié ici à 6,0 et même 6,5 avec l'épandage de chaux tous les deux ou trois ans ; en effet, le sol s'acidifie par lessivage fluviatile.

Les vignerons doivent aussi ajouter du phosphore foliaire, de la potasse et du compost.

Degrés-jours de croissance annuels (au-dessus de 10 °C) : 769 à 916, mais pouvant atteindre 1093.

Risques de gel et enneigement : Dans cette région, le premier gel automnal survient en moyenne entre le 21 et le 29 septembre ; le dernier gel printanier survient en moyenne entre le 17 et le 25 mai, pour une période sans gel moyenne de 95 à 110 jours, mais pouvant atteindre 137 jours. D'après les observations des vignerons, le premier gel automnal survient plutôt entre le 10 et le 15 octobre et le dernier gel printanier survient vers la fin de mai. Les probabilités de gel sont plus grandes en bordure du boisé au NO de la propriété, là où peut être piégé l'air froid, tout comme c'est le cas au vignoble L'Orpailleur, puisque c'est la même cuvette topographique. L'enneigement est faible surtout parce que les rangées sont disposées dans le sens du vent dominant d'ouest.

Le vignoble subit un peu de grêle parfois, surtout en mai et en août, mais il y a habituellement peu de dégâts, sauf en août 1993, où environ 2 % à 3 % de la récolte prévue a été perdue.

Buttage et débuttage : 1er novembre/15 mai, parce qu'il n'y a aucun système de protection contre le gel, mais parfois 5 mai ; le débuttage seulement est fait par le vignoble du Domaine des Côtes d'Ardoise.

Prédateurs et maladies : Les cerfs de Virginie broutent les jeunes pousses en juin et le vigneron essaie de les éloigner en faisant des feux. Lorsque le raisin arrive à maturité, les merles et les ratons laveurs s'y attaquent et les vignerons contrent leur action avec une vendange sélective sur les grappes exposées au soleil. Comme dans presque tous les vignobles du Québec, la vigne doit être traitée contre les maladies fongiques, tels l'oïdium et le mildiou, ainsi que contre certains parasites, comme l'altise, en plus d'un peu d'acariens. En 1994 et 1996, on a diagnostiqué de la pourriture noire sur le cépage Bacchus et les vignerons ont traité avec un fongicide jusqu'à la fin d'août. Les vignerons estiment les pertes annuelles à environ 5 % de la récolte prévue.

L'historique

Le nom du vignoble provient du fait que les champs sont sous couvert de neige cinq mois par année et surtout de la floraison des pommiers en mai, puisqu'on y fait aussi de la pomiculture. C'est une entreprise familiale.

C'est lors d'une promenade à bicyclette en 1988 que Pierre Genesse, 20 ans, et Marie-Claude Lizotte, 22 ans, ont vu une ferme à vendre qui leur a tout de suite fait chavirer le cœur ! La propriété de 36,5 ha, avec des bâtiments édifiés vers 1940, a été achetée en octobre 1989 pour la pomiculture et comme résidence principale. Comme il y avait déjà un vignoble de 4500 ceps de Seyval (1 ha) loué de Jean-Louis Roy, pomiculteur de Dunham, et planté et exploité par Les Arpents de Neige depuis 1986, ils ont décidé de le poursuivre par défi et aussi pour stimuler le côté agrotouristique de l'entreprise. Le vignoble lui-même a été acheté du vignoble Les Arpents de Neige.

Pierre Genesse est originaire de Granby et diplômé en géographie de l'Université de Sherbrooke. Il s'occupe plus particulièrement de la culture et de la vinification, tandis que Marie-Claude Lizotte, sa compagne qui est diplômée en marketing, s'occupe de la gestion et de la commercialisation ; cette dernière n'est d'ailleurs pas étrangère au domaine puisqu'elle est la fille d'un pomiculteur d'East Farnham.

Pierre Genesse est sommelier au restaurant Le Bistro, à Cowansville, de 1989 à 1992, et il participe aux vendanges au vignoble L'Orpailleur en 1989. Lui et Marie-Claude font un stage en sommellerie au Château Magnol de Barton & Guestier, en France en 1989, et obtiennent des certificats en œnologie, au Château Suze Larousse près d'Avignon, en 1992. Pierre Genesse acquiert aussi une formation en vinification de Robert Demoy et de Lay Li, à l'Institut de technologie agro-alimentaire de Saint-Hyacinthe, en 1993 et 1995.

Intérieur de la boutique où on accueille les visiteurs.

De 1990 à 1992, il obtient l'assistance technique en vinification d'Alain Bélanger, qui vinifie aussi au vignoble Les Arpents de Neige, de 1988 à 1992, et qui est conseiller en vinification aux vignobles Les Trois Clochers, de 1987 à 1992, et Les Blancs Coteaux, de 1990 à 1992 ; il était copropriétaire du vignoble Sous les Charmilles jusqu'en 1996.

Pierre Genesse est trésorier de l'Association des vignerons du Québec de 1993 à 1995.

La culture de la vigne

Superficie en vignes : 1 ha en 1986 ; 3,0 ha en 1996.

Nombre de ceps : 4 500 en 1986 ; 12 500 en 1996.

Cépages actuels :

Vin blanc : Seyval (10 000), Bacchus (2000), Eona (500).

Présence d'une pépinière : 100 ceps.

Présence de parcelles expérimentales : 2 cépages : Bacchus et Eona.

Tonnage de raisins : 10 t en 1995.

Vendanges : Vers le 25 septembre, de façon sélective, de manière à ne cueillir que les grappes mûres, et parfois après les premiers gels hâtifs dans les moins bonnes années, « question de pousser la folie à l'extrême ».

La production vinicole

Nombre de bouteilles (750 mL) : 1800 en 1990 ; 8000 en 1995.

Vins actuels

Vin *La Taste* Seyval Vendange Sélectionnée blanc de cépage Seyval (depuis 1991) ; 11,50 $.

Le nom du vin vient du vieux français qui signifie goûter le vin ; depuis longtemps, le taste-vin est une petite tasse servant à déguster le vin.

Vin *La Taste* Seyval Vendange Sélectionnée blanc de cépage Seyval élevé en fût de chêne (depuis 1992) ; 14 $.

Vins déjà produits ou essais

Vin La Taste Seyval blanc de cépage Seyval (1990).

Essai de vin de cépage Bacchus ou d'assemblage avec le Bacchus (1997).

Essais de vin de glace (depuis 1994).

Les à-côtés du vin

Dégustation gratuite.

Visite guidée pour groupes de plus de 4 personnes.

Restauration sur demande pour vins et fromages ; panier à pique-nique gourmet sur la terrasse avec spécialités régionales. Vins et fromages sur demande aussi.

Pique-nique sur la terrasse ou dans le verger.

Autres produits : Boutique de produits dérivés de la vigne ; autres produits domestiques alimentaires et arrangements de fleurs séchées ; autres produits régionaux consignés ; en parallèle, depuis 1991, apéritif de pommes *Empire* (8,95 $ le 375 mL) (médaille d'or en 1994 à l'Atlanta Wine Summit), cidre *Nouaison* élevé en fût de chêne (7,95 $) ainsi que cidre fort rosé *Rose-Gorge* depuis 1996 (6,95 $ le 375 mL).

Autres services : Cueillette de pommes ; cours sur la dégustation ou l'élaboration du vin ; conférences sur demande.

Les distinctions

À l'Atlanta Wine Summit, une médaille d'or et un prix d'excellence ont été obtenus pour le cidre Empire 1994 et une médaille de bronze pour La Taste Seyval Vendange Sélectionnée élevé en fût de chêne 1994 et 1995.

Ce que les connaisseurs en disent

D'après Guy Desrochers (*Le Journal de Montréal*, 23-04-1992), La Taste Seyval Vendange Sélectionnée 1991 est « un vin blanc sec qui brille par son équilibre, sa longueur en bouche et son élégance ».

D'après Malcolm Anderson (*The Gazette*, 01-02-1995), La Taste Seyval Vendange Sélectionnée « has a sweet apple nose and crisp Granny Smith flavors », tandis que La Taste Vendange Sélectionnée élevé en fût de chêne « is smoky, round and complex on the palate ».

Le vin La Taste Seyval Vendanges Sélectionnée est retenu comme un des bons vins de Seyval par Michel Phaneuf dans *Le guide du vin 95.*

D'après le dépliant publicitaire des vignerons, La Taste a des arômes florales et délicates résultant de la vendange des raisins les plus mûrs, et il est fruité et souple. La Taste élevé en fût de chêne offre des arômes execeptionnels d'agrumes, pommes et chêne, en plus d'être fin, harmonieux, long en bouche et d'une belle rondeur.

Les projets

Des essais de vin de glace sont faits pour une production éventuelle vers 1999. De plus, les vignerons veulent mettre l'accent encore plus sur l'accueil de la clientèle.

Vignoble Les Trois Clochers
(vignoble Missisquoi, 1986-1992)

*Vue imprenable sur le vignoble et sur les trois clochers
de Dunham à partir du côteau rocheux.*

*341, rue Bruce, route 202,
Dunham (Québec) J0E 1M0
Tél. (514) 295-2034*

Exploitants : Réal Normandeau (copropriétaire) et Josée
Leblanc, et Claude Rhéaume (copropriétaire)
et Madeleine Dodier

Vinificateur : Claude Rhéaume et Alain Bélanger
(conseiller de 1987 à 1992)

Plantation des premiers ceps : 1986

Début de la production : 1987-1991 domestique ;
1992

Numéro et date du permis de vente : AV-018 (1993)

*Le vignoble est ouvert toute l'année, mais la visite
des installations se fait de mai à octobre sur réservation.*

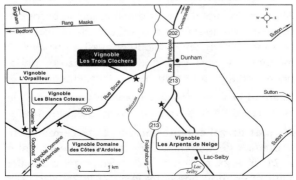

Carte de localisation du vignoble Les Trois Clochers

Le milieu naturel

Outre le vignoble, deux autres champs sont loués de Germaine Rocheleau à Dunham, depuis 1986, l'un sur la rue Principale et l'autre sur la rue Bruce dans le village.

Altitude : 140-155 m et 137-145 m pour le champ loué sur la rue Bruce ainsi que 150 m pour le champ loué sur la rue Principale.

Géomorphologie : La propriété est située dans le Piémont appalachien, plus précisément sur le versant sud de la rivière Yamaska Sud-Est ; elle est drainée par le ruisseau Gear qui s'y jette. Tous les champs sont caractérisés par des dépôts de till à matrice silteuse (dépôt glaciaire) mince sur roc, les roches métamorphiques sous-jacentes étant du marbre dolomitique sur la propriété et des ardoises dans les champs loués.

Le champ de la propriété est caractérisé par un till silto-sableux sur le flanc sud d'une crête rocheuse. La pente est de 0° à 5° vers le SE ou l'ouest. Le drainage naturel est bon. Le champ loué sur la rue Bruce est aussi caractérisé par un till silto-sableux mais caillouteux sur le versant SO d'une butte rocheuse. La pente est de 0° à 4° vers le NE. Le drainage naturel est bon. Enfin, le champ loué sur la rue Principale est caractérisé par le même till un peu caillouteux sur le versant ouest d'une butte rocheuse. La pente est de 0° à 1° vers l'ouest. Le drainage naturel est imparfait.

Sol : Le sol de tous les champs est brun podzolique de Shefford, franc graveleux dérivé de schistes, avec un bon drainage et un pH naturel de 4,9 à 5,3.

Avec les apports de chaux dolomitique au besoin, le pH est bonifié entre 6,0 et 6,5 dans tous les champs. Les vignerons ajoutent aussi au besoin du magnésium ainsi que du 6-24-11 (azote, phosphore, potassium) et du bore annuellement.

Degrés-jours de croissance annuels (au-dessus de 10 °C) : 769 à 916, mais pouvant atteindre 1093.

Risques de gel et enneigement : Dans cette région, le premier gel automnal survient en moyenne entre le 21 et le 29 septembre ; le dernier gel printanier survient en moyenne entre le 17 et le 25 mai, pour une période sans gel moyenne de 95 à 110 jours, mais pouvant atteindre 137 jours. D'après les observations des vignerons, le premier gel automnal survient vers le début d'octobre et le dernier gel printanier vers le 10 ou le 15 mai, parfois le 19 ou le 20 mai. Au champ loué sur la rue Bruce, un coupevent d'arbres vers le haut du champ peut contrer l'écoulement de l'air froid sur la pente et ainsi éliminer certains gels.

L'enneigement sur la propriété est faible et le sol est souvent à découvert là où il y a plus d'emprise du vent dominant d'ouest. Il n'y a jamais eu de grêle.

Buttage et débuttage : 1er-20 novembre/10-15 mai.

Prédateurs et maladies : En été, les cerfs de Virginie mangent un peu de jeunes pousses et, en

La résidence de pierres du vignoble et le kiosque de vente de la fraisière

automne, un peu de raisins, mais sans grand dommages pour la récolte ; c'est surtout en soirée et pendant la nuit qu'ils viennent et, pour les éloigner avec une odeur humaine, les vignerons veulent prochainement d'entourer leurs champs de petits pains de savon. Comme dans presque tous les vignobles du Québec, la vigne doit être traitée contre les maladies fongiques, tels l'oïdium et le mildiou, ainsi que contre les parasites, comme l'altise.

Dans les champs loués, il y a des incursions de cerfs de Virginie, mais sans gravité pour la récolte.

L'historique

Le nom du vignoble provient du fait que l'on aperçoit, de la propriété, les clochers de trois églises de Dunham.

Entreprise collective, le vignoble Les Trois Clochers est un des vignobles qui ont essaimé du vignoble L'Orpailleur.

Claude Rhéaume, originaire de Cowansville, et Réal Normandeau, fils d'une famille d'agriculteurs de Sabrevois, sont diplômés en technologie des sols de l'Institut de technologie agricole de La Pocatière, en 1984. C'est Claude Rhéaume qui a proposé à son ami Réal Normandeau de démarrer un vignoble. Celui-ci s'est laissé convaincre d'autant plus facilement qu'il avait déjà visité des vignobles à plusieurs reprises en Californie et qu'il désirait vivre cette expérience. L'idée de planter de la vigne plutôt que d'autres cultures vient aussi du souci de diversification de la production agricole du Québec, donc d'espoir de ventes supérieures.

Après une tournée en Ontario avec Claude Grenier (vignoble Trait Carré) et Alain et Jacques Breault (vignoble Les Arpents de Neige) pour ramasser des boutures en mars 1986, les premières vignes sont plantées ce printemps-là dans deux champs loués d'une tante de Claude Rhéaume, Germaine Rocheleau, dans le village même, un sur la rue Principale (0,25 ha) et l'autre sur la rue Bruce (1,4 ha). Le vignoble se nommait à ce moment-là Missisquoi.

L'année suivante, ils sous-louent du vignoble Les Arpents de Neige un autre champ de 1,7 ha dans le rang Maska, propriété de Jacques Breault, oncle des frères Alain et Jacques Breault. La propriété actuelle de 23,5 ha, est achetée en décembre 1991 pour faire spécifiquement de la vigne et aussi afin de posséder une terre pour pouvoir obtenir le permis de vente. Le nom du vignoble a dû être changé en 1993 pour pouvoir obtenir le permis de vente parce qu'il ne faisait pas référence au lieu précis où il était situé, mais plutôt à l'ensemble du comté.

Sauf quelques centaines de kilos, de 1988 à 1991, la production de raisins est entièrement vendue à des particuliers. Cependant, en cultivant et en faisant une petite quantité de vin pour eux-mêmes, avec les conseils d'Alain Bélanger, de 1987 à 1992, les vignerons prennent davantage le goût à la viniculture et au défi de la fabrication et de la vente du vin. Le site de la propriété avait d'ailleurs été choisi en raison de la route touristique, de la proximité des autres vignobles mais aussi du terrain propice à la culture de la fraise et de la vigne. Commencée en 1993, cette dernière culture couvre maintenant

3 ha. Les 1200 premières bouteilles d'apéritif de fraises sont produites en 1994 et la production a atteint 4300 bouteilles en 1995. Les cours de vinification suivis avec Robert Demoy et Lay Li, en 1989 et 1990, à l'Institut de technologie agro-alimentaire de Saint-Hyacinthe, les ont beaucoup aidés dans cette entreprise. Les conjointes participent aussi beaucoup, Madeleine Dodier pour l'accueil à la clientèle et la fabrication de gelées et de confitures, et Josée Leblanc pour la tenue de livres, surtout depuis 1994.

Après les vendanges de 1993, ils ont dû laisser le champ loué au rang Maska, qui est revenu aux mains du vignoble Les Arpents de Neige.

Les deux associés se sont engagés dès le départ dans l'Association des vignerons du Québec. En 1987, Réal Normandeau fait partie du comité provisoire dans le but de former l'Association puis, en 1988, il en est le secrétaire ; il est aussi trésorier de la Coopérative des vignerons du Québec depuis sa fondation en 1993. Pour sa part, Claude Rhéaume est trésorier de l'Association, en 1989.

La culture de la vigne

Superficie en vignes : 1,7 ha en 1986 ; 3,4 ha en 1996.

Nombre de ceps : 7500 en 1986 ; 15 000 en 1992 ; 15 750 en 1996.

Cépages actuels :

Vin rouge ou rosé : Maréchal Foch (725), Chancellor (175).

Vin blanc : Seyval (14 850).

Cépages délaissés :

Le Vidal (1400 ceps) a été abandonné au printemps de 1994 à cause de sa trop grande sensibilité au gel et le Chancellor (175 ceps) sera arraché au printemps de 1997 à cause de sa trop grande sensibilité à l'oïdium.

Tonnage de raisins : 6,5 t estimé en 1995.

Vendanges : Entre le 25 septembre et le 5 et le 10 octobre, de façon sélective.

La production vinicole

Nombre de bouteilles (750 mL) : 50 en 1987 ; 5150 en 1992 ; 6500 en 1995.

Vins actuels

Vin *Les Trois Clochers* blanc de cépage Seyval (depuis 1992) ; 9,95 $.

Vin déjà produit ou essai

Vin blanc domestique de cépage Seyval (1987 -1991).

Les à-côtés du vin

Dégustation gratuite, incluant les apéritifs de fraises.

Visite guidée sur réservation.

Pique-nique.

Autres produits : Boutique de produits dérivés de la vigne ; autres produits domestiques : entre autres gelées, confitures et vinaigre de fraises.

Autres services : Autocueillette de fraises ; apéritif de fraises Les Trois Clochers en 1994 devenu *La Frairie* depuis 1995 (8,50 $ le 750 mL) ; sentiers de promenade ; étiquettes personnalisées.

Les distinctions

Aucune participation à des concours à ce jour.

Ce que les connaisseurs en disent

D'après le dépliant publicitaire du vignoble pour les restaurateurs, le vin Les Trois Clochers blanc est sec et fruité avec une robe jaune très pâle et des arômes de pomme verte ; en bouche, il a un bon équilibre et des arômes persistantes.

Les projets

Les vignerons veulent élaborer un vin rouge et un vin blanc élevé en fût de chêne ainsi que promouvoir leurs vins et apéritifs dans les restaurants. Ils prévoient aussi vendre La Frairie en 375 mL, à partir de 1997, et faire un vin rouge avec le Maréchal Foch, à partir de 1998.

Le vignoble de l'Aurore boréale

*Une spacieuse salle d'accueil meublée à l'ancienne
et décorée de façon artistique attend le visiteur qui peut
même y acheter des peintures réalisées par le propriétaire.*

1421, rang Brodeur,
Saint-Eugène-de-Grantham (Québec) J0C 1J0
Tél. et télec. **(819) 396-7349**

Exploitants : Guy DesRochers et Eugénie Robitaille

Vinificateurs : Guy DesRochers et Eugénie Robitaille

Plantation des premiers ceps : 1992

Début de la production : 1994

Numéro et date du permis de vente : AV-020 (1995)

*Le vignoble est ouvert tous les jours de mai à octobre
et, de novembre à avril, les fins de semaine en plus
des autres jours sur rendez-vous.*

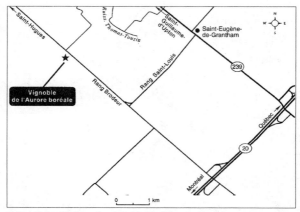

Carte de localisation du vignoble de l'Aurore boréale

Le milieu naturel

Altitude : 62 à 65 m.

Géomorphologie : Le vignoble est situé dans les Basses-terres du Saint-Laurent, plus précisément sur le versant est de la rivière Yamaska. Il est drainé par un embranchement sud du ruisseau Thomas-Touzin qui se jette dans le ruisseau des Chênes, lequel se jette à son tour dans la rivière Yamaska.

Il est sis sur une butte rocheuse recouverte de till (dépôt glaciaire) silto-sableux un peu caillouteux dont la surface sablo-graveleuse a été délavée par la Mer de Champlain ; le roc de schistes argileux se trouve entre 0,3 et 0,5 m de profondeur. La pente varie de 0° à 5° vers le SE et entre 0° et 2° vers le NE sur la parcelle expérimentale derrière la résidence. Le drainage naturel est bon sans besoin de drainage agricole d'appoint, sauf la partie est du champ qui en aurait besoin en raison de l'eau qui y demeure en surface après les pluies.

Sol : Le sol est un loam argileux calcaire de Bedford, gravelo-caillouteux en profondeur, avec un pH naturel de 6,7 en surface et de 7,4 en profondeur ; dans le vignoble même, le pH est de 6,7. Les exploitants ajoutent annuellement du fumier de porc et du marc de raisins ainsi que des engrais foliaires de manganèse et de magnésium.

Degrés-jours de croissance annuels (au-dessus de 10 °C) : 916 à 1064, mais pouvant atteindre 1238.

Risques de gel et enneigement : Le premier gel automnal survient en moyenne entre le 30 septembre et le 7 octobre mais, d'après les vignerons, ce serait plutôt entre le 15 et le 20 octobre et, de façon exceptionnelle, vers le 23 septembre. Le dernier gel printanier survient en moyenne entre le 8 et le 16 mai, pour une période sans gel moyenne de 125 à 140 jours, mais pouvant atteindre 152 jours ; d'après les vignerons, le dernier gel printanier survient plutôt vers le 1er mai. L'hiver, le NO du vignoble est protégé des vents dominants d'ouest par une érablière et le NE par un brise-vent de peupliers ; par contre, l'été, les vents dominants du SO ventilent le vignoble et évacuent le gel au sol.

L'enneigement est bon justement grâce à l'accumulation occasionnée par le boisé. Jusqu'à maintenant, il n'y a eu que quelques petites grêles, la plus importante étant celle de juin 1994, mais elles ont fait peu de dommages.

Buttage et débuttage : Le buttage est effectué vers la fin d'octobre et rarement après le début de novembre car le terrain est trop humide à ce moment-là ; le débuttage s'effectue à la fin d'avril. Cependant, à titre d'expérience, en 1995, la moitié des ceps des cépages Maréchal Foch et De Chaunac n'a pas été buttée ; pour le premier, il n'y a pas eu de conséquences sur la production, ce qui n'a pas été le cas pour le deuxième, mais ces cépages seront entièrement buttés en 1996.

Prédateurs et maladies : Lorsque le raisin est mûr, les merles et les quiscales bronzés y font des ravages ; par exemple, les vignerons estiment qu'ils ont perdu près de 50 % de leur récolte prévue de Chancellor en 1995. Ils viennent de se doter d'un appareil évoquant les cris de détresse des oiseaux pour essayer de les éloigner. Ils ont aussi constaté que le nombre d'oiseaux nuisibles est très faible lorsque des buses, des faucons et même des aigles (1994) font leur nid dans les boisés avoisinants, comme ce fut le cas en 1994 et 1996.

Comme dans presque tous les vignobles du Québec, les vignes doivent être traitées contre les maladies fongiques, tels l'oïdium et le mildiou ; le mildiou en particulier occasionne des pertes pouvant atteindre 20 % de la récolte prévue, surtout lorsqu'il y a trop de pluie pendant la floraison, et le Chancellor y est particulièrement sensible. Les vignes doivent être traitées contre les parasites, comme l'altise, sauf en 1996 où il n'y en a pas eu.

L'historique

Le nom du vignoble a été trouvé une nuit que Guy DesRochers revenait de son travail et que le ciel était illuminé de belles aurores boréales ; de plus, le nom fait référence aux nombreuses couleurs issues du miroitement du vin.

Entreprise familiale, le vignoble de l'Aurore boréale est un des vignobles établis par des amoureux du vin.

Guy DesRochers est originaire de Montréal et il est journaliste puis chef de pupitre au *Journal de Montréal* depuis 1979. En 1992, il rédige d'ailleurs une série d'articles sur pres-

Le résidence et le chai récemment construits, mais de style ancien.

que tous les vignobles commerciaux de l'époque. Dès son adolescence, il est émerveillé par le spectacle de l'eau et de la Nature, au lotissement de chalets de sa marraine à Pointe-Calumet, près du lac des Deux-Montagnes. À partir de ce moment, il a toujours cru qu'il allait un jour demeurer à la campagne. Plus tard, étudiant, il fait aussi des essais de vinification de raisins de Californie et, en 1970 et 1971, il va faire les vendanges à Rouffach, entre Colmar et Guebwiller, en Alsace. Avec le temps, la culture du vin devient pour lui « une façon de voyager ».

Eugénie Robitaille, son épouse, est aussi originaire de Montréal et elle est diplômée en horticulture de l'École d'agriculture de Nicolet. Elle travaille dans ce domaine pour la Ville de Montréal, de 1986 à 1996 ; maintenant, sa famille de deux jeunes enfants et le travail du vignoble prennent tout son temps.

La propriété de 17 ha est achetée en 1990 dans le but de vivre à la campagne, pour faire de la culture fruitière ainsi que pour posséder une érablière et un potager. Le site est choisi en raison de sa proximité tant de Montréal que d'une autoroute, permettant ainsi à Guy DesRochers de se rendre facilement à son travail.

Pour Guy DesRochers, l'idée de planter de la vigne est renforcée par une rencontre avec Christian Barthomeuf au Domaine des Côtes d'Ardoise, en 1984, et, depuis ce temps, il rêvait de posséder son propre vignoble. Il y repense sérieusement en 1991 et, en 1992, lui et sa compagne plantent 3500 ceps de Maréchal Foch, Lucy Kuhlmann, Bacchus, Seyval,

De Chaunac, Baco noir et Kerner achetés en Ontario. Cependant, le gel du 23 septembre 1992 provoque la perte de 1000 Bacchus et 50 Baco noir, de sorte qu'il n'en est resté que 2450. En 1993, les vignerons ont été plus heureux avec les 8000 boutures que les propriétaires des vignobles Morou, des Pins et Dietrich-Jooss ont offert de venir prélever chez eux.

Afin de se perfectionner, Guy DesRochers suit un cours de vinification de Robert Demoy et de Lay Li, à l'Institut de technologie agro-alimentaire de Saint-Hyacinthe en 1995 ; Eugénie Robitaille suit aussi ce cours en 1996. D'autres vignerons partagent leurs conseils comme, par exemple, Victor Dietrich, du vignoble Dietrich-Joos, et Gilles Benoît, du vignoble des Pins.

En marge de leur vignoble, ils exploitent aussi de façon artisanale leur érablière pour des besoins domestiques seulement.

La culture de la vigne

Superficie en vignes : 0,9 ha en 1992 ; 3,5 en 1996.

Nombre de ceps : 3500 en 1992 ; 14 800 en 1996.

Cépages actuels :

Vin rouge ou rosé : Lucy Kuhlmann (2000), Maréchal Foch (1500), De Chaunac (500), Baco noir (600), Chancellor (2000), Gamay (300)

Vin blanc : Cayuga White (3000), Seyval (2000), Geisenheim 318 (1000), Geisenheim 6495 (Amurensis) (845), Geisenheim 322 (800), Bacchus (800), Kerner (300)

Présence d'une pépinière : En serre, 10 000 ceps à planter en 1997.

Présence de parcelles expérimentales : 10 cépages.

Tonnage de raisins : 4,3 t estimé en 1995.

Vendanges : De façon sélective, entre le 20 septembre et le 15 et le 20 octobre.

La production vinicole

Nombre de bouteilles (750 mL) : 965 en 1994 ; 4230 en 1995.

Vins actuels

Vin *L'Aurore boréale* blanc d'assemblage (Seyval, Cayuga White et un peu de Geisenheim 318, depuis 1995) ; 10,50 $.

Vin *L'Aurore boréale Sélection* blanc d'assemblage (Seyval, Bacchus, Kerner, Cayuga White et Geisenheim 318 et 322 en 1994 ; Cayuga White, Geisenheim 318 et 322, et un peu de Gamay en blanc en 1995) ; 12,50 $.

Vin *L'Aurore boréale* rouge d'assemblage (Chancellor, De Chaunac et un peu de Maréchal Foch, depuis 1995) élevé en fût de chêne ; 10,50 $.

Vin *L'Aurore boréale Sélection* rouge d'assemblage (Baco noir, Lucy Kuhlmann, De Chaunac et Maréchal Foch en 1994 ; Lucy Kuhlmann, Maréchal Foch, Gamay, Baco noir et un peu de De Chaunac en 1995) ; 12,50 $.

Vin *Nuit des perséides*, blanc d'assemblage (Bacchus surtout et Kerner) (depuis 1995) ; 13,50 $.

Dans la même veine que le nom du vignoble lui-même, le nom du vin vient du fait que le principal cépage formant ce vin, le Bacchus, entre en véraison dans la deuxième semaine d'août, soit à l'époque des étoiles filantes, qui semblent venir de la constellation de Persée. D'après Guy Desrochers, ce vin est « la promesse du vin à venir, alors que le raisin entreprend sa marche vers le mûrissement ».

Vin *Rosée des peupliers*, rosé d'assemblage (Maréchal Foch, Lucy Kuhlmann et un peu de De Chaunac) (depuis 1995) ; 10,50 $.

Le nom vient du brise-vent de peupliers qui protège une partie du vignoble.

Les à-côtés du vin

Dégustation gratuite.

Visite guidée payante (environ 2 heures) avec assiette de fromages et vin.

Pique-nique en plein-air ou sur la terrasse couverte.

Autre produit : Arrangements de fleurs séchées faits sur place.

Autre service : Vente de peintures faites par Guy DesRochers.

Les distinctions

Production trop récente.

Ce que les connaisseurs en disent

D'après le dépliant publicitaire du vignoble, L'Aurore boréale blanc a des « arômes fruités d'une belle persistance », le Nuit des Perséides a « une grande richesse d'arômes exotiques », le Rosée des Peupliers a des « arômes de melon » et L'Aurore boréale rouge est « léger, fruité et rond (Chancellor, De Chaunac) avec une note boisée et un soupçon de douceur ».

Les projets

Les projets ne manquent pas. Les vignerons prévoient atteindre 25 000 ceps d'ici 1997, ce qui permettrait de faire des profits. Ils prévoient de faire des étiquettes personnalisées et d'augmenter la gamme des vins offerts, soit un rosé, un mousseux et une mistelle. Ils veulent enfin créer un petit centre d'interprétation de la vigne et du vin, et commencer la restauration dans un autre bâtiment avec un restaurant de 100 places où pourraient être présentés du théâtre et des spectacles.

Vignoble Les Pervenches

*Le cachet particulier du vignoble vient surtout de l'accueil
simple et courtois dans un petit vignoble très coquet.*

150, chemin Boulais,
Rainville (Québec) J2N 2P9
Tél. et télec. (514) 293-8311

Exploitants : Yves Monachon (propriétaire) et Yolande
Charette

Vinificateur : Yves Monachon (conseils de Jean-Paul
Martin depuis 1995)

Plantation des premiers ceps : 1991

Début de la production : 1993

Numéro et date du permis de vente : AV-021 (1996)

*Le vignoble sera ouvert toute l'année à partir
du printemps de 1997 et la visite des installations
se fera de mai jusqu'au début de février.*

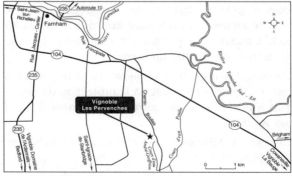

Carte de localisation du vignoble Les Pervenches

Le milieu naturel

Altitude : 76 m.

Géomorphologie : Le vignoble est situé dans le Pié-mont appalachien, un peu à l'est du contact avec les Basses-terres du Saint-Laurent, plus précisément sur le versant sud-ouest de la rivière Yamaska Sud-Est. Il est drainé artificiellement, dans la rivière Yamaska Sud-Est, par un embranchement du cours d'eau André-Geoffrion par le cours d'eau Poulin. Il est sis dans une plaine de till (dépôt glaciaire) silto-argi-leux, dont la surface sablo-graveleuse caillouteuse a été délavée par la Mer de Champlain ; le roc schis-teux métamorphique d'ardoise n'affleure pas en surface. La pente est très faible, soit de moins de 1°, mais le drainage naturel est bon sans besoin de drai-nage souterrain d'appoint.

Sol : Le sol est un podzol brun franc graveleux de Shefford, issu d'un till dérivé d'ardoises et de schistes argileux, avec un pH naturel de 5,1 à 5,3, lequel est bonifié à 6,7 avec des amendements de chaux tous les deux ans. Le vigneron ajoute aussi du magnésium et du bore ainsi que du 20-20-20 (azote, phosphore, potassium) chaque année.

Degrés-jours de croissance annuels (au-dessus de 10 °C) : 916 à 1064, mais pouvant atteindre 1238.

Risques de gel et enneigement : Le premier gel automnal survient en moyenne entre le 30 sep-tembre et le 7 octobre, mais parfois entre le 10 et le 12 septembre d'après le vigneron. Le dernier gel printanier survient en moyenne entre le 8 et le 16 mai, pour une période sans gel moyenne de 110 à 125 jours, mais pouvant atteindre 152 jours. Tou-jours d'après le vigneron, le dernier gel automnal peut cependant survenir aussi tard que le 22 ou 23 mai. L'ouest du vignoble est protégé des vents dominants du SO par un boisé.

L'enneigement est bon à l'ouest, où se trouvent les ceps de Chardonnay, grâce à la protection du boisé, mais il est faible à l'est. Jusqu'à maintenant, il n'y a pas eu de grêle.

Buttage et débuttage : Fin d'octobre au début de novembre/mi-mai.

Prédateurs et maladies : Les cerfs de Virginie mangent les jeunes pousses et les merles et les pigeons font un peu de dommages lorsque le raisin est mûr, mais il n'y a eu peu de dégâts jusqu'à maintenant de sorte que le vigneron ne fait rien de particulier pour les éloigner. Fait un peu inusité, des guêpes s'attaquent aussi au raisin mûr, mais c'est sans conséquence importante. Comme dans presque tous les vignobles du Québec, les vignes doivent être traitées contre les maladies fongiques, tels l'oïdium et le mildiou, et contre les parasites, comme l'altise, surtout en 1996.

L'historique

Le nom du vignoble provient du nom d'une fleur vivace de Savoie, patrie du vigneron, et qu'on retrouve aussi parfois au Québec.

Le vignoble est une entreprise familiale. Yves Monachon vient de Savoie, en France, et il est né dans une famille de vignerons, où il a pu acquérir son expérience. Il émigre au Québec en 1974, à 22 ans, pour vivre l'aventure et il exerce son métier de mécanicien d'entretien industriel jusqu'en 1995. Depuis ce temps, il s'adonne entièrement à son vignoble.

L'idée de planter de la vigne lui vient à la suite de visites aux vignobles L'Orpailleur et du Domaine des Côtes d'Ardoise en 1987 ou 1988. La propriété de 7,64 ha a été achetée en 1990

Belle résidence bourgeoise de style maison québécoise à l'entrée du vignoble.

avec l'intention de faire de la vigne et de poursuivre ainsi, en quelque sorte, la tradition familiale. Le site de la propriété a été choisi en raison du site abrité, du sol graveleux et aussi parce que la propriété est située dans une région climatique propice et sur une route passante près d'un petit centre urbain, Farnham. Les premiers ceps de Seyval sont achetés du vignoble Les Arpents de Neige en 1991, ceux de

Chardonnay en France en 1992 et en Ontario depuis. Par contre, le Chardonnay ne donne pas un bon rendement à cause du climat peu favorable au *vinifera*.

Jean-Paul Martin, vinificateur au vignoble Les Arpents de Neige depuis 1992, conseille Yves Monachon depuis 1995 ; ce dernier, originaire d'une famille de vignerons de Bourgogne, a toujours travaillé dans le domaine et il est donc bien placé pour ce type d'aide.

La culture de la vigne

Superficie en vignes : 0,2 ha en 1991 ; 1,36 ha en 1996.

Nombre de ceps : 800 en 1991 ; 6170 en 1996.

Cépages actuels :

Vin rouge ou rosé : Maréchal Foch (400), SV5247 (Seyval noir) (100).

Vin blanc : Seyval (3300), Chardonnay (1500), Pinot gris (100), Vidal (50), Ortega (40).

Présence d'une pépinière : Serre, 600 ceps de Seyval et 80 de Chardonnay.

Tonnage de raisins : 1,5 t estimé en 1995.

Vendanges : Entre le 20 septembre et le 4 octobre.

La production vinicole

Nombre de bouteilles (750 mL) : 150 en 1993 ; 1540 en 1995.

Vin actuel

Vin *Les Pervenches* Seyval Blanc de cépage Seyval (depuis 1996) ; 8,50 $.

Vin déjà produit ou essai

Vin blanc d'assemblage (Seyval et Chardonnay) produit à titre expérimental et de consommation domestique (1993-1995).

PRODUIT DU QUÉBEC · PRODUCT OF QUÉBEC

LES PERVENCHES

SEYVAL

Vin Blanc — White Wine

11% alc./vol. — 750 ml

VIGNOBLE LES PERVENCHES
150 chemin Boulais, Rainville, Québec
Tél.: (514) 293-8311

Les à-côtés du vin

Dégustation payante.
Visite du vignoble.

Les distinctions

Production trop récente.

Ce que les connaisseurs en disent

Production trop récente.

Les projets

La prochaine étape en vinification est de faire des essais d'assemblage. De plus, à partir de 1997, le vigneron prévoit vendre des plants de vigne, des légumes et du vinaigre de vin.

Vignoble
Domaine de l'Ardennais

*Le cachet particulier du vignoble vient de la vue ravissante
d'une bonne partie du vignoble et de son étang,
du haut d'un côteau en amphithéâtre dominé
par un enclos de wapitis.*

158, chemin Ridge,
Stanbridge East (Québec) J0J 2H0
Tél. et télec. (514) 248-0597

Exploitants : François Samray (propriétaire de la terre),
Jean-François Samray et Kateri Normandeau

Vinificateur : Jean-François Samray

Plantation des premiers ceps : 1994

Début de la production : 1995

Numéro et date du permis de vente : AV-025 (1996)

Le vignoble sera ouvert à partir de l'été de 1997.

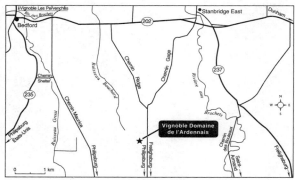

Carte de localisation du vignoble Domaine de l'Ardennais

Le milieu naturel

Altitude : 85-110 m.

Géomorphologie : Le vignoble est situé dans le Piémont appalachien, plus précisément sur le versant sud-ouest de la rivière aux Brochets, à 11 km au NE du lac Champlain. Il est sur le versant ouest d'une butte rocheuse, dont la partie est drainée par le ruisseau Bouchard et la partie ouest par le ruisseau Groat qui se jettent tous deux dans la rivière aux Brochets. Il est sis tant sur des coteaux rocheux couverts d'altérites (dépôts issus directement de la désagrégation du roc d'ardoises dolomitiques métamorphiques) et rappelant le vignoble du Domaine des Côtes d'Ardoise, que dans des dépressions en amphithéâtre tapissées par un till (dépôt glaciaire) silto-argileux caillouteux ; la surface sablo-graveleuse est issue, elle, du délavage littoral de la Mer de Champlain. Le terrain est très accidenté et les pentes, variant de 0° à 11°, sont orientées dans presque tous les azimuts ; le drainage naturel est donc bon, sans besoin de drainage agricole. Le premier champ, situé immédiatement derrière la résidence, commence par un amphithéâtre à pentes fortes ouvert vers le nord, au fond duquel il y a un grand étang artificiel, puis se poursuit par un plan incliné à pente plus faible vers l'ouest ; l'étang a été creusé en 1993 et fait effet de régulateur thermique. Le deuxième champ est entouré d'un boisé et il est en majeure partie un autre amphithéâtre à pentes moyennes ouvert vers le NO.

Sol : Le sol est un podzol franc graveleux de Shefford avec un pH naturel de 5,1 à 5,3, lequel sera bonifié l'an prochain avec des amendements de chaux dolomitique. Les vignerons ajoutent aussi du bore foliaire ainsi que du 5-10-20 (azote, phosphore et potassium) au besoin.

Degrés-jours de croissance annuels (au-dessus de 10 °C) : 1064 à 1211, mais pouvant atteindre 1238.

Risques de gel et enneigement : Le premier gel automnal survient en moyenne entre le 30 septembre et le 7 octobre mais, d'après le vigneron, ce serait vers le 15 octobre dans la dépression de l'étang. Le dernier gel printanier survient en moyenne entre le 8 et le 16 mai mais, d'après les vignerons, ce serait plutôt au début de mai. La période sans gel moyenne est de 110 à 125 jours, mais elle peut atteindre 152 jours.

L'enneigement est bon sauf au sommet des buttes, là où la neige est balayée par le vent. Il n'y a pas encore eu de grêle sur le vignoble.

Buttage et débuttage : 2e ou 3e semaine de novembre/15 mai.

Prédateurs et maladies : Les cerfs de Virginie sont un véritable fléau ; en 1994, ils ont causé des pertes d'environ 5 % dans les jeunes plants, de sorte qu'on a dû poser une haute clôture de fil de fer autour du vignoble en 1995. Lorsque le raisin est mûr, ce sont les merles, les étourneaux et parfois les carouges à épaulettes qui attaquent le raisin et qui occasionnent aussi environ 5 % de perte ; les vignerons essaient de les effrayer en tirant du fusil. Les ratons laveurs viennent aussi faire des incursions. Comme dans presque tous les vignobles du Québec, les vignes doivent être traitées contre les maladies fongiques, tels l'oïdium et le mildiou, et contre les parasites, comme l'altise. En 1996, la pourriture grise a causé beaucoup de dommages aux cépages blancs, parfois jusqu'à 45 % dans certains rangs.

L'historique

Le nom du vignoble provient du nom de la patrie d'origine de la famille Samray, soit les Ardennes belges.

Entreprise familiale, le vignoble Domaine de l'Ardennais est un des vignobles implantés par des amoureux du vin.

François Samray est venu au Canada en 1957 avec le mythe de l'Amérique en tête. Il s'installe d'abord à Laval parce qu'il est technicien à Canadair puis, de 1970 à 1974, il exploite une ferme maraîchère à Pigeon Hill, à quelques kilomètres au sud du vignoble actuel, parce que l'attrait de la terre est dans la tradition familiale. Malheureusement, un incendie des bâtiments causé par la foudre le ramène successivement à Atco, à Ideal Electric Welding et de nouveau à Canadair jusqu'à sa retraite en 1990. De 1988 à 1993, il passe près de six mois par an en Californie et il prend goût, entre autres, à la culture en serre.

L'idée de planter de la vigne lui est venue lors d'une discussion avec son fils Jean-François. Ils sont d'ailleurs tous deux des amateurs de vin et ils ont l'habitude de faire la tournée des vignobles en région. La propriété de 35,8 ha a donc été achetée en août 1993 par François Samray pour y implanter un vignoble. En effet, le site, plus en altitude que beaucoup de terres avoisinantes, est moins affecté par les inversions thermiques, sources de gels inopinés et il était facile de voir que la vigne sauvage y poussait partout facilement.

Les études de premier cycle en économique et de deuxième cycle en sciences politiques, à l'Université de Sherbrooke, de Jean-François Samray n'ont rien à voir avec la vigne. Cependant il fait de la bière domestique depuis 1988 et il se découvre des talents de vinificateur, en plus du poids de la tradition familiale pour l'agriculture. Originaire de Montréal,

Vue d'une partie du vignoble à partir du côteau derrière la résidence.

Kateri Normandeau est diplômée en génie civil, aussi de l'Université de Sherbrooke, et elle travaille dans une firme de consultants à Saint-Hyacinthe. Pour sa part, elle prend goût au vin dans sa famille et au travail horticole sur la ferme de ses grands-parents près de Saint-Hyacinthe.

Dès le départ, ils décident d'élever des wapitis et de petits animaux de ferme ; l'élevage des premiers tient à l'idée de faire de la restauration sur le vignoble et celui des deuxièmes à une satisfaction personnelle. Ces animaux attirent d'ailleurs déjà des visiteurs sur le site.

L'expérience de François Samray en Californie lui sert à monter une serre, laquelle est utilisée pour produire des fleurs mais aussi des plants de vigne ; ainsi, après avoir acheté les premiers ceps d'Alain Breault, de Dunham, les vignerons font de plus en plus leurs boutures eux-mêmes.

Même s'il travaille à temps plein au Casino de Montréal, Jean-François Samray trouve que la viti-viniculture est un défi ainsi qu'un « accomplissement » ; c'est une façon d'exprimer sa personnalité par un produit dont il est satisfait et dans lequel il a passé son caractère. Afin de parfaire ses connaissances, il fait un stage en viti-viniculture au vignoble Dietrich-Jooss, à l'été et à l'automne de 1994 ; de plus, il suit le cours de vinification de Robert Demoy et de Lay Li à l'Institut de technologie agro-alimentaire de Saint-Hyacinthe en 1996.

La culture de la vigne

Superficie en vignes : 1,0 ha en 1994 ; 4,3 ha en 1996.

Nombre de ceps : 3749 en 1994 ; 13 373 en 1996.

Cépages actuels :

Vin rouge ou rosé : Chancellor (2324), Maréchal Foch (1134), De Chaunac (845), SV5247 (Seyval noir) (324).

Vin blanc : Seyval (6 586), Vidal (1202), Cayuga White (336), Riesling (472), Geisenheim 318 (150).

Présence d'une pépinière : 400 ceps en serre et dans le champ.

Tonnage de raisins : 0,9 t estimé en 1995.

Vendanges : Vers le 20 septembre.

La production vinicole

Nombre de bouteilles (750 mL) : 894 en 1995.

Vins actuels

Vin *Domaine de l'Ardennais Chancellor* rouge de cépage élevé en fût de chêne (depuis 1995) ; 12,95 $.

Vin *Domaine de l'Ardennais Seyval* blanc de cépage élevé en fût de chêne (depuis 1995) ; 12,95 $.

Mistelle *Ridgeois* de cépage Vidal (depuis 1996) ; 15,95 $.

Le nom de la mistelle vient du nom que pourraient avoir les habitants du rang où se trouve le vignoble.

Les à-côtés du vin

Dégustation.

Visite guidée.

Pique-nique.

Autres produits : Fleurs de serre et plants de vigne.

Autres services : Élevage de wapitis et d'autres petits animaux de ferme comme attrait pour les visiteurs.

Les distinctions

Entreprise trop récente.

Ce que les connaisseurs en disent

Entreprise trop récente.

Les projets

Les vignerons projettent d'améliorer le paysagement de leur propriété et même d'augmenter leur encépagement jusqu'à 25 000. Ils visent une production minimale de 25 000 bouteilles pour rentabiliser l'entreprise. En 1997, ils prévoient mettre sur le marché un vin rosé ainsi qu'un vin rouge primeur, élaboré à partir de Maréchal Foch, qui s'appellera probablement « Le Coteau de Champlain ». Ils prévoient aussi développer le marché des étiquettes personnalisées et la restauration avec une table d'hôte de viandes sauvages.

La région de l'Estrie

La région de l'Estrie n'est pas des plus favorables en soi pour la viticulture en raison du climat souvent moins clément du plateau appalachien. Cependant, certains micro-climats peuvent être propices au gré des pentes bien exposées ou près de grands plans d'eau. À cause du morcellement du relief de cette région de collines, il n'est donc pas surprenant que ses vignobles soient si dispersés. Si elle est la troisième région productrice du Québec, après celles du Richelieu et de la Yamaska, c'est grâce au vignoble Le Cep d'Argent, dont le chiffre d'affaires est le plus élevé après celui de L'Orpailleur. Il a l'avantage d'être situé dans la sous-région touristique de Magog-Orford. Dans cette région, il y a deux autres vignobles : Grenier-Martel et Sous les Charmilles. Le premier est en voie de restructuration sous serre tandis que le deuxième est très récent. Les vignobles de l'Estrie totalisent 59 350 ceps sur 12,3 ha en culture et, en 1995, ils ont produit 56 336 bouteilles en blancs, en rouges, en rosés, en mousseux ainsi qu'en apéritifs et digestifs.

Carte de localisation des vignobles de la région de l'Estrie

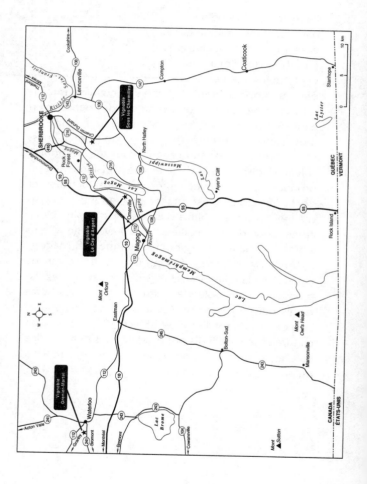

Vignoble Le Cep d'Argent

Accueil et activités dans une ambiance et un décor médiévaux ; en arrivant par la piste cyclable qui traverse le vignoble on voit apparaître une partie du lac Magog.

1257, chemin de la Rivière,
Canton de Magog (Québec) J1X 3W5
Tél. (819) 864-4441 Télec. (819) 864-7534

Exploitants : Jacques Daniel, Denis Drouin, François Scieur, Jean-Paul Scieur

Vinificateur : Alain Bayon (1987), François Scieur (depuis 1988)

Date de plantation des premiers ceps : 1985

Date de début de la production : 1987

Numéro et date du permis de vente : AV-006 (1988)

Le vignoble est ouvert toute l'année ; la visite guidée se fait du 30 avril au 31 décembre ; le reste de l'année, il n'y a de visite que les fins de semaine.

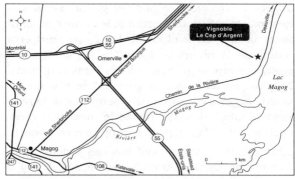

Carte de localisation du vignoble Le Cep d'Argent

Le milieu naturel

Altitude : 213-228 m.

Géomorphologie : Le vignoble est situé sur le Plateau appalachien, plus précisément sur le versant ouest, à 200 m du lac Magog. Il se trouve sur un versant vallonné de till (dépôt glaciaire) argilo-silteux très caillouteux. Les roches de schistes ardoisiers métamorphiques sous-jacentes n'affleurent cependant pas en surface.

La pente est généralement de 3° à 5° vers l'est, l'ouest ou le SE, mais certaines parties ont une pente nulle, ce qui engendre un mauvais drainage. Par contre, dans les secteurs de pente forte, il y a des problèmes d'érosion du sol au printemps et lors des fortes pluies.

Sol : Le sol est une terre franche pierreuse de Magog de pH naturel entre 5,3 et 5,5, mais bonifié entre 6,5 et 6,8 par l'ajout d'amendements de chaux dolomitique au besoin.

Les vignerons ajoutent chaque printemps des engrais chimiques comme de l'azote, beaucoup de potasse et un peu de phosphore, ainsi que du fumier généralement tous les deux ans.

Degrés-jours de croissance annuels (au-dessus de 10 °C) : 769 à 916, mais pouvant atteindre 949.

Risques de gel et enneigement : Le premier gel automnal survient en moyenne entre le 21 et le 29 septembre ; le dernier gel printanier survient en moyenne entre le 17 et le 25 mai, pour une période sans gel moyenne de 110 à 125 jours, mais pouvant atteindre 137 jours.

D'après le vigneron, le premier gel automnal survient plutôt vers le 15 octobre et le dernier gel printanier vers le 10 avril car le boisé, au nord et à l'ouest de la propriété, fait office de barrière climatique contre le gel et contre les vents dominants. De plus, en automne, le vent qui souffle du lac retarde la gelée d'environ deux semaines et, le printemps, l'orientation SSE donne le maximum d'ensoleillement et fait gagner environ une semaine.

L'enneigement est bon sauf lors des redoux occasionnels de janvier. Jusqu'à maintenant, il n'y a jamais eu de grêle.

Buttage et débuttage : début novembre/15 avril.

Prédateurs et maladies : Les cerfs de Virginie s'attaquent surtout aux jeunes pousses au printemps, mais avec des dommages minimes, et à peine aux raisins lorsqu'ils commencent à mûrir ; pour les éloigner, les vignerons placent des blocs de sel en bordure de la propriété, depuis 1993, et n'effeuillent plus au-dessus des grappes à partir de septembre, afin de les cacher le plus possible. Les dommages par les ratons-laveurs sont négligeables, mais ce n'est pas le cas de ceux que font les étourneaux ; les vignerons essaient de les faire fuir en tirant du fusil mais les plaintes des voisins leur font utiliser ce moyen le moins souvent possible : les dommages à la récolte prévue sont d'environ 3 %, sauf peut-être en 1995, où tout le Geisenheim 318 a été mangé. Comme dans presque tous les vignobles du Québec, la vigne doit être traitée contre les maladies fongiques, tels l'oïdium et le mildiou, et contre les parasites, comme l'altise. De plus, les vignerons doivent aussi traiter contre les cicadelles qui piquent les feuilles.

L'historique

Le nom du vignoble provient d'une recherche que les fondateurs ont faite en vue de lui donner un nom significatif en relation avec la vigne, tout en étant en même temps phonétique ; le fait que le vignoble soit situé près d'un lac aux eaux « argentés » a été utilisé.

Le vignoble Le Cep d'Argent est un des trois premiers vignobles établis avec des vignerons professionnels, avec ceux de L'Orpailleur et Dietrich-Joos. C'est une entreprise mixte, familiale et collective.

La propriété de 46,5 ha est louée à partir de septembre 1985 et elle est achetée en octobre 1987. L'achat est fait spécifiquement pour implanter un vignoble après avoir visité plus d'une soixantaine d'endroits en Estrie. Le site est choisi en raison de son microclimat favorable près d'un plan d'eau (le foin était mûr 8 jours avant les secteurs avoisinants), du coût raisonnable du terrain, de la proximité d'une autoroute et du marché de la région sherbrookoise, du fait aussi que la région est un carrefour touristique et qu'elle est à proximité des lieux de résidence et de travail des fondateurs.

L'idée de démarrer un vignoble vient de Jacques Daniel qui rêve, depuis un séjour d'études en France, en 1980, de posséder son propre vignoble ; amateur de bons vins, il aime le risque et il cherche un investissement pour sa retraite. L'élément déclencheur est venu d'Olga Renaud, sa nièce, qui revient de faire les vendanges en Champagne, à l'automne de 1982, et qui convainc facilement son oncle de la beauté de cette culture. Lors de ce séjour, cette dernière s'est également fait un ami champenois, Alain Bayon, qui demeure à Étoges. Ce dernier vient au Québec en touriste, de mai à octobre 1983, puis revient épouser Olga,

La terrasse devant le chai et la salle d'accueil du vignoble

au printemps de 1984, après avoir obtenu son statut d'immigrant reçu. Alain Bayon est diplômé, depuis 1976, de l'École familiale rurale de Gianges et vient de passer la majeure partie de l'année 1985 comme viticulteur au vignoble du Domaine des Côtes d'Ardoise ; il a donc des connaissances intéressantes à exploiter pour commencer un nouveau vignoble.

Formé en administration à l'Université de Sherbrooke, Jacques Daniel est directeur du Service de l'approvisionnement du Centre hospitalier universitaire de Sherbrooke (CHU), maintenant le Centre universitaire de santé de l'Estrie (CUSE) jusqu'à sa retraite, en 1996, et, depuis 1958, il avait travaillé dans le même domaine pour diverses entreprises. Il est donc l'homme de la situation pour lancer une entreprise à haut risque. En 1985, il cherche des associés autour de lui, soit dans sa famille soit à son travail : quatre répondent à l'appel, tous à parts égales. D'abord, les connaissances viti-vinicoles d'Alain Bayon sont appréciées ; il y met surtout du temps tout comme son épouse, Olga Renaud. Ensuite, Jacques Daniel y intéresse facilement son fils, Marc, car ce dernier avait pris goût à la viticulture en faisant les vendanges en Champagne pendant trois années, en 1981, 1983 et 1984. Il intéresse également Gaston Dorval, informaticien au CUSE ; ce dernier aime relever de nouveaux défis et y voit une occasion d'investissement. Outre son investissement financier, il participe aux travaux de plantation et il est trésorier de 1985 à 1990. Enfin, Jacques Daniel intéresse à l'entreprise Denis Drouin, son adjoint au CUSE, qui se joint à l'équipe parce qu'il a toujours voulu cultiver des petits fruits dans le contexte d'un « retour à la terre », qu'il a même suivi des cours dans le domaine, entre 1976 et 1978, et qu'il avait essayé d'y intéresser des amis. Démarrer un vignoble est donc d'un intérêt pertinent pour lui.

Les 10 000 premiers ceps de Seyval, achetés chez Mori Nursery en Ontario, sont plantés par les partenaires et leur famille, en avril-mai 1985, avec 20 000 plants de tomates et 1000 plants de concombres, afin de faire une entrée immédiate d'argent. Leur courage est parfois mis à rude épreuve puisqu'ils subissent à ce moment trois semaines de pluie quasi continue. L'année suivante, ils ajoutent 3000 ceps de Maréchal Foch et 2000 de De Chaunac, puis 6000 autres de Maréchal Foch en 1988. Par la suite, on augmente régulièrement, surtout en Seyval.

François Scieur se joint à l'équipe en 1986. Il vient d'une famille de vignerons d'Étoges, en Champagne, et il a appris son métier tant au vignoble familial qu'à l'École familiale rurale de Gianges, où il fait quatre années de cours « vignes et vins » ainsi que des stages, de 1976 à 1979. Ami d'Alain Bayon, il cherche à s'implanter au Québec puisque les perspectives de prendre en main le vignoble familial sont quasi nulles, ayant un frère qui a le droit d'aînesse. Il vient donc au Québec, en 1986, s'associe au vignoble et il revient définitivement en 1987.

Alain Bayon quitte le vignoble le 15 décembre 1989 à cause de ses divergences de vues avec les autres partenaires quant à son travail dans l'entreprise. Il préfère en effet le travail viticole au travail commercial et c'est ce qu'il fait d'ailleurs maintenant, depuis avril 1990, au vignoble L'Orpailleur. Depuis 1992, il est d'ailleurs le beau-frère de Charles Henri de Coussergues. Toujours en 1989, Marc Daniel décide de quitter l'entreprise lui aussi, à cause de la lourdeur de l'administration entre le vignoble et sa propre entreprise de traiteur. En effet, il avait implanté la restauration au vignoble depuis 1988 et il avait formé une entreprise de traiteur, Buffet Super en 1989. Normand Therriault, ingénieur en électricité et collègue de Jacques Daniel au CUSE, le remplace. Ayant voyagé souvent en France et étant amateur de vin, il s'intéresse rapidement à l'entreprise et s'occupe surtout du design lors de la construction des bâtiments abritant, entre autres, la salle d'accueil actuelle.

L'année 1990 est fertile en rebondissements. En effet, Gaston Dorval se retire de l'entreprise parce qu'il manque de temps à consacrer au vignoble en raison de nouveaux défis à relever dans son travail au CUSE. Denis Drouin devient alors trésorier, et ce jusqu'en 1994. L'addition de deux nouveaux enfants à sa nombreuse famille amène Normand Therriault à quitter aussi à la fin de 1990 et Marc Daniel redevient alors actionnaire jusqu'à ce qu'il vende son service de traiteur au vignoble, en 1993, à cause de la lourdeur de l'administration de ce dernier. Marc Daniel devient tour à tour représentant pour la microbrasserie McAuslin et spéculateur en immobilier, avant de décider de lancer son propre vignoble, au printemps de 1995, après avoir fait un voyage blanc au Mexique pour y établir un vignoble. Le vignoble Les Chants de Vigne est presque voisin du vignoble Le Cep d'Argent !

Jean-Paul Scieur, le frère de François, vient en visite au Québec, en 1989. L'entreprise lui plaît et il devient partenaire en juillet 1990. Il revient définitivement au Québec, en mai 1991, après avoir obtenu son statut d'immigrant reçu. Auparavant, après un cours de mécanicien-ajusteur, il a travaillé dans une verrerie où il a fait du syndicalisme. Il a ainsi appris à côtoyer le personnel et à le gérer. Comme il ne voyait pas d'avenir dans ce travail en France, la proposition de s'associer dans un vignoble au Québec lui souriait. Ses expériences en viticulture au vignoble familial, de mécanicien et de gestion de personnel lui servent actuellement.

Jacques Daniel est très actif comme président de la Fête des vendanges de Magog-Orford à la fin de septembre chaque année, et ce depuis 1994. En effet, c'est lui qui en est l'initiateur afin d'attirer, au vignoble, les visiteurs qui ne venaient qu'à la Flambée des Couleurs du mont Orford, sans passer par le vignoble. Mais sa visée était plus grande, car il voulait en faire une fête de tous les vignobles du Québec, ce qu'il a pratiquement réussi. Pour sa part, Denis Drouin est un des administrateurs de l'Association des vignerons du Québec, en 1990 et 1992, et il en est le cosecrétaire, en 1991. Jean-Paul Scieur l'a remplacé comme admi-

nistrateur de l'Association des vignerons du Québec et ce dernier est aussi administrateur de la Coopérative des vignerons du Québec depuis sa fondation, en 1993. Les nombreuses distinctions tant pour les vins que pour l'entreprise, ainsi que l'ardeur des propriétaires du vignoble, font de ce dernier un objet de réelle fierté en Estrie.

La culture de la vigne

Superficie en vignes : 2,2 ha en 1985 ; 3,4 ha en 1986 ; 4,8 ha en 1988 ; 7,0 ha en 1991 ; 11,0 ha depuis 1995.

Nombre de ceps : 10 000 en 1985 ; 15 000 en 1986 ; 21 000 en 1988 ; 33 000 en 1991 ; 49 150 depuis 1995.

Cépages actuels :

Pour le vin rouge ou rosé : Maréchal Foch (10 000), De Chaunac (2000) = 12 000.

Pour le vin blanc : Seyval (31 000), Geisenheim 318 (5000), Cayuga White (1000), Vidal (150) = 37 150.

Tonnage de raisins : 64 t estimé en 1995.

Vendanges : De la mi-septembre à la mi-octobre.

La production vinicole

Nombre de bouteilles (750 mL) : 700 en 1987 ; 9600 en 1988 ; 32 335 en 1991 ; 54 136 en 1995.

Vins actuels

Vin *Le Cep d'Argent* blanc de cépage Seyval (depuis 1987) ; 10,35 $ le 750 mL et 5,95 $ le 375 mL.

Le logo sur l'étiquette représente les outils essentiels du vigneron et mentionne les qualités qu'il doit avoir, soit persévérance et travail, et ce qu'il doit viser, soit la qualité.

Vin *Délice du Chais* rouge d'assemblage (80 % de Maréchal Foch et 20 % de De Chaunac) (depuis 1988) ; 13,25 $ et 6,95 $ le 375 mL.

Le nom vient d'une recherche des fondateurs du vignoble.

Vin *La Réserve des Chevaliers* rouge d'assemblage (80 % de Maréchal Foch et 20 % de De Chaunac) en fût de chêne (depuis 1992) ; 13,95 $.

Le nom de ce vin, comme la plupart des autres vins ci-dessous, vient du concept médiéval donné au vignoble.

Mistelle *Mistral*, apéritif blanc de type ratafia de Champagne, proche du Pineau des Charentes,

d'assemblage de Seyval avec beaucoup de brandy et de l'alcool neutre de grain, macéré en tonneau avec des pruneaux et des abricots (depuis 1991) ; 21,95 $.

Le nom vient du nom du vent de la vallée du Rhône.

Mistelle *L'Archer*, digestif de type porto à base de vin rouge d'assemblage (80 % de Maréchal Foch et 20 % de De Chaunac) avec du brandy (mais du cognac de 1991 à 1994) de l'alcool neutre de grain et environ 10 % de sirop d'érable (depuis 1991) ; 18,95 $ le 750 mL et 17,95 $ le 500 mL dans une bouteille-grappe stylisée (depuis 1995).

Vin *Sélection des Mousquetaires* mousseux blanc de blancs de cépage Seyval très sec (depuis 1988) ; 25 $ le 750 mL, 13,50 $ le 375 mL et 50 $ le magnum 1500 mL.

Vin *Sélection des Mousquetaires* mousseux rosé d'assemblage (Seyval, Maréchal Foch et De Chaunac) un peu fruité (depuis 1990) ; 25 $.

Vin *Cuvée des Seigneurs* blanc de cépage Seyval (depuis 1995) ; 13,95 $.

Vins déjà produits ou essais

Kir Le Fleur de Lys de cépage Seyval incluant de la crème de cassis de Dijon (1990-1993) ; retiré du marché à cause de la SAQ puisque le cassis n'est pas produit sur l'exploitation ; possibilité d'en refaire avec les vendanges de 1996.

Le nom est donné pour caractériser un produit du Québec et souligner le rapprochement avec la France.

Mistelle Fleuret, apéritif blanc de type Pineau des Charentes, d'assemblage de Seyval avec de l'alcool et un peu de brandy (1990-1994).

Essai de vin de glace avec le Seyval en 1992, mais les essais n'ont pas été concluants car on faisait geler le raisin après l'avoir récolté.

Les à-côtés du vin

Dégustation payante pour 4 produits, mais comprise dans le prix de la visite.

Visite guidée payante de 45 minutes (français, anglais et même espagnol sur réservation) des vignes et du chai avec dégustation.

Repas gastronomiques, méchouis, buffets économiques, dégustation de vins et fromages ; traiteur.

Pique-nique sous une terrasse couverte de 150 places, dont le mur sera couvert avec 9 fresques d'artiste sur le raisin, de la plantation à la bouteille.

Autres produits : Produits dérivés de la vigne : gamme de diverses gelées de vin dès le début de 1997 ; autres produits régionaux : terrines.

Autres services : Soirées médiévales (depuis 1991) avec pièce de théâtre, ou soirée de meurtre et mystère ; une salle de réception de 120 places (Salle d'armes) de style médiéval et une autre salle de réception panoramique de 150 places (Salle des chevaliers) ; étiquettes personnalisées même à l'unité ; piste cyclable traversant le vignoble depuis Omerville, près de Magog.

Les distinctions

Le Sélection des Mousquetaires blanc de blancs 1991 a été sélectionné par le ministère des Affaires extérieures du Canada pour ses ambassades et ses hauts-commissariats.

À l'InterVin (North America's International Wine Competition), une médaille d'argent a été obtenue pour le Mistral 1992 et une de bronze pour L'Archer 1995.

À l'Atlanta Wine Summit, une médaille d'argent a été obtenue pour le Mistral 1991 et 1995, ainsi qu'une de bronze pour L'Archer 1994 et 1995.

Au Pacific Wine Competition, une médaille d'or a été obtenue pour L'Archer 1994.

Au Tasters Guild International Wine Judging Competition, une médaille d'argent a été obtenue pour L'Archer 1995.

Le Cep d'Argent 1994 a été sélectionné par la Délégation générale du Québec à Paris.

Mention du mérite du ministère de la Jeunesse du Québec, en 1990, lors du Défi Challenge 90.

Le vignoble a été finaliste dans la catégorie « entreprise manufacturière » du 7e Gala Constel-Action de la Chambre de commerce et d'industrie Magog-Orford, en 1991, et finaliste au 8e Gala en 1992, dans la catégorie « formation de main-d'œuvre » ; il a reçu le prix de la catégorie « entreprise de production, petite et moyenne entreprise ».

Prix régional de la catégorie « petite entreprise touristique » et finaliste de la catégorie « petite et moyenne entreprise », à l'occasion des Grands Prix du tourisme québécois, en 1992.

Prix de la catégorie « entreprise agricole de l'année » au Gala Reconnaissance Estrie, en 1993 et 1994.

Prix de la catégorie « entreprise touristique de l'année, secteur accueil et service à la clientèle », au 8e Gala Constel-Action de la Chambre de commerce et d'industrie Magog-Orford, en 1993 ; le vignoble est finaliste dans la même catégorie, en 1994, et il y reçoit le prix de la catégorie « entreprise innovation, recherche et développement ».

Grand Prix du tourisme québécois 1995 pour la qualité de son accueil et de son service à la clientèle.

Prix pour la gestion de la qualité ainsi que pour le développement des affaires dans la catégorie des entreprises de moins de 50 personnes, au 11e Gala Constel-Action de la Chambre de commerce et d'industrie Magog-Orford, en 1996.

Ce que les connaisseurs en disent

D'après Yves Michaud (*Le Médecin du Québec*, juin 1995), « À l'attaque du nez », L'Archer possède « les arômes si particuliers de la région de Rivesaltes où l'on produit les vins de dessert, notamment les banyuls et les maurys ».

D'après le dépliant publicitaire du vignoble, Le Cep d'Argent est « sec et fruité », au « nez plutôt léger et acidulé avec une robe jaune très pâle et très brillante. En bouche possède un bon équilibre entre les acides et les sucres. Des arômes de pamplemousse et de poires se prolongent assez longuement ». La Réserve des Chevaliers a un « arôme de boisé prononcé », le Délice du Chai est « très agréable au palais. Il saura vous conquérir par son arôme de fruits rouges (framboises) ». Le Mistral « emblème du vignoble Le Cep d'Argent » a des « saveurs de pruneaux et de café, mœlleux, avec une bonne dose de raisins ». L'Archer est une « exclusivité mondiale » et, au « nez, les arômes généreux de l'érable sont assez présents, mais c'est en bouche qu'ils se font le plus sentir ». Le Sélection des Mousquetaires blanc de blancs a une « Bonne mousse persistante très secs (sic) » et le Sélection des Mousquetaires rosé a les mêmes propriétés que le blanc de blancs, « mais plus de fruité et de douceur ».

Les projets

Les projets de développement du vignoble portent surtout sur la qualité des produits, le rendement et l'association vins, gastronomie et culture. On vise aussi à planter de nouvelles vignes et à produire 100 000 bouteilles en 1999. À cet effet, avec la vente dans les restaurants, on prévoit augmenter les ventes d'au moins 25 % et, dès 1997, on souhaite aussi faire du vin rouge kascher, un vin nouveau et un vin de vendange très tardive ou un vin de glace. Le Sélection des Mousquetaires blanc de blancs a été choisi en 1993 pour être placé sur la liste destinée aux ambassades et aux hauts-commissariats du Canada, cependant il n'y a eu aucune commande jusqu'à maintenant ; les vignerons veulent donc examiner de plus près ce potentiel.

Étant le premier vignoble québécois à exporter en France en 1992 (deux caisses de L'Archer), on prévoit accroître les exportations non seulement en France, mais aussi aux États-Unis, et surtout en Nouvelle-Angleterre, ainsi qu'à Taiwan, en Chine et au Japon. On vise surtout L'Archer, qui est un produit typique du Québec avec l'addition de sirop d'érable. On veut également créer une conscience de récupération chez les amateurs de vin en vendant du vin dans des bouteilles stylisées de 500 mL, utilisables comme vases à fleurs. Enfin, on veut également faire en sorte de poursuivre la piste cyclable régionale vers Deauville afin de rejoindre Sherbrooke.

Vignoble Grenier-Martel
(vignoble Trait Carré, 1986-1988 ;
vignoble des Cantons, 1988-1989)

1476, chemin de Bromont, route 241,
Canton de Shefford, C.P. 412 (Waterloo),
(Québec) J0E 2N0
Tél. **(514) 539-0573**

Exploitant et vinificateur : Claude Grenier

Plantation des premiers ceps : 1990, mais 1986
au vignoble Trait Carré et 1988 au vignoble des Cantons

Début de la production : 1992, mais 1988 au vignoble
des Cantons

Numéro et date du permis de vente : AV-008 (1988)

Le vignoble est actuellement fermé aux fins
de restructuration. Il ouvrira à nouveau ses portes
à une date inconnue.

Carte de localisation du Vignoble Grenier-Martel

Le milieu naturel

Le vignoble a loué un champ de Michael Murray, sur le chemin Ten Eyck à Dunham, de 1986 à 1991, et un autre champ de Jean-Claude Ostiguy, sur le chemin Bromont en face du vignoble actuel, de 1986 à 1990.

Altitude : 240 m ainsi que pour l'ancien champ chez Jean-Claude Ostiguy ; 125-155 m pour l'ancien champ de Dunham.

Géomorphologie : Le vignoble est situé dans les Appalaches, plus précisément sur le versant ouest de la rivière Yamaska Nord, à peine à 2 km à l'est du mont Shefford. Il est drainé par des fossés vers le lac Waterloo au sud-est. C'est un plateau de till (dépôt glaciaire) caillouteux silto-argileux et le roc de phyllades métamorphiques n'affleure pas en surface. La pente est nulle, de sorte qu'avec le sol presque imperméable le drainage est imparfait, même avec l'aide de fossés. Le vignoble aurait donc besoin de drainage souterrain.

L'ancien champ chez Jean-Claude Ostiguy était sur le même plateau de till, mais le drainage se faisait plutôt vers le ruisseau Chevalier, au SO, qui se jette dans la rivière Yamaska. La pente était de 0° à 3° vers le sud et les roches aussi des phyllades métamorphiques. L'ancien champ de Dunham, sur le versant SO d'une butte rocheuse, était constitué de deux terrasses d'altérites d'ardoises avec une mince couverture de till ; la pente était de 1° à 5° vers le SO.

Sol : Sur le site actuel, le sol est classé comme un podzol franc sableux de Racine caillouteux avec un pH naturel de 4,4 à 4,7. Il est cependant plutôt silto-argileux. Le pH était probablement bonifié avec l'ajout annuel de chaux. Le vigneron y ajoutait aussi, peut-être annuellement, de l'azote, du phosphore, du potassium ainsi que du magnésium. À l'ancien champ chez Jean-Claude Ostiguy, le sol était classé comme un podzol franc sableux de Bromptonville un peu caillouteux avec un pH naturel de 5,2 en surface et de 6,4 à 6,6 en profondeur. À l'ancien champ de Dunham, le sol était classé comme un podzol franc schisteux de Shefford avec un pH naturel de 4,9 à 5,3. On ne sait pas si le vigneron y ajoutait des amendements et des engrais.

Degrés-jours de croissance annuels (au-dessus de 10 °C) : 769 à 916, mais pouvant atteindre 949 tant à Waterloo qu'à Dunham.

Risques de gel et enneigement : Le premier gel automnal survient en moyenne entre le 21 et le 29 septembre ; le dernier gel printanier survient en moyenne entre le 17 et le 25 mai, pour une période sans gel moyenne de 95 à 110 jours, mais pouvant atteindre 137 jours à Waterloo et 123 jours à Dunham.

D'après le vigneron, la température est plus fraîche à Waterloo qu'à l'ancien site de Dunham car le premier gel automnal survient plutôt vers la mi-septembre et le dernier gel printanier vers le début de juin, comme celui du 3 juin 1986.

L'enneigement est bon puisque les rangs sont disposés dans le sens

La résidence et la serre construite en 1994.

contraire des vents dominants qui sont de l'ouest. Habituellement, il n'y a pas de grêle, mais la grêle du 10 septembre 1992 a détruit la majeure partie de la récolte.

Buttage et débuttage : Milieu à la fin d'octobre/ début mai, mais parfois à la fin de mai.

Prédateurs et maladies : Aucune donnée n'est disponible.

L'historique

Le nom du vignoble est formé du nom de famille du propriétaire actuel et de celui de son ancienne compagne.

Entreprise individuelle, le vignoble Grenier-Martel est un de ceux qui ont essaimé du vignoble L'Orpailleur.

Claude Grenier est plâtrier-peintre de métier, mais il aime le vin, le travail à la campagne et le contact avec le public. Il s'est initié au travail de la vigne en faisant des travaux au rotoculteur au vignoble L'Orpailleur, en 1985, puis il s'est perfectionné au cours de ses voyages en Ontario et dans d'autres pays.

Le vignoble a commencé en 1986 à Dunham sous le nom de vignoble Trait Carré. À cet endroit, Claude Grenier loue pour 8 ans un champ de 2 ha de Michael Murray et y plante 5000 ceps de Seyval, de Maréchal Foch et de De Chaunac achetés en Ontario. L'année suivante, la plantation est augmenté à 10 000 ceps ; ce champ sera cependant abandonné à partir de 1991 pour une raison inconnue et retourne progressivement en friche, de sorte qu'en 1996 on n'en trouve plus de trace. En 1986, Claude Grenier loue aussi deux champs de 0,9 ha de Jean-Claude Ostiguy, dans le canton de Shefford ; il y plante 5000 ceps probablement d'Eona, qui seront arrachés en 1990 pour une raison également inconnue. En novembre 1988, pour obtenir son permis de vente, Claude Grenier change le nom du vignoble pour celui de vignoble des Cantons.

En 1989, avec sa compagne, Claude Grenier achète la propriété actuelle de 108,5 ha pour faire de la vigne, puisque le climat y est favorable et que le site se trouve sur une route touristique ; il y plante 8000 ceps de V50201, de Seyval et de Chancellor. Il change à nouveau le nom du vignoble pour le nom actuel et il s'associe avec Jean-Claude Ostiguy, son voisin d'en face. À cause de divergences de vues sur l'entreprise, il s'en dissocie en 1991.

Peu satisfait des rendements de son vignoble pour la quantité de travail nécessaire quand on tient compte du risque lié aux aléas météorologiques, en 1992, il commence à faire des essais intérieurs en pots avec 200 ceps de Chardonnay. Il se construit une serre en 1994 et continue ses essais en pots avec probablement 5000 ceps d'Eona, qu'il élimine en 1995 pour une raison inconnue. Actuellement, il travaille sur probablement 5000 ceps de *vinifera*, comme le Cabernet Sauvignon, le Merlot, le Vidal, le Gamay, le Muscat et peut-être du Chardonnay et d'autres cépages.

La culture de la vigne

Superficie en vignes : 2,0 ha en 1986 ; 4 ha de 1991 ; 0,1 ha en serre en 1996.

Nombre de ceps : 5000 en 1986 ; 10 000 en 1991 ; peut-être 5000 en serre en 1996.

Cépages actuels :

Vin rouge ou rosé : Gamay, Cabernet Sauvignon, Merlot et peut-être d'autres.

Vin blanc : Vidal, Muscat, peut-être Chardonnay et d'autres.

Présence de parcelles expérimentales : peut-être 5000 ceps, en serre.

Tonnage annuel de raisins : Confidentiel.

La production vinicole

Nombre de bouteilles (750 mL) : 1500 en 1988 ; 3000 en 1994 ; confidentiel en 1995.

Vins déjà produits ou essais

Vin Les Grapillons blanc probablement de cépage Seyval (probablement de 1991 à 1993).

Vin Les Grapillons rouge probablement d'assemblage (Maréchal Foch et De Chaunac) (probablement en 1992 et 1993).

D'après le petit poème, sans doute composé par le vigneron lui-même, le nom du vin Les Grapillons vient des grapillons (v. p. suivante).

Vin de table de Chez Nous, blanc de composition inconnue (peut-être seulement 1988).

Vin de table de Chez Nous, rosé de composition inconnue (peut-être seulement 1988 ou 1992 et 1993).

Vin Labrusca blanc de cépage Seyval (au moins en 1989).

Vin de Pays rouge de cépage Chancellor (1989).

"les grapillons"...
sont ces modestes grappes
retardataires...
ces raisins d'arrière-fleurs
du bout des sarments
et des contre-boutons
on les nomme aussi erlots
verderons ou grappetures
les vendangeurs les oublient
c'est
"la part des oiseaux"...
mais si l'arrière-saison
est propice...
laissés sur pied
il en est parfois
d'assez savoureux
pour être grapillés
et cuvés à part...

Les projets

Le vigneron veut en arriver à une culture uniquement de ceps de cépages de *vinifera* en pots dans une serre. Nous n'avons aucune information sur l'ouverture prochaine du vignoble.

Vignoble Sous les Charmilles

Le cachet particulier du vignoble vient surtout de l'accueil dans un jardin bien aménagé dans un paysage de bocage.

3747, chemin Dunant,
Rock Forest (Québec) J1N 3B7
Tél. (819) 346-7189

Exploitants : Georges Ducharme, Denis Ducharme, Lucie Gagné et François Desrochers

Vinificateur : Alain Bélanger (1991-1996), Georges Ducharme depuis 1997

Date de plantation des premiers ceps : 1986

Date de début de la production : 1991 expérimental ; 1993

Numéro et date du permis de vente : AV-019 (1995)

Le vignoble est ouvert toute l'année, mais sur rendez-vous de janvier à mai ; la visite des installations se fait de juin à octobre.

Carte de localisation du vignoble Sous les Charmilles

Le milieu naturel

Altitude : 280-290 m.

Géomorphologie : Le vignoble est situé dans les Appalaches, plus précisément sur le versant SE de la rivière Magog ; il est drainé par le ruisseau des Vignobles qui traverse la propriété et qui s'y jette. Il est sis sur un versant de till (dépôt glaciaire) silto-argileux caillouteux ; les roches métamorphiques de schistes à séricite n'affleurent pas en surface. La pente est de 0° à 3° vers le SO pour le champ nord et de 0° à 2° vers le NO pour le champ sud ; le drainage est assez bon mais aidé par du drainage souterrain.

Sol : Le sol est une terre franche de Berkshire, c'est-à-dire un sol mitoyen entre le podzol et le sol brun podzolique, dérivé du till ; il est sablo-argileux et un peu pierreux avec un pH naturel de 5,4 en surface à 6,8 en profondeur, lequel est bonifié à 6,5 en surface avec des amendements de chaux au besoin. Le vigneron ajoute de l'azote, du phosphore et de la potasse aux deux ans en plus du compost de feuilles. Il garde du gazon entre les rangs afin d'éviter l'érosion.

Degrés-jours de croissance annuels (au-dessus de 10 °C) : 769 à 916, mais pouvant atteindre 1093.

Risques de gel et enneigement : Le premier gel automnal survient en moyenne entre le 21 et le 29 septembre, mais plus au début d'octobre d'après le vigneron. Le dernier gel printanier survient en moyenne entre le 17 et 25 mai, pour une période sans gel moyenne de 95 à 110 jours, mais pouvant atteindre 137 jours. Le site est protégé des vents dominants par un boisé d'essences mélangées au SO.

En 1992, le vigneron a mis en place un système de gicleurs sur le champ, approvisionné par un étang artificiel alimenté par un puits : les aspersions printanières et automnales permettent d'allonger la saison sans gel d'environ 3 semaines, donnant ainsi une saison sans gel de 120 à 130 jours. D'après le vigneron, il n'y a pas encore eu de gel automnal hâtif, mais il y a eu un gel printanier dans la basse partie du vignoble avant la mise en fonctionnement du système de gicleurs, soit le 19 mai 1996. Ce gel n'a pas eu de conséquences importantes parce que certains bourgeons n'étaient pas encore sortis. En effet, la récolte de Seyval a été à peine diminuée, tandis qu'il n'y a pas eu de récolte dans le Maréchal Foch, laquelle de toute façon a toujours été plus que modeste.

L'enneigement est moyen à bon. La grêle est peu fréquente ; il n'y en a pas eu, sauf en juillet 1996 mais sans vraiment de dommages.

Buttage et débuttage : Il n'y a aucun buttage, plutôt de l'enfeuillement avec des feuilles mortes ramassées le long des rues ou apportées par des particuliers, de sorte que la terre ne gèle même pas autour des racines ; pour cet enfeuillement d'environ 60 cm autour des ceps, qui s'effectue de la mi-novembre à la mi-décembre, on a besoin d'environ 35 à 40 tonnes de feuilles ; au printemps, le surplus est composté.

Prédateurs et maladies : Les cerfs de Virginie font peu de dommages, sauf à quelques têtes de ceps : par contre les ratons-laveurs et les mouffettes en font plus, de sorte que le vigneron est obligé d'installer des pièges. Les pires prédateurs, ce sont les merles lorsque le raisin est mûr ; le vigneron est obligé de le protéger avec des

Une partie de la récolte de Seyval à l'automne de 1995

filets qui couvriront tout le champ en 1997. Avant l'utilisation des filets, les pertes pouvaient atteindre 20 % de la récolte prévue. Comme dans tous les vignobles du Québec, la vigne doit être traitée contre les maladies fongiques, tels l'oïdium et le mildiou, et contre les parasites, comme l'altise.

L'historique

Le nom du vignoble ne provient pas du nom de famille d'un des propriétaires (Ducharme), comme on serait naturellement porté à le croire, mais plutôt du site que ces derniers trouvent charmeur.

Entreprise collective au départ, mais familiale depuis 1997, Sous les Charmilles est un des vignobles fondés par des passionnés du vin. La propriété de 2 ha a été achetée, en 1974, par Georges Ducharme pour y construire sa résidence permanente en raison de la beauté du site.

Le vignoble a en fait démarré à l'été de 1986 parce qu'Alain Bélanger avait rapporté une centaine de boutures de Seyval et de Chardonnay du vignoble Les Arpents de Neige et qu'il n'y avait pas de place dans le potager de son père, Roger, pour les planter. Ce dernier en a alors parlé à son collègue Georges Ducharme qui a accepté qu'elles soient plantées chez lui, un peu par défi et aussi par amusement. Georges Ducharme est toujours propriétaire du terrain, mais l'exploitation est maintenant une copropriété depuis 1994.

Satisfaits de cette première expérience, ils s'associent en 1989 en vue de créer un vignoble commercial et plantent 400 autres ceps l'année suivante, puis expérimentent d'autres cépages par la suite pour s'apercevoir que l'exploitation peut devenir rentable. Ils plantent donc leurs 5000 ceps en 1994 pour obtenir le statut de vignoble artisan.

Georges Ducharme, né de parents agriculteurs à Warwick, est dessinateur au Collège de Sherbrooke depuis 1968. Il fait du vin depuis 1960 avec des fruits ou des fleurs sauvages et même avec certains légumes sucrés (cerises, sureau, carottes, pissenlits, rhubarbe, etc.). Lucie Gagné, sa compagne, est née dans une famille d'amateurs de vin.

Roger Bélanger, originaire de l'Abitibi, est un amateur de vin, retraité du Collège de Sherbrooke. Il aime le bon vin et le vignoble est aussi un passe-temps.

Alain Bélanger, fils de Roger, est représentant en vin pour l'entreprise Clos des Vignes, depuis 1992, à Sainte-Thérèse, et il demeure à Cowansville. Il est aussi sommelier à temps partiel au restaurant McHaffy de cette localité depuis 1994.

Avant de se lancer dans un vignoble, Alain Bélanger a acquis de nombreuses expériences dans d'autres vignobles. En effet, il a commencé par participer au travail de la taille au vignoble L'Orpailleur, en 1986 et en 1987. Il a aidé à monter de toute pièce l'ancien vignoble Gélineau-Daigle, à Brigham, en 1988 et 1989. Il a aussi vinifié les récoltes de 1988 à 1991 au vignoble Les Arpents de Neige et il y a supervisé la vinification en 1992 et un peu en 1993. Enfin, il a été vinificateur au vignoble La Bauge, de 1989 à 1992, et conseiller en vinification aux vignobles Les Blancs Coteaux, de 1990 à 1992, et Les Trois Clochers, de 1987 à 1992.

Le vignoble a obtenu son permis de vente en août 1995 et il a été inauguré publiquement le 26 septembre de la même année.

En décembre 1996, Alain Bélanger se retire du vignoble pour se consacrer entièrement à la sommellerie et à son entreprise. Son père, Roger, se retire aussi pour pouvoir mieux se consacrer au golf l'été. Georges Ducharme s'associe alors avec sa compagne, Lucie Gagné, son frère, Denis Ducharme, et son beau-frère, François Desrochers.

Denis Ducharme a été élevé sur une ferme, à Warwick, et il travaille déjà bénévolement à temps partiel pour le vignoble depuis 1979. François Desrochers demeure à Warwick pour le moment et il a toujours travaillé dans le domaine agricole, que ce soit comme producteur, comme aide fermier ou comme camionneur. Le vignoble est pour lui un projet de retraite.

La culture de la vigne

Superficie en vignes : 0,1 ha en 1986 ; 1,2 ha depuis 1994 et 0,2 ha s'ajoutera en 1997, ce qui représentera la superficie maximale.

Nombre de ceps : 100 en 1986 ; 5200 depuis 1994.

Cépages actuels :

Vin rouge ou rosé : Maréchal Foch (250).

Vin blanc : Seyval (4250), Ortega (400), Bacchus (300).

Tonnage de raisins : 2,6 t estimé en 1995.

Vendanges : De façon sélective de la mi-septembre à la mi-octobre.

La production vinicole

Nombre de bouteilles (750 mL) : 27 en 1991 à titre expérimental ; 525 en 1993 ; 1700 en 1994 ; 2200 en 1995.

Vin actuel

Vin *Vignoble Sous les Char-milles* blanc de cépage Seyval (1993) et d'assemblage (Sey-val avec Bacchus et Ortega depuis 1994) ; 11,50 $.

Vin déjà produit ou essai

Vin blanc domestique de cépage Seyval (1991-1992).

Les à-côtés du vin

Dégustation gratuite avec la visite guidée payante.

Visite guidée et payante, sur demande.

Pique-nique.

Autres produits : Produits dérivés de la vigne et autres produits domestiques.

Autre service : Terrasse.

Les distinctions

Alain Bélanger a été élu meilleur sommelier du Québec, en 1995, et meilleur sommelier au Canada, en 1996, par l'Association canadienne des somme-liers professionnels. Il a aussi reçu le trophée du Premier Nez de l'École hôtelière des Laurentides en 1995.

Ce que les connaisseurs en disent

D'après Alain Bélanger, le Vignoble Sous les Char-milles 1994 « se présente avec une couleur jaune très pâle, limpide et brillante. Ses arômes évoquent les fruits tels la pêche, la poire et la pomme avec une légère note florale très agréable. En bouche, le vin est léger, sec et frais. Sa persistance en fin de bouche est délicatement fruitée. »

Jean Aubry (*Le Devoir*, 06-09-1996) souligne « la pureté aromatique » du Vignoble Sous les Charmilles 1995.

Les projets

Les vignerons voudraient produire de 5000 à 8000 bouteilles par année pour rentabiliser l'entreprise ; à cet effet, ils agrandiront entre autres le vignoble de 0,2 ha en 1997.

La région de Québec

Tout comme la région de l'Estrie, la région de Québec, n'est pas une des plus favorables en soi pour la viticulture en raison de sa localisation nordique, à la limite de l'aire de répartition de la vigne sauvage *Vitis riparia*. Cependant, certains microclimats près des berges du Saint-Laurent ou sur les pentes bien exposées peuvent être propices pour certains cépages résistants au froid. Il n'est donc pas étonnant qu'elle soit seulement la quatrième région productrice du Québec, juste avant celle de la Châteauguay. Pourtant, elle a l'avantage d'être une région très touristique. Dans cette région, il y a trois vignobles : les vignobles Angile, de Sainte-Pétronille et communautaire de Bourg-Royal. Ce dernier est différent de tous les autres vignobles québécois puisqu'il est communautaire ; il n'a cependant pas encore obtenu son permis de vente. Les vignobles de la région de Québec totalisent 25 185 ceps sur 8,8 ha en culture et, en 1995, ils ont produit 11 150 bouteilles en blancs et un peu en rouges.

Carte de localisation des vignobles de la région de Québec

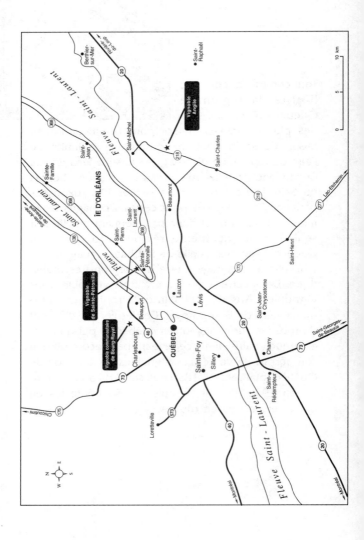

Vignoble Angile

*Le cachet particulier du vignoble vient surtout de l'accueil
chaleureux des vignerons sur leur vignoble de rêve
surplombant la vallée de la rivière Boyer.*

267, 2ᵉ Rang Ouest, route 218,
Saint-Michel-de-Bellechasse (Québec) G0R 3S0
Tél. et télec. (sur appel) : (418) 884-2327

Exploitants : Sylviane Nadeau et Serge Bouchard

Vinificateur : André Lefebvre (1990-1995),
Serge Bouchard et Sylviane Nadeau depuis 1995

Plantation des premiers ceps : 1979

Début de la production : 1990 (cependant, il est
probable que du vin domestique ait été fait depuis
environ 1981)

Numéro et date du permis de vente : PF-001 (1988)

*Le vignoble est ouvert toute l'année, tous les jours
de mai à octobre, et du mardi au samedi, le reste
de l'année.*

Carte de localisation du vignoble Angile

Le milieu naturel

Altitude : 61-91 m.

Géomorphologie : Le vignoble est situé dans les Appalaches, plus précisément sur le versant ouest de la rivière Boyer, à 4 km à l'ouest du fleuve Saint-Laurent. Il est drainé par le ruisseau Ernest, au NE, et par un autre ruisseau artificialisé, au SO. Il est sis sur le versant ouest du ruisseau ; ce versant est rocheux, de sorte que les dépôts meubles sont des altérites minces sur roc, c'est-à-dire un dépôt dérivé directement de la désagrégation des schistes argileux métamorphiques. Ces altérites ont été un peu remaniées par la Mer de Goldthwait, d'où le mélange avec un peu de graviers littoraux arrondis. La pente est de 3° à 8°, vers l'ESE ou le SE, de sorte que le drainage naturel est excellent.

Sol : Le sol est un podzol orthique ou terre franche schisteuse de Saint-Nicolas avec un pH naturel de 5,0 en surface à 5,8 en profondeur ; il a été bonifié à 5,3 en surface avec des amendements de chaux dolomitique. Le vigneron ajoute du phosphore au besoin et garde des bandes gazonnées entre les rangées pour contrer l'érosion fluviatile du sol.

Degrés-jours de croissance annuels (au-dessus de 10 °C) : 769 à 916, mais pouvant atteindre 949.

Risques de gel et enneigement : Le premier gel automnal survient en moyenne entre le 21 et le 29 septembre, mais ce serait plutôt au début d'octobre d'après le vigneron. Le dernier gel printanier survient en moyenne entre le 8 et le 16 mai, mais ce serait plutôt durant la troisième semaine de mai d'après le vigneron. La période sans gel moyenne est de 125 à 140 jours, mais elle peut atteindre 152 jours.

L'enneigement est très bon grâce aux brise-vent de peupliers à l'est et au centre, et de sapins à l'ouest ; sans ces brise-vent, le sol serait pratiquement à nu avec les vents dominants du SO. Le vignoble n'a pas subi de grêle au moins depuis 1982 ; il est impossible de savoir s'il y en a eu avant 1982.

Prédateurs et maladies : Les merles et les vachers font une véritable razzia dans les raisins mûrs, de sorte que le vigneron essaie de les en empêcher actuellement avec des filets qui couvrent les deux tiers du vignoble et aussi un appareil émettant de façon désynchronisée les cris de détresse de ces oiseaux. Le vigneron estime qu'il avait subi des pertes pouvant atteindre 50 % de sa récolte à cause des oiseaux avant d'ajouter cette protection, en 1995. Contrairement à presque tous les vignobles du Québec, ici il n'y a jamais eu de problèmes de mildiou, d'oïdium et d'altise.

L'historique

Le nom du vignoble provient de ANdré et GInette LEfebvre.

Le vignoble Angile est un des six vignobles pionniers de la période actuelle avec les vignobles Angell, La Vitacée, Saint-Alexandre, du Domaine des Côtes d'Ardoise ainsi que le Vignoble communautaire de Bourg-Royal. Il est le seul vignoble artisanal de la région de

Vue imprenable du vignoble à flanc de vallée

Bellechasse. C'était une entreprise individuelle avec le premier propriétaire et c'est maintenant une entreprise familiale.

La propriété de 28 ha a été achetée par André Lefebvre, en 1978, pour faire de la culture de petits fruits dès 1982. Le vigneron a d'abord fait des apéritifs de fraises, de framboises et de fraises et framboises en 1988, d'où le permis de boissons alcoolisées de petits fruits qu'il détient.

C'est en 1979 qu'il a eu l'idée de planter de la vigne en raison de son amour du vin et de la culture en général. Il plante alors 75 ceps d'Eona achetés à l'Association des viticulteurs du Québec. En 1982, il augmente sa production de façon significative et achète de nombreuses boutures, toujours de l'Association des viticulteurs du Québec. Il est cependant impossible de retracer l'évolution du vignoble de 1980 à 1987, mais il devait y avoir environ 5000 ceps en 1988 pour pouvoir faire une demande de permis de vente.

André Lefebvre est technicien en informatique à l'Université Laval et il s'est initié à la viti-viniculture à l'Association des viticulteurs du Québec, de 1977 à 1985. Il a aussi suivi un cours de vinification de l'Institut de technologie agro-alimentaire de Saint-Hyacinthe en 1988.

À cause de problèmes financiers, il vend son vignoble à Serge Bouchard et à Sylviane Nadeau, en

juin 1995, tout en s'engageant à les initier à la viti-viniculture pendant un an.

Serge Bouchard est originaire d'une famille d'épiciers de Loretteville et il travaille au ministère du Revenu du Québec, depuis 1984, après avoir obtenu une licence en droit à l'Université Laval et une maîtrise en fiscalité à l'Université de Sherbrooke. Le travail du vignoble est donc un travail à temps partiel pour lui.

Par contre, son épouse, Sylviane Nadeau vient d'une famille d'agriculteurs de Lac-Etchemin et travaille à temps plein au vignoble. Elle a une formation de commis-comptable et elle a travaillé en horticulture à Saint-Lambert de 1991 à 1993. Elle rêvait d'acheter une ferme depuis 1994 et surtout de produire des petits fruits. Elle voulait créer autant son propre emploi que des emplois d'été pour leurs deux enfants, tout en les mettant en contact avec l'esprit du commerce.

Après avoir arpenté les rangs de la région de Bellechasse où ils voulaient s'établir en raison de la beauté du paysage, ils trouvent la ferme Angile à vendre ; l'affaire est d'autant plus attrayante que l'exploitation est clés en main et que le propriétaire est prêt à faire le transfert de connaissances. Il est évident qu'ils y ont cependant pensé à deux fois avant de poursuivre l'exploitation du vignoble lui-même, qui n'était pas dans les plans initiaux. La décision prise, outre les enseignements d'André Lefebvre, ils ont même suivi un cours de vinification de l'Institut de technologie agro-alimentaire de Saint-Hyacinthe, en mars 1996, avec Robert Demoy et Lay Li. Il faut dire aussi qu'ils ont beaucoup d'aide de leurs enfants.

Avec 3 ha de fraises et 1 ha de framboises, environ 60 % des ventes de vin proviennent de la vente des boissons alcoolisées de fraises et framboises.

La culture de la vigne

Superficie en vignes : 0,1 ha en 1979 ; plantation probablement progressive de 1980 à 1987 ; probablement 1,6 ha de 1988 à 1993 ; 1,8 ha en 1994 et 1995 ; 2,0 ha en 1996.

Nombre de ceps : 75 en 1979 ; encépagement probablement progressif de 1980 à 1987 ; probablement 5225 en 1988 ; 5760 en 1996.

Cépages actuels :

Vin rouge ou rosé : Minnesota (ou Sainte-Croix) (3000), Michurinetz (200).

Vin blanc : Eona (2000), Cliche 8414 (560).

Tonnage de raisins : 1,8 t estimé en 1995.

Vendanges : À la mi-octobre.

La production vinicole

Nombre de bouteilles : production inconnue de vin domestique d'environ 1981 à 1987 et de vin commercial en 1988 ; 100 de 500 mL (équivalant à 75 de 750 mL) en 1989 ; 1133 de 500 mL (équivalant à 850 de 750 mL) en 1995.

Vins actuels

Vin *Cuvée d'Angile blanc* de cépage Eona (depuis 1990) ; 8,50 $ le 500 mL.

Vin *Cuvée d'Angile rouge* de cépage Minnesota (Sainte-Croix) (depuis 1990) ; 8,50 $ le 500 mL.

Vins déjà produits ou essais

Vin blanc domestique de cépage Eona (de 1980 à 1989).

Vin rouge domestique de cépage Minnesota (de 1983 à 1989).

Les à-côtés du vin

Dégustation gratuite.

Visite guidée payante pour les adultes et gratuite pour les enfants.

Pique-nique.

Autres produits : Depuis 1988, apéritif de fraises (*Picoline*) à 9 $, apéritif de framboises (*Grand Frisson*) à 9,75 $ et apéritif de fraises et framboises aro-

matisé au sirop d'érable (*Ambrosia*) à 10 $ le 750 mL en 1996.

Autres services : Autocueillette et vente de fraises.

Projets

Les vignerons projettent de bien apprendre leur métier et d'augmenter la production du vignoble puisqu'ils sont toujours en rupture de stock. Ils projettent aussi de développer l'agrotourisme, surtout à partir d'un circuit avec des entreprises locales.

Vignoble de Sainte-Pétronille

*Le cachet particulier du vignoble vient surtout de son
emplacement sur le rebord d'une terrasse surplombant
le Saint-Laurent avec vue sur les chutes Montmorency ;
le vignoble est une fierté pour les résidents de l'île.*

1A, chemin du Bout-de-l'Île,
Sainte-Pétronille (île d'Orléans) (Québec) G0A 4C0
Tél. et télec. (418) 828-9554

Exploitants : Jean Larsen, ses enfants (Ingrid, Élizabeth
et Éric), Lise Charest et John McLeod

Vinificateur : Robert Demoy et Jean Larsen (1990-1993)
et Jean Larsen depuis 1994

Plantation des premiers ceps : 1990

Début de la production : 1992

Numéro et date du permis de vente : AV-022 (1996)

*Le vignoble est ouvert toute l'année, mais la visite
des installations se fait de la mi-juin à la mi-octobre.*

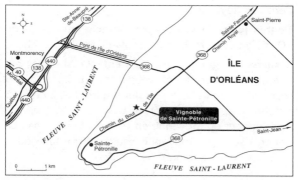

Carte de localisation du vignoble de Sainte-Pétronille

Le milieu naturel

Altitude : 70-80 m.

Géomorphologie : Le vignoble est situé dans les Basses-terres du Saint-Laurent, plus précisément sur le versant NO de l'île d'Orléans. Il est situé sur le rebord d'une terrasse rocheuse surplombant le fleuve Saint-Laurent. Le site comprend deux buttes rocheuses séparées par une dépression.

La surface des buttes est constituée d'altérites minces sur roc, c'est-à-dire un dépôt dérivé directement de la désagrégation de schistes argileux et de grès métamorphiques. Ce dépôt a été légèrement remanié par la Mer de Goldthwait puisqu'on y trouve aussi quelques galets et blocs littoraux arrondis. La dépression est comblée de silt argileux de la Mer de Goldthwait, d'une épaisseur possible de 3 à 4 m. La pente est de 1° à 3° vers le NO et le drainage est excellent, sauf dans la dépression.

Sol : Sur la butte près de la route, le sol est une terre franche limono-sableuse d'Orléans, squelettique et peu profonde, de pH naturel entre 4,8 en surface et 5,2 en profondeur ; le pH de surface est bonifié à 5,6 avec des amendements de chaux au besoin. Dans la dépression et sur la butte près du rebord de la terrasse, le sol est une terre franche argileuse de Blouin, squelettique et peu profonde, de pH entre 5,2 en surface et 6,8 en profondeur ; le pH est bonifié à 6,9 sur la butte près de la terrasse par des amendements de chaux ; des céréales avaient même été enfouies comme engrais avant la plantation de certains champs. Le vigneron laisse des bandes gazonnées entre les rangées pour contrer l'érosion fluviatile.

Degrés-jours de croissance annuels (au-dessus de 10 °C) : 622 à 769, mais pouvant atteindre 949.

Risques de gel et enneigement : Le premier gel automnal survient en moyenne entre le 21 et le 29 septembre ; mais ce serait plutôt entre le 12 et le 15 octobre d'après le vigneron. Le dernier gel printanier survient en moyenne entre le 8 et le 16 mai. La période sans gel moyenne est de 95 à 110 jours, mais elle peut atteindre 137 jours.

Un brise-vent de frênes et mélèzes, à l'ouest du vignoble, protège des vents dominants du SO et un autre de mélèzes, d'érables et de thuyas, à l'est, aide à conserver un très bon enneigement. Il y a eu un gel important à l'hiver de 1994, mais aucun cep n'a été perdu. Les gels printaniers tardifs ou automnaux hâtifs sont prévenus en partie avec une bonne circulation de l'air puisque la base des ceps est bien nettoyée. Le vignoble n'a pas subi de grêle jusqu'à maintenant.

Prédateurs et maladies : Les bandes d'étourneaux et quelques merles viennent s'attaquer au raisin mûr et le vigneron essaie de les chasser à l'aide d'un revolver à fusée fumigène ; à peine 1 % de la récolte prévue est ainsi prélevée mais, en 1996, il n'y a eu curieusement aucun oiseau, tout comme au Vignoble communautaire de Bourg-Royal. Par contre, contrairement à presque tous les vignobles du Québec, il n'y a pas de problèmes de mildiou, d'oïdium et d'altise.

L'historique

Entreprise familiale, le nom du vignoble provient du nom de la municipalité dans laquelle il est situé.

La propriété de 21 ha, achetée en septembre 1989, avait été repérée lors d'une visite rendue à Henri Labrecque, propriétaire d'un petit vignoble d'agrément près de là. Elle a été choisie en raison de la beauté du site, mais aussi pour faire de la culture particulière non traditionnelle, comme projet de retraite. Originaire de Beaupré et ayant fait ses

Ceps de Vandal blanc au premier plan, résidence et chute Montmorency à l'arrière-plan

études au Séminaire Saint-Alphonse de Sainte-Anne-de-Beaupré, Jean Larsen était habitué à voir beaucoup de vignes sauvages dans la région et soupçonnait qu'elle devait avoir un bon potentiel viticole en plus du potentiel touristique certain. Jean Larsen aime le défi et l'idée lui plaît d'autant plus que le vin est une valeur ajoutée importante pour cette culture. Enfin, l'idée de planter de la vigne est un de ses vieux rêves, car il a même failli acheter un vignoble en France vers 1963.

Voulant se renseigner adéquatement, il prend contact avec le ministère de l'Agriculture, des Pêcheries et de l'Alimentation du Québec, ce qui le dirige vers Mario Cliche, professeur à l'Institut de technologie agro-alimentaire de Saint-Hyacinthe, spécialiste du domaine et propriétaire du vignoble-pépinière de L'Ange-Gardien. Comme ce dernier est aussi natif de Beaupré, ils sympathisent naturellement.

Les ceps d'Eona, de Sainte-Croix et surtout de Vandal blanc sont donc achetés de Mario Cliche depuis le début. En mai 1990, c'était le premier vignoble à qui Mario Cliche vendait des droits pour planter ce dernier cépage qu'il avait acquis directement de Joseph Vandal, en 1988. Depuis 1995, ce cépage est devenu le Cliche 8414.

Après avoir été administrateur d'entreprises, de 1955 à 1968, hôtelier à Québec, de 1969 à 1981, puis propriétaire du Manoir du lac Delage, de 1982 à 1995, Jean Larsen prend sa retraite pour se consacrer entièrement à son vignoble. Originaire de Québec, sa conjointe, Lise Charest, l'appuie dans toutes les tâches du vignoble et fait la comptabilité ; en effet, elle est comptable de formation dans des entreprises de la région de Québec, puis directrice générale du Manoir du lac Delage, de 1984 à 1995. Tous les enfants de Jean Larsen collaborent au vignoble. Les vignerons espèrent qu'un d'entre eux prendra la relève.

Originaire d'Arvida, John Mcleod est le neveu de Jean Larsen, mais surtout un ami. Il est technicien en électricité aux Industries Davie de Lévis et le vignoble a bien besoin de ses talents de « monsieur 911 ». Il demeure à Saint-Michel-de-Bellechasse et il a été amené à investir temps et argent dans le vignoble dès le départ, en 1990, parce qu'il trouvait que ce serait un passe-temps agréable et peut-être même un projet de retraite.

Jean Larsen a appris l'art de la vinification de Robert Demoy, entre 1990 et 1993, et ce dernier le conseille encore depuis cette date.

L'effort des vignerons porte vraiment sur la vinification en blanc du Vandal blanc (ou Cliche), car ils ont produit le premier vin commercial au Québec avec ce cépage. Ils avaient fait un essai de vinification, en 1992, avec leur première petite récolte de Sainte-Croix et ils essaient de nouveau, de façon modeste, avec les vendanges de 1996.

La culture de la vigne

Superficie en vignes : 1,5 ha en 1990 ; 4,0 ha en 1996.

Nombre de ceps : 2625 en 1990 ; 3225 en 1993 ; 9425 en 1996.

Cépages actuels :

Vin rouge ou rosé : Sainte-Croix (475).

Vin blanc : Vandal blanc (2600), Cliche 8414 (6100), Eona (300).

Présence d'une pépinière : 700 ceps de Cliche 8414 et de Sainte-Croix.

Tonnage de raisins : 5,3 t estimé en 1995.

Vendanges : Dernière semaine de septembre et la première semaine d'octobre, exceptionnellement la deuxième semaine d'octobre.

La production vinicole

Nombre de bouteilles (750 mL) : 325 en 1992 ; 1800 en 1993 ; 5300 en 1995.

Vins actuels

Vin *Vignoble de Sainte-Pétronille blanc* de cépage Vandal blanc (Cliche) (depuis 1992) ; 11 $.

C'est l'illustration de la résidence du vignoble qui orne l'étiquette.

Vin *Vignoble de Sainte-Pétronille rosé* de cépage Sainte-Croix (depuis 1996) ; 7,95 $ le 375 mL.

Vin déjà produit ou essai

Vin rosé domestique de cépage Sainte-Croix (1992).

Les à-côtés du vin

Dégustation payante.

Visite guidée et payante incluant la dégustation.

Pique-nique.

Autres produits : Boutique de cadeaux avec les produits de la vigne.

Autre service : Pour les groupes, dégustation de vins et fromages sur réservation.

Ce que les connaisseurs en disent

Aucune, la production étant trop récente.

Les projets

Les vignerons projettent de construire un bâtiment pour la vinification et l'accueil des visiteurs et d'en arriver à produire de 25 000 à 30 000 bouteilles. Dès 1997, ils prévoient vendre leur vin rosé et une petite quantité de leur vin blanc en bouteilles de 375 mL dans un coffret cadeau artisanal.

Vignoble communautaire
de Bourg-Royal

*Le cachet particulier du vignoble vient surtout de son mode
de fonctionnement communautaire.*

1885, rue des Érables,
Charlesbourg (Québec) G2L 1R6 (vignoble) *
Tél. (418) 626-2890 (Gilles Rondeau)

Propriétaire : Corporation du Vignoble communautaire
de Bourg-Royal

Vinificateurs : Charlesbourg : Gilles Rondeau
(depuis 1982)**

Plantation des premiers ceps : Vignoble de Beauport
(1979), vignoble Jecquel à Lotbinière (1961),
Rougemont (1978) et Charlesbourg depuis 1981

Début de la production : 1982 à Charlesbourg ;
1984 à Rougemont

Numéro et date du permis de vente : 1997

Le vignoble est ouvert toute l'année sur rendez-vous.

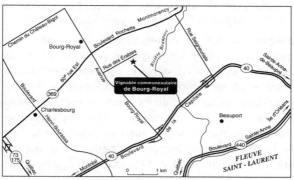

Carte de localisation du Vignoble communautaire de Bourg-Royal

Le milieu naturel

Un champ a été loué à Lotbinière, de 1979 à 1983, un autre à Beauport, de 1979 à 1984, et un dernier à Rougemont, de 1984 à 1989.

Altitude : 80-85 m (60 m à Beauport, 20 m à Lotbinière et 45 m à Rougemont).

Géomorphologie : Le vignoble est situé sur le rebord du Bouclier canadien, plus précisément sur le versant ouest de la rivière Beauport qui le draine et à 3 km au NNO du Saint-Laurent.

Il est sis sur une terrasse de la Mer de Goldthwait, surplombée par un versant rocheux couvert de till (dépôt glaciaire) au NO, de sorte que la partie nord du vignoble se trouve sur des silts sableux marins tandis que la partie sud se trouve sur des sables légèrement graveleux, avec quelques cailloux littoraux, d'environ 1,5 m d'épaisseur, sur les silts marins. Un nouveau champ, planté en 1995, est installé sur un remblai de gravier cailouteux à matrice silteuse et le prochain champ sera dans des sables organiques.

La pente est de moins de 1° vers le SSE, de sorte que le drainage naturel est imparfait dans la partie nord du vignoble, laquelle a dû être drainée de façon souterraine en 1993 ; par contre, le drainage est bon dans la partie sud ; le problème de drainage rend les plants gélifs.

Sol : Puisqu'il n'y a pas de carte pédologique, le type de sol n'a pas été déterminé. Le pH naturel du sol est équilibré, soit entre 6,2 et 6,4, et le vigneron fertilise avec de l'azote-phosphore-potassium ainsi que du magnésium et du bore, au besoin.

Degrés-jours de croissance annuels (au-dessus de 10 °C) : 622 à 769, mais pouvant atteindre 949.

Risques de gel et enneigement : Le premier gel automnal survient en moyenne entre le 21 et le 29 septembre mais, d'après le vigneron, c'est plutôt entre le 25 septembre et le 10 octobre. Le dernier gel printanier survient en moyenne entre le 17 et le 25 mai, mais plus précisément dans la troisième semaine de mai et parfois aussi tard qu'entre le 3 et le 9 juin d'après le vigneron. La période sans gel est en moyenne de 110 à 125 jours, mais elle peut atteindre 152 jours.

D'après le vigneron, l'air froid descend le versant et vient s'accumuler devant le boisé au sud du vignoble, ce qui favorise le gel ; il faudrait faire une percée dans le boisé pour laisser s'écouler cet air froid, ce qui pourra être fait si le vignoble devient propriétaire du fond de terre.

Par contre, l'enneigement est très bon car il atteint 1,5 m. Heureusement, il n'y a eu de la grêle pour la première fois qu'en juin 1992, mais sans dommages pour la récolte prévue.

Buttage et débuttage : Aucun. Comme on ne butte pas, on peut ainsi laisser des bandes gazonnées dans les entre-rangs pour contrer l'érosion ; de plus. la moitié du vignoble est sur paillis de plastique pour empêcher la prolifération des mauvaises herbes près des ceps.

Prédateurs : Les merles s'attaquent au raisin mûr et on est obligé de placer des filets sur environ 20 % de la superficie à la fois ; le vigneron estime que ces oiseaux mangent de 10 % à 20 % de la récolte prévue et cette prédation a été jusqu'à 80 % en 1995. Curieusement, il n'y a pas eu d'oiseaux en 1996. Il y a bien aussi des marmottes, mais ce problème se règle de lui-même par la présence de quelques renards. Comme les vignobles Angile et Sainte-Pétronille, et contrairement aux autres vignobles du Québec, il n'y a aucun problème d'altise et d'oïdium. Par contre, depuis 1995, le Michurinetz est sensible au mildiou.

L'historique

Le nom du vignoble a été choisi en 1982 et provient du nom de l'ancienne municipalité où le vignoble est situé ; le vignoble est dûment incorporé le 17 janvier 1983.

Le vignoble est une entreprise communautaire comprenant 60 membres en 1996. Son objectif principal est de promouvoir et d'encourager la culture de la vigne, surtout dans la région de Québec. À cet effet, le vignoble peut prodiguer assistance et conseils en plus d'entretenir une banque de plants de près de 400 variétés. Le vignoble est administré par un président (Gilles Rondeau), un vice-président

(Robert Cantin), une secrétaire (Cécile Valin), une secrétaire-trésorière (Chantale Jean) et cinq directeurs (Rémi Dufour, Jean-Nil Bouchard, Jacques Girard, Marie-Josée Roy et Zoël Pelletier) ; de plus, il existe six comités qui s'occupent respectivement des activités promotionnelles, de la taille et de la plantation, des vendanges, de la vinification et du laboratoire, de l'acquisition de la terre ainsi que des affaires juridiques. En 1996, le vignoble emploie Gilles Rondeau (régisseur), Jocelyn Allard (contremaître saisonnier), Michèle Arteau (saisonnière aux relations humaines), 6 techniciens horticoles à plein temps et 10 ouvriers à temps partiel. Les membres paient les frais d'exploitation du vignoble au prorata du nombre de ceps qu'ils possèdent et ils doivent faire partie de l'Association.

L'âme du vignoble et son président depuis le début, Gilles Rondeau, est natif de Québec. Gilles Rondeau est d'abord plombier, de 1952 à 1961, puis il est technicien en arpentage jusqu'en 1988 et technicien en bâtiment, au ministère des Transports du Québec et ce jusqu'à sa retraite, en 1993.

Gilles Rondeau a souvent vu son père fabriquer du vin domestique à partir de petits fruits et de légumes. Il l'imite bientôt, de sorte qu'il fabrique du vin depuis son adolescence. Il cultive aussi quelques vignes à la fin des années 1960, à sa résidence de Charlesbourg, mais sans trop de succès. En effet, le raisin n'arrive pas à maturité : c'est ce qui l'incite à faire des recherches pour en arriver à pallier ce problème. C'est alors qu'il rencontre Joseph O. Vandal, qui demeure près du domicile familial de son épouse, Céline Chabot.

Joseph Vandal est professeur de génétique à l'Université Laval et fait des expériences d'hybridation de la vigne depuis 1945. Avec lui, Gilles Rondeau commence donc à s'intéresser vraiment à la viticulture, vers 1967-1970, et participe à ses expériences à son vignoble expérimental, à Lotbinière.

Le vignoble communautaire de Bourg-Royal a été une création logique de l'Association des viticulteurs du Québec afin de mettre en pratique ce qu'elle préconise. En effet, cette association est incorporée le 2 novembre 1979, à l'instigation de Gilles Rondeau, de Jean-Marc Drapeau, de Joseph

Vandal et d'une vingtaine d'autres personnes, afin d'appuyer les efforts de promotion de la viticulture et de développement de cépages adaptés au climat du Québec, efforts déjà amorcés par Gérard Millette, du Collège MacDonald, par le frère Armand Savignac, des Clercs de Saint-Viateur à Joliette, et surtout par Joseph Vandal. Un autre objectif est aussi de développer des vignobles commerciaux et communautaires. Gilles Rondeau en est le premier président de 1979 à 1987. L'Association compte 80 membres en 1996 et les administrateurs sont Jean-Nil Bouchard, Rémi Dufour, Jacques Girard, Chantale Jean, James McCann, Jacques Mercier, Zoël Pelletier et Gilles Tremblay. L'Association s'est dotée d'un journal, *De la vigne au vin*, dont 15 numéros ont été publiés entre 1984 et 1989 ; il a malheureusement cessé de paraître à cause d'un problème de rentabilité.

L'expérimentation pratique des objectifs de l'Association des viticulteurs du Québec commence dans deux vignobles, ceux de Beauport et de Lotbinière.

Vue vers le nord du vignoble ; notez la taille en lyre des ceps.

Le vignoble de la rue Saint-Joseph, à Beauport, d'une superficie de 0,8 ha, est loué, de 1979 à 1984 ; il est connu comme le centre de multiplication de la vigne de l'Association. Ce site est choisi parce que c'est une terre agricole non exploitée, près du lieu de résidence des partenaires, et qui a un sol propice d'altérites cailouteuses, le roc étant près de la surface, avec un pH neutre (6,8 à 7,0). On y installe même une station météorologique en 1982. On devra quitter ce site parce que le petit-fils du propriétaire voulait à nouveau y cultiver. Les ceps sont donc déménagés à Charlesbourg en 1984. Une serre sous brouillard intermittent y avait été installée en 1981 et réaménagée en 1983.

L'Association loue aussi, de 1979 à 1983, le vignoble du peintre Max Jecquel, sur la rue Marie-

Victorin, à Lotbinière. Ce vignoble de 0,2 ha est le
site expérimental de Joseph Vandal depuis 1961, un
site que Gilles Rondeau connaît bien. Cependant, la
situation crée trop de déplacements et, en 1983, on
décide de l'abandonner. Les 250 plants d'Eona, de
Minnesota 78 et de Léon Millot, âgés d'au moins
7 ans, sont vendus au Vignoble communautaire de
Bourg-Royal, le 1er mai 1983 et le vignoble y a aussi
récupéré 1500 boutures. Les cépages dont il est
question sont les quatre cépages les plus résistants
au climat du Québec identifiés par Joseph Vandal à
la suite de ses expériences.

En avril 1981, l'Association s'entend avec l'Université Laval pour se servir des serres sous brouillard
intermittent sur le campus, pour le bouturage principalement à partir des ceps du vignoble de Lotbinière, mais aussi à partir d'achats faits en Colombie-
Britannique. On y loue également, en mai 1981, une
parcelle de terrain comme pépinière.

À la suite d'un projet de vignoble communautaire
planifié depuis 1981, une terre de 10 ha est utilisée
à Charlesbourg à titre de prêt en 1981 puis louée
depuis 1982, d'abord de l'agriculteur qui la possédait, Roland Raymond, jusqu'en 1992, puis de Hart
Jaune Electrique inc., pour implanter le vignoble. Ce
site était considéré propice puisque, dans les années
1940 et 1950, on y trouvait une exploitation agricole connue sous le nom de Grands Jardins de Charlesbourg ; de plus, ce site est près du lieu de résidence de la plupart des 20 membres du vignoble,
au départ. On y investit environ 375 000 $ de 1982
à 1995. Ce sont des agronomes membres, employés
du ministère de l'Agriculture, des Pêcheries et de
l'Alimentation du Québec, qui surveillent les travaux,
soit Justin E. Neault pour les travaux préparatoires,
en 1981 et 1982, puis Raymonde Fortin, pour les
travaux d'installation à l'été et à l'automne 1983. En
1982, l'Association des viticulteurs du Québec a
d'ailleurs été reconnue comme producteur agricole.
Dans le but de mieux servir les membres, Gilles
Rondeau suit le cours de vinification de l'Institut de
technologie agro-alimentaire de Saint-Hyacinthe.

Afin de bien représenter les intérêts des membres
dans la région de Montréal, l'Association loue, en
avril 1984, un des anciens champs des Vignobles

Chanteclerc (1,2 ha), soit celui qui est situé sur la propriété de Jules Bessette, sur le rang de la Grande Caroline à Rougemont. Il y a là 1805 ceps de 20 cépages à vin ou à raisin de table, plantés en 1978 au milieu d'un verger. Ce vignoble, connu sous le nom de Vignoble communautaire de Rougemont, est dirigé par Réal Charest pendant toute sa durée. Malheureusement, les ceps plantés par l'ancien propriétaire étaient plantés trop serrés et le drainage n'est pas très bon (surtout du till et un peu de sable) ; l'entretien est donc difficile et l'engouement est progressivement atténué, de sorte que le projet est abandonné définitivement, en 1989 ; le propriétaire vend d'ailleurs son verger en 1990 et les ceps ont alors été arrachés. Le Vignoble communautaire de Rougemont comptait 18 membres en 1984, mais seulement 6 en 1989.

Les activités de l'Association sont nombreuses et continues au cours des années. Par exemple, elle organise un important colloque sur la viticulture et l'œnologie le 12 octobre 1984 à Sillery et Raymonde Fortin produit cette année-là un diaporama de 15 minutes sur la viticulture au Québec. L'Association donne un avis au ministère de l'Industrie et du Commerce ainsi qu'au ministère de l'Agriculture, des Pêcheries et de l'Alimentation du Québec sur le dossier des permis artisanaux en avril et mai 1985 ; plusieurs des recommandations seront suivies. Elle organise, en novembre 1985, le premier Festival du vin québécois (élaboration artisanale), à Sillery, et aussi le deuxième en novembre 1986, incluant un colloque sur la vinification. Gilles Rondeau, Jean Méthé et d'autres membres donnent également de nombreuses conférences.

L'Association organise en outre des cours de façon régulière : cours de vinification par Gilles Rondeau et René Robitaille en 1984 ; clinique de taille par Raymonde Fortin en avril 1986 à Rougemont et à Charlesbourg ; cours de connaissance du vin et des cépages, à Charlesbourg, en janvier ainsi qu'en février 1987 ; clinique de taille par Raymonde Fortin en avril 1987 à Charlesbourg ; cours de taille d'été en juillet 1987 et de viticulture en septembre 1987, à Charlesbourg ; cours de chimie des vins en avril 1994 à l'Université Laval.

De plus, l'Association conclut une entente, de 1986 à environ 1990, avec Vins Grand-Pré de Nouvelle-Écosse pour la distribution exclusive au Québec des cépages Michurinetz et L'Acadie blanc (V53261).

À la suite du décès de Joseph Vandal, le 7 décembre 1994, les documents et les 400 ceps que ce dernier entretenait encore chez lui et à l'Université Laval (serre au Centre de recherche forestière des Laurentides) ont été achetés de ses deux filles par l'Association des viticulteurs. En partenariat avec le ministère de l'Agriculture, des Pêcheries et de l'Alimentation du Québec et l'Université Laval, cette dernière continue la recherche sur les variétés de Joseph Vandal. De plus, l'Association a l'intention de céder graduellement la documentation de Joseph Vandal à la Société d'histoire de Charlesbourg après son traitement.

En définitive, on peut dire que l'Association des viticulteurs du Québec ainsi que le Vignoble communautaire de Bourg-Royal ont conseillé beaucoup de personnes, dont Domenico Agarla du vignoble Saint-Alexandre, Aimé Gagné qui possédait un vignoble à Franklin-Centre, Donald Bouchard qui possède un petit vignoble à l'île d'Orléans, Mario Cliche qui possède un vignoble-pépinière à L'Ange-Gardien, Victor Dietrich du vignoble Dietrich-Jooss, etc. Le vignoble peut même aider des propriétaires de vignobles familiaux à vinifier ou peut vinifier aussi pour eux (ex.: Normand Levesque de Boischatel).

Actuellement, en plus de la construction d'un chai sur le site, on veut transformer le vignoble en coopérative pour obtenir le permis de vente.

La culture de la vigne

Superficie en vignes : Beauport (0,8 ha de 1979 à 1984) ; Lotbinière (0,2 ha de 1979 à 1983) ; Rougemont (0,5 ha de 1983 à 1989) ; Charlesbourg : 1,1 ha en 1983, 1,5 ha en 1985, 2,2 ha en 1993, 2,8 ha depuis 1994).

Nombre de ceps : Beauport (500 en 1979) ; Lotbinière (200 en 1979 et 250 en 1983) ; Rougemont

(1805 en 1983) ; Charlesbourg (126 en 1981, 2377 en 1983 et 10 000 en 1996).

Cépages actuels :

Vin rouge ou rosé : Minnesota 78 (Sainte-Croix), Maréchal Foch, Michurinetz, De Chaunac, Severny, Clinton, Sainte-Foy, Saint-Pépin, Bluebel, Schuyler, Léon Millot (données confidentielles sur la répartition des ceps).

Vin blanc : Eona, L'Acadie blanc (V53261), Ventura, Québec blanc, Vandal 8414 blanc (650), 360 cultivars de Vandal (2500), Swenson Red (données en partie confidentielles sur la répartition des ceps).

Présence d'une pépinière : Depuis 1983 (5000 ceps).

Présence de parcelles expérimentales : 2500 ceps de 360 cultivars de Vandal de J.O. Vandal, depuis 1995.

Tonnage de raisins : 5 t estimé en 1995.

Vendanges : De façon sélective, habituellement de la fin de septembre au début d'octobre.

La production vinicole

Nombre de bouteilles (750 mL) : Rougemont : 800 en 1984 ; Charlesbourg : 100 en 1985 ; 5000 en 1995.

Vins actuels

Vin *Le Bourg-Royal blanc* d'assemblage (plusieurs cépages confidentiels) (depuis 1989).

Vin *Le Bourg-Royal rouge* d'assemblage (plusieurs cépages confidentiels) (depuis 1994).

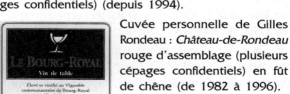

Cuvée personnelle de Gilles Rondeau : *Château-de-Rondeau* rouge d'assemblage (plusieurs cépages confidentiels) en fût de chêne (de 1982 à 1996).

Vins déjà produits ou essais

À Rougemont

Vidal, cuvée Beaurivage, blanc de cépage (au moins en 1984).

Ventura, cuvée St-Paul-aux-Noix, blanc de cépage (au moins en 1984).

Chelois, cuvée Sacré-Cœur, rouge de cépage (au moins en 1984).

Chelois, cuvée Labonté, rouge de cépage (au moins en 1984).

De Chaunac, cuvée St-Thomas, rouge de cépage (au moins en 1984).

De Chaunac, cuvée Fontaine, rouge de cépage (probablement au moins en 1984).

Commandant, cuvée Ontario, rouge de cépage (au moins en 1984).

Maréchal Foch, cuvée Des Plaines, rouge de cépage (au moins en 1984).

À Charlesbourg

Vin Cuvée des Amis rouge (Château-de-Rondeau) d'assemblage (cépages confidentiels) (1982).

Vin Le Rondeau (Château-de-Rondeau) apéritif de cépage Eona (au moins en 1991).

Vin La Fillette blanc de cépage Eona (au moins en 1982 et 1991).

Gilles Rondeau appelle l'Eona la « fillette du Québec » parce qu'il aurait voulu donner au vin le nom d'une de ses filles.

Vin Léon Millot rouge de cépage (au moins en 1982).

Vin Grand Vin de Charlesbourg blanc d'assemblage (cépages confidentiels) (au moins en 1982 et 1983).

Vin Bouton d'Or blanc d'assemblage (cépages confidentiels) (au moins en 1987).

Vin GR rouge d'assemblage (cépages confidentiels) (au moins en 1989).

Vin Chemin Royal blanc d'assemblage (cépages confidentiels) (au moins en 1989).

Vin Le Trait-Carré rouge d'assemblage (cépages confidentiels) (au moins en 1988, 1990 et 1991).

Les à-côtés du vin

Dégustation payante pour les groupes.

Visite sur rendez-vous.

Autres produits : Vente de plants depuis 1980.

Autres services : Dégustations collectives en mars et en octobre ou novembre chaque année ; conseils techniques aux membres et aux futurs vignerons ; analyses de laboratoire ; vinification ou aide à la vinification pour les particuliers ; étiquettes personnalisées.

Ce que les connaisseurs en disent

D'après Jean-Gilles Jutras (*De la vigne au vin*, printemps 1985), La Fillette 1982 est un vin jaune or, net et plaisant à mirer ; le nez est complexe de noix et de fruits avec un peu de banane, de pomme et d'amandes grillées ; on lui trouve une certaine ressemblance avec le xérès sec et bouquet agréable et persistant ; le vin est rond, aromatisé et il est long et balancé.

Projets

Il est prévu de construire un local pour l'accueil des membres et des visiteurs, la restauration et la vinerie ; on ajoutera un stationnement assez grand pour recevoir facilement des autobus de visiteurs. Il est aussi prévu d'augmenter la superficie plantée et de développer la vente de feuilles de vigne pour la restauration. Enfin, des travaux de recherche sont en cours avec le ministère de l'Agriculture, des Pêcheries et de l'Alimentation du Québec et l'Université Laval pour faire des essais avec les 360 cultivars développés par Joseph Vandal et que le vignoble a achetés de sa succession.

Un apiculteur place 12 ruches sur le vignoble depuis 1995. On a ainsi l'intention d'intégrer aux activités du vignoble des activités d'interprétation dans ce domaine à partir de 1997.

---

*   630, rue Robichaud, Charlesbourg, Québec G1H 2K5 (Gilles Rondeau, président ; aussi régisseur de l'Association des viticulteurs du Québec)

** Ovide Turmel (1982-1992), Jean Méthé (1982-1992), Denis Forcier (depuis 1990), Zoël Pelletier (depuis 1991), Gilles Tremblay (depuis 1993, responsable de laboratoire), Jacques Mercier (depuis 1993) et plusieurs autres.

Glossaire

Acariose
Maladie de la vigne causée par la présence d'acariens, animaux microscopiques de la famille des araignées, qui se nourrissent des cellules des jeunes feuilles.

Altérite
Sol dérivé de l'altération sur place du roc.

Altise
Insecte coléoptère sauteur, dit puce de la vigne, originaire d'Espagne qui se nourrit de la feuille de vigne.

Ampélographie
Étude systématique des cépages, de leurs caractéristiques botaniques et de leurs aptitudes.

Ardoise
Roche sédimentaire schisteuse de couleur noire ou gris bleuâtre.

Argile
Sédiment, surtout marin ou lacustre, dont la taille des particules est inférieure à 0,002 mm ; en termes populaires on dit aussi « glaise ».

Août er
Passage graduel du rameau au sarment ; l'écorce du rameau se durcit et se dessèche.

Assemblage
Mélange dans des conditions définies de vins de même cépage ou de cépages différents, visant à obtenir la typicité souhaitée.

Bentonite
Argile naturelle utilisée pour la clarification et la stabilisation des vins blancs.

Botryte
Maladie de la vigne, aussi connue sous le nom de pourriture grise, provoquée par un champignon.

Bourbes
Ensemble des impuretés solides (fragments de pellicule, pépin, terre) en suspension dans le moût après pressurage.

Bouture
Fragment prélevé sur une plante et qui, planté en terre, prend racine et forme un nouvel individu.

Buttage
Opération consistant à accumuler un volume de terre variable au pied des ceps et parfois à recouvrir complètement ceux-ci dans le dessein de les protéger contre le gel.

Caractère organoleptique
Ensemble des impressions ressenties au nez et en bouche par un vin lors de la dégustation.

Caviste
Maître de chai.

Cep
Partie ligneuse de plus d'un an de pied de vigne.

Cépage
Variété de plant de vigne.

Chai
Endroit où l'on entrepose le vin ; dans bien des vignobles c'est aussi le lieu où le vin se fait ; on dit aussi cellier.

Chaptalisation
Addition de sucre au moût pour hausser le degré d'alcool du vin ; on dit aussi souvent enrichissement.

Cicadelle
Insecte piqueur ailé qui se nourrit des feuilles de vigne.

Climat
Ensemble des éléments atmosphériques caractéristiques affectant une région de façon relativement permanente ; voir météorologie.

Collage
Opération ayant pour but de clarifier le vin avant de le mettre en bouteille en ajoutant, par exemple, de la bentonite, de la caséine ou de l'albumine, comme agent de clarification.

Coupage
Assemblage de vins d'origine diverse afin d'améliorer certains vins de consommation courante que l'on vendra comme vins de marque. En principe le nouveau vin possédera les meilleures qualités de chacun des vins ainsi mariés.

Courson
Partie du sarment de vigne que l'on laisse à la taille d'hiver, et qui généralement porte 2-3 bourgeons.

Cru
Terroir où croît la vigne et dont le vin prend le nom.

Cultivar
Synonyme pour mentionner une variété de vigne cultivée qui n'est pas nécessairement une espèce.

Débourbage
Enlever les bourbes.

Débourrement
Éclosion des bourgeons de la vigne au printemps.

Débuttage
Opération consistant à enlever la terre qui recouvre le pied des ceps ou tout le cep.

Degrés-jours de croissance
Mesure cumulative de l'énergie disponible pour les plantes pendant la période de croissance ; le calcul est fait à partir de la température moyenne quotidienne lorsque cette dernière est supérieure à 42 °F ou 5,5 °C.

Dolomie
Roche sédimentaire à grain fin carbonatée.

Encépagement
Plantation de la vigne dans un nouveau champ.

Éraflage
Séparation du raisin de la rafle avant de pressurer le fruit ; on dit aussi égrappage.

Eutypiose
Maladie de la vigne provoquée par un champignon.

Excoriose
Maladie probablement d'origine européenne provoquée par un champignon.

Fermentation malolactique
Désacidification biologique par des bactéries lactiques qui dégradent l'acide malique en acide lactique ; au Québec, on l'appelle deuxième fermentation ou fermentation secondaire.

Floraison
Épanouissement des fleurs d'une plante.

Foxé (goût)
Vin de mauvais goût surtout attribué à certains hybrides américains.

Greffage
Procédé de reproduction de la vigne par lequel on fixe un rameau appelé greffon sur un porte-greffe.

Hybride
Plant de vigne issu d'un croisement d'espèces différentes.

Insolation
Temps pendant lequel le soleil brille.

Levure
Micro-organisme porté par les raisins ou que l'on sélectionne et ajoute au moût au moment de la fermentation, qui s'attaque au sucre du jus du fruit pour le transformer en alcool et provoquer la fermentation.

Macération pelliculaire
Action de faire tremper la peau du raisin avec le jus un certain temps ; pour les vins rosé et rouge, il y a échange de couleur rouge et d'arômes ; pour le vin blanc (raisins blancs), le but est de chercher des arômes plus intenses.

Métamorphiques
Roches dont la structure a été modifiée par l'action de la chaleur et de la pression, par exemple à la suite de phases de plissement comme c'est le cas dans les Appalaches.

Météorologie
Étude des phénomènes atmosphériques qui affectent une région à un moment donné ; voir climat.

Mildiou
Champignon qui s'attaque à tous les organes herbacés de la vigne.

Millésime
Année de récolte du raisin qui entre dans l'élaboration d'un vin.

Mouillage
Ajout d'eau à un vin ou à un alcool.

Moût
Jus de raisin non encore fermenté.

Nematode
Petit ver qui se nourrit de la sève des plants.

Nouaison
Formation des petites baies à la suite de la fécondation.

Œnologie (œnologue)
Science qui traite de vin, de sa préparation, de sa conservation, des éléments qui le constituent.

Œnophile
Personne qui aime le vin.

Oïdium
Maladie de la vigne provoquée par un champignon qui s'attaque aux parties aériennes de la vigne.

Palissage
Tuteurage des vignes pour leur donner un support.

pH
Abréviation du potentiel d'hydrogène, indice servant à déterminer l'acidité ou l'alcalinité de l'eau ou du sol ; plus le pH est bas, sur une échelle de 0 à 14, plus le milieu est acide, l'équilibre étant à 7.

Phyllade
Type de schiste dur et luisant, d'aspect soyeux.

Phylloxéra
Insecte qui s'attaque aux racines des vignes.

Pincement
Suppression des bourgeons ou de l'extrémité des rameaux de manière à faire refluer la sève sur d'autres parties de la pante.

Piquette
Mauvais vin.

Porte-greffe
Comme son nom l'indique, racine de vigne sur laquelle on greffe un rameau de vigne, appelé greffon, de l'espèce voulue.

Pourriture noire
Champignon d'origine américaine qui s'attaque à tous les organes herbacés de la vigne.

Pressoir
Appareil qui extrait le jus de raisin par pression.

Pressurage
Jus obtenu en soumettant les raisins au pressoir.

Rafle
Ensemble du pédoncule et des pédicelles qui soutiennent les grains du raisin ; c'est l'armature de la grappe.

Rusticité
Caractère d'une plante qui est bien adaptée aux caractéristiques naturelles d'une région.

Sarment
Rameau ou tige d'une année rendu à maturité.

Schiste
Roche sédimentaire à grain très fin et à structure feuilletée.

Silt
Sédiment dont la taille des particules varie entre 0,002 mm et 0,2 mm, soit entre l'argile et le sable.

Soutirage
Transvasage du vin pour le clarifier ou éliminer les lies ou les dépôts.

Sulfitage
Ajout d'anhydride sulfureux dans le sol pour éviter l'oxydation occasionnée par l'activité de micro-organismes.

Taille
Opération consistant à couper méthodiquement les rameaux des vignes.

Tuilé
Se dit d'un vin rouge qui présente une robe décolorée d'un rouge brique ou orangé ; en langage plus imagé, c'est une couleur pelure d'oignon avec des nuances de jaune orangé.

Vendange
Récolte des raisins dont on fera le vin.

Véraison
Période de mûrissement des raisins qui commencent à prendre la couleur de leur maturité.

Vigneron
Personne qui travaille et voit à la culture de la vigne ; on peut aussi employer le terme de viticulteur.

Vignoble
Plantation de vignes ; se dit aussi de l'ensemble des plantations d'une région : ex. le vignoble québécois.

Vin
Boisson alcoolisée obtenue uniquement par fermentation du raisin ; la fermentation d'autres fruits produit une « boisson alcoolisée de ... » et non un vin.

Vinification

Élaboration du vin, processus de transformation du produit.

Viniculture

Fabrication du vin, élaboration à partir de la matière première récoltée dans le champ (raisins) ou élaboration chimique à partir de concentrés de vin.

Viticulture

Culture de la vigne, des raisins de table ou de raisins destinés à la transformation alcoolique.

Bibliographie

AGRICULTURE CANADA (1979) *La culture domestique de la vigne*. Ottawa, Publication 1677, 17 p.

ASPLER, T. (1983) *Vintage Canada*. Scarborough, Prentice-Hall Canada, 213 p.

ASPLER, T. (1993) *Vintage Canada*. Scarborough, Prentice-Hall Canada, 213 p.

ASPLER, T. (1995) *Vintage Canada*. Toronto, McGraw-Hill, 294 p. (17 vignobles mentionnés)

ASSOCIATION DES VIGNERONS DU QUÉBEC *In vino veritas*. Bulletin de l'Association. 31 numéros entre mars 1988 et décembre 1996.

ASSOCIATION DES VITICULTEURS DU QUÉBEC *De la vigne au vin*. Bulletin de l'Association. 15 numéros entre 1984 et 1989.

BÉRAUD, H. et DEBEUR, T. (1995) *En se promenant sur la route des vignobles du Québec*. Brossard, Les Éditions Thierry Debeur, 96 p.

BERVIN, G. (1992) « De la cale à la cave. L'importation du vin au XIXᵉ siècle ».*Cap-aux-Diamants*, nᵒ 28, pp. 26-30.

BLIJ, H. J. de (1981) *Geography of viticulture*. Miami geographical Society, 134 p.

BLIJ, H. J. de (1985) Wine Quality and Climate. *Focus*, vol. 35, nᵒ 2, p. 10-15.

BOUCHER, P. (1664) *Histoire véritable et naturelle des mœurs et productions du pays de la Nouvelle-France vulgairement dite le Canada*. Boucherville, Société historique de Boucherville, 415 p. (Édition identique à celle de 1664).

CHAPAIS, J.-C. (1881) *La vigne : sa culture et sa taille*. Montréal, E. Sénécal, 15 p.

COURTENAY, J.M. de (1863) *The culture of the wine and emigration*. Québec, Joseph Darveau, 46 p.

COURTENAY, J.M. de (1863?) *The culture of the vine and emigration*. 2ᵉ édition, Québec, Joseph Darveau, 55 p.

COURTENAY, J. M. de (1866) *The Canada vine grower : how every farmer in Canada must plant* a vineyard and make his own wine. Toronto, James Campbell & Son, 58 p.

CRESPY, A. (1992) *Viticulture d'aujourd'hui.* 2e édition, Collection Agriculture d'aujourd'hui, Paris, Lavoisier, 240 p.

DAVID, P. (1881) *Nouveau traité de la vigne : cours complet.* Montréal, W.F. Daniel Imprimeur, 8 p.

DE COUSSERGUES, C.-H., DIETRICH, V. et BREAULT, A. (1993) *Principaux cépages cultivés.* Dans Deshaies, L. et Dubois, J.-M., *Vins et vignobles artisanaux au Québec*, p. 49-52.

DESFOSSÉS, A. (1889) *Traité sur la culture du raison sauvage.* Montréal, C.O. Beauchemin & Fils, 15 p.

DE KONINCK, R. (1993) « Le vin et la vigne au Québec : bon goût et ténacité vigneronne ». *Cahiers de géographie du Québec*, vol. 37, n° 100, p. 79-111.

DESHAIES, L. (1994) Répartition et localisation des PME. Dans Julien, P.A. (1994) *Les PME. Bilan et perspectives.* Cap-Rouge et Paris, Les Presses Interuniversitaires et Economica, p. 97-132.

DESHAIES, Laurent et DUBOIS, J.-M. (réd.) (1993) *Vins et vignobles artisanaux au Québec.* Numéro thématique de *Géographes*, n° 4, 110 p.

DESHAIES, L. et DUBOIS, J.-M. (1996) « L'entreprise viti-vinicole du Québec: entre "froidure" et vente au vignoble ». *Annales de géographie*, n° 592, p. 628-644.

DION, R. (1952) « Querelle des anciens et des modernes sur les facteurs de qualité des vins ». *Annales de géographie*, vol. 61, n° 328, p. 417-431.

DION, R. (1990) *Le paysage et la vigne : essais de géographie historique.* Paris, Payot, 294 p.

DION, R. (1991) *Histoire de la vigne et du vin en France. Des origines au XIXe siècle.* Paris, Flammarion, 768 p.

DUBÉ, P.-A., CHEVRETTE, J.-E. et LAMB, P. (1982) *Atlas agroclimatique du Québec méridional, données dérivées de la température.* Québec, Ministère de l'Agriculture, des Pêcheries et de l'Alimentation du Québec, 16 cartes.

DUBOIS, J.-M. (1993) « Contraintes et potentiel du milieu physique pour les vignobles au Québec ». Dans Deshaies, L. et Dubois, J.-M., *Vins et vignobles artisanaux au Québec*, p. 35-42.

DUBOIS, J.-M. et DESHAIES, L. (1997) « Une vitiviniculture québécoise méconnue ». *Dialogue scientifique*, vol. 1, n° 3, p. 13-16.

FERLAND, M.-G. et GAGNON, R.-M. (1967) *Climat du Québec méridional*. Québec, Ministère des Richesses naturelles, 93 p.

GAGNON, B. (1986) *Potentialité de la vigne au Québec*. Faculté des sciences de l'agriculture et de l'alimentation, Université Laval, séminaire non publié, 40 p.

GALET, P. (1988) *Précis de viticulture*. 5ᵉ édition, Montpellier, Imprimerie Dehan, 612 p.

GALLAGHER & GAUTHIER (1880) *Catalogue illustré et descriptif des vignes, baies et roses cultivées et en vente aux vignobles Beaconsfield*. Montréal, 24 p.

GERMAIN, R. (1992) « Boissons de nos aïeux ». *Cap-aux-Diamants*, n° 28, p. 10-13.

JACKSON, D. et SCHUSTER, D. (1987) *The Production of Grapes & Wine in Cool Climate*. Wellington (Nouvelle-Zélande), Britterworths. Horticultural Brooks, 192 p.

JOHNSON, H. (1979) *L'atlas mondial du vin*. 5ᵉ édition. Paris, Éditions Robert Laffont, 288 p.

JOLIVET, Y. (1996) *Évaluation du régime thermique du cépage Vitis vinifera Muscadet Melon pendant la saison froide au Québec*. Mémoire de maîtrise, Département de géographie et télédétection, Université de Sherbrooke, 221 p.

JOLIVET, Y., DUBOIS, J.-M. et GRANBERG, H. (1994) *Évaluation du régime thermique d'un cépage noble (Muscadet Melon) en climat froid : deuxième rapport d'étape*. Département de géographie et télédétection, Université de Sherbrooke ; rapport au CNRC et au Vignoble Les Trois Étoiles, 5 p.

JOLIVET, Y., GRANBERG, H. et DUBOIS, J.-M. (1994) *Évaluation du régime thermique d'un cépage noble (Muscadet Melon) en climat froid : rapport d'étape*. Département de géographie et télédétection, Université de Sherbrooke ; rapport au CNRC et Vignoble Les Trois Étoiles, 41 p.

JOYAL, A. et DESHAIES, L. (1996) Milieu innovateur, développement local et PME québécoises innovantes. Dans *Actes du colloque* Tome 1. (3e Congrès international francophone de la PME), p. 272-286.

JULLIEN, A. (1816) *Topographie de tous les vignobles connus*. Paris.

KALM, P. (1977) *Voyage de Pehr Kalm au Canada en 1749* (traduction annotée du journal de route par Jacques Rousseau et Guy Béthune). Montréal, Pierre Tisseyre.

LABRIE, R. (1993) « Législation et mise en marché des produits artisanaux ». Dans Deshaies, L. et Dubois, J.-M., *Vins et vignobles artisanaux au Québec*, p. 89-93.

LAFRANCE, M. (1992) « De la qualité des vins en Nouvelle-France ». *Cap-aux-Diamants*, n° 28, p. 14-17.

LAMONTAGNE, J.-B. (1881) *Le nouveau manuel du cultivateur ou culture raisonnée des abeilles, de la vigne et de la canne à sucre*. Montréal, Beauchemin & Valois, pp. 122 à 162.

LARIVIÈRE, V. (1987) La lutte antigel : du nouveau chez nous. *La terre de chez nous*. 4 juin 1987, p. 24 et 35.

LARIVIÈRE, V. (1987) « Jacques et Alain Brault : deux Québécois dans la vigne ». *La Terre de chez-nous*, 4 juin 1987, p. 23.

LARIVIÈRE, V. (1987) « La vigne au Québec : ce n'est qu'un début ». *La Terre de chez-nous*, 4 juin 1987, p. 22.

MASSON, G. (1983) *Vigne et vin au Canada : manuel de vinification*. Niagara on the lake, Éditeur Georges Masson, 236 p.

MENZIES & CIE (1880) *Observations et directions sur la culture de la vigne Beaconsfield*. Pointe-Claire, Vignoble Beaconsfield, 10 p.

MICHAUD, Y. (1995) « Le vignoble québécois : pas loin du miracle... » *Le Médecin du Québec*, juin 1995, p. 1.

MORISSETTE, G. (1992) *Implantation potentielle de vignobles au Québec*. Séminaire non publié, Faculté des sciences de l'agriculture et de l'alimentation, Université Laval, 64 p.

MOUSSETTE, M. (1992) « La bière à l'époque de Jean Talon ». *Cap-aux-Diamants*, n° 28, p. 18-20.

PERRIER, R. (1967) *Probabilités de gel au Québec*. Québec, Ministère des Richesses naturelle, 138 p.

PERPILLOU, M. (1956) *La vigne. Les cours de la Sorbonne*, Paris, Centre de documentation universitaire, 51 p.

PHANEUF, M. (1993) *Le guide du vin 94*. 13e édition, Montréal, Les Éditions de l'Homme, p. 262-263.

POMEROL, C. (dir) (1990) *Terroirs et vins de France : itinéraires œnologiques et géologiques*. Orléans, Éditions du BRGM, 3e édition, 350 p.

PRÉVOST, R., GAGNÉ, S. et PHANEUF, M. (1986) *L'histoire de l'alcool au Québec*. Montréal, Stanké, 239 p.

PRIAL, F., GEORGE, R. et EDWARDS, M. (1992) *Le grand atlas du vin*. Paris, Éditions Atlas, 350 p.

QUÉBEC, ASSEMBLÉE LÉGISLATIVE (1864) *Comité spécial nommé pour s'enquérir de la possibilité de cultiver la vigne dans ce pays*. Montréal, Bibliothèque nationale du Québec, 6 p.

SAVIGNAC, J.-A. (1977) « Culture de la vigne ; trente années d'expérience en viticulture au Québec ». *Répertoire québécois des outils planétaires*. Montréal, Éditions Mainmise, p. 100-107.

SÉLECTION DU READER'S DIGEST (1984) *Sur les chemins des vignobles de France*. Paris, Montréal, 335 p.

ROUSSEAU, C. (1974) *Géographie floristique du Québec/Labrador*. Sainte-Foy, Les Presses de l'Université Laval, 799 p.

SIMON, J.-L. *et al.* (1977) *Viticulture*. Lausanne, Éditions Payot, 195 p.

VANDAL, J.-O. (1984) « La vigne au Québec ». *De la vigne au vin*, vol. 1, n° 3, p. 8-10.

VANDAL, J.-O. (1986a) « 1986 : une très mauvaise année pour la viticulture ». *De la vigne au vin*, vol. 3, n° 3, p. 8-9.

VANDAL, J.-O. (1986b) *La culture de la vigne au Québec*. Sainte- Foy, à compte d'auteur, 143 p.

VANDAL, J.-O. (1987) « Quelques résultats de la résistance de la vigne au froid ». *De la vigne au vin*, vol. 3, n° 4, p. 8-9.

VANDAL, J.-O. (1988) « Résistance de la vigne au froid en hiver 1986- 87 ». *De la vigne au vin*, vol. 5, n° 1, p. 9-11.

VILLENEUVE, G.-O. (1967) *Sommaire climatique du Québec (volume I)*. Québec, Ministère des Richesses naturelles, 168 p.

La dégustation des vins

Il y a plusieurs façons de déguster et d'apprécier les vins, et il y a aussi l'art de décrire les vins. Si la dégustation est à la portée de tous, une description juste des vins vient avec le temps, et surtout avec volonté, effort et discipline. L'art de la description peut nécessiter un cours d'une quinzaine d'heures ou une formation autodidacte à partir d'ouvrages. Nous voulons ici sensibiliser le lecteur à une appréciation des vins.

À notre avis, il existe deux balises à l'appréciation d'un vin que certains Québécois, même soi-disant spécialistes du vin, ne respectent pas toujours. D'une part, l'appréciation du vin est une affaire de goût et de préférence personnelle. Si les uns l'aiment, les autres n'ont pas besoin d'être d'accord, et vice-versa, à moins que le vin ne soit complètement viré. En effet, les gens n'ont pas les mêmes seuils de perception et de tolérance : c'est pourquoi l'appréciation des vins varie d'une personne à l'autre.

D'autre part, le vin est l'expression d'un cépage et d'un terroir. Pas un seul spécialiste du vin ne peut dire le contraire. C'est aussi le cas du vin produit avec des raisins du Québec. Ainsi, on ne peut pas comparer un vin produit au Québec avec un vin français, car l'un et l'autre sont l'expression de terroirs spécifiques. Alors qu'au Québec on cultive surtout des hybrides comme le Seyval pour le blanc et le Maréchal Foch pour le rouge, en France on élabore les vins avec des raisins provenant de *vinifera*. Le climat du Québec n'est pas celui de la France et l'espace québécois n'est pas le lieu de prédilection de la vigne à l'exception de la vigne sauvage. Comme, en ce sens, le vin québécois est vraiment l'expression du terroir québécois, il faut savoir le déguster sans préjugé comme on goûte les vins des autres régions du monde à titre d'expression de leurs propres terroirs. Ainsi, le vin québécois ne peut faire l'objet d'un jugement lapidaire, globalisant et sans appel.

Malgré ces remarques, peut-on encore évaluer la qualité des vins et, par conséquent, effectuer un classement des vins ? Plusieurs spécialistes préconisent le rapport qualité/prix comme critère de mesure étant donné que, plus on paye un vin cher, plus il serait de qualité. Comme ce rapport fait appel à la notion de qualité, la réponse à la question demeure aussi difficile, car chaque personne a une relation personnelle avec le vin. Ainsi, une personne ne peut pas dire qu'un vin est mauvais parce qu'elle ne l'aime pas, à moins qu'il ait des défauts faciles à détecter par tout le monde. Là où la mesure de la qualité fait problème, c'est la cotation de la valeur de la qualité d'un vin. Comme les spécialistes semblent pencher vers le fait que le goût est une affaire personnelle, nous sommes enclins à croire que le rapport goût/prix pourrait devenir le critère à retenir par une personne, en vue du choix de ses vins.

Après ces commentaires préliminaires, il s'agit maintenant de proposer au lecteur une petite fiche de dégustation hédoniste, et non spécialisée. Nous l'avons voulue la plus simple possible. L'appréciation d'un vin ressemble à l'approche amoureuse. C'est d'abord avec les yeux et le nez qu'on commence l'appréciation avant de le goûter avec la bouche. Ainsi, on considère l'aspect du vin (la « robe » du vin), son arôme (le « nez » du vin) et, enfin, sa saveur (le « palais » du vin). La fiche donne la liste des principaux aspects à considérer lors d'une dégustation. Comme il est plus facile de déguster un vin que d'en parler, la prise de notes sera plus difficile pour un amateur à ses débuts, car le vocabulaire nécessaire à cette dégustation ne viendra pas toujours à l'esprit. Un cours ou la consultation d'un ouvrage peuvent servir à maîtriser ce vocabulaire devenu plus facile avec un usage répété (voir *Larousse des vins*).

À ses débuts, le dégustateur hédoniste doit donc perdre ses complexes et faire un effort pour analyser les sensations obtenues grâce à ses yeux, son nez et sa bouche. Sa curiosité pourra se développer et l'apprentissage de la technique de dégustation pourra s'acquérir graduellement avec la pratique.

Fiche de dégustation

Nom du vignoble : _____

Nom du vin : _____ Millésime : _____

Cépage (s) : _____

Type de vin : _____ Prix : _____ % d'alcool : _____

* * *

1. Avec les yeux

Décrivez l'aspect visuel ou l'apparence du vin pour au moins deux aspects : la couleur et la clarté.

_____

_____

_____

2. Avec le nez

Sentez le vin avant et après l'avoir tourné délicatement dans le verre. Quelles sont l'intensité des arômes et leur persistance au nez ? Quelle est la nature des arômes (fleurs, épices, fruits, bois, végétaux) ?

_____

_____

_____

3. Avec la bouche

Prenez une petite gorgée et conservez-la en bouche. Analysez vos sensations. Le vin est-il plus ou moins doux ou sec ? Est-il léger ou corsé ? Est-il plus ou moins fruité ? Avalez votre gorgée. Est-il long en bouche (persistance des impressions dans la bouche) ?

_____

_____

_____

4. Appréciation globale

Très agréable ☐

Agréable ☐

Acceptable ☐

Désagréable ☐

Commentaires : _____

_____

_____

_____

Date de la visite : _____

Remarques sur la visite du vignoble : _____

_____